本著作系赣南师范大学学术著作出版专项经费资助项目、江西省高校人文社会科学重点研究基地招标项目：维护党中央权威和集中统一领导百年发展历程研究（课题编号：JD22007）、赣南师范大学“红色文化与中华优秀传统文化传承创新”课题（B类）阶段性成果。

马克思主义研究文库

群众路线研究

基于内生逻辑理论蕴意及其时代要求

张晓路　胡雨晗　谢　玲 | 著

光明日報出版社

图书在版编目（CIP）数据

群众路线研究：基于内生逻辑理论蕴意及其时代要求 / 张晓路，胡雨晗，谢玲著 . -- 北京：光明日报出版社，2023. 12

ISBN 978 - 7 - 5194 - 7702 - 8

Ⅰ. ①群… Ⅱ. ①张… ②胡… ③谢… Ⅲ. ①中国共产党—群众路线—研究 Ⅳ. ①D252

中国国家版本馆 CIP 数据核字（2023）第 250267 号

群众路线研究：基于内生逻辑理论蕴意及其时代要求

QUNZHONG LUXIAN YANJIU：JIYU NEISHENG LUOJI LILUN YUNYI JIQI SHIDAI YAOQIU

著　　者：张晓路　胡雨晗　谢　玲

责任编辑：杨　茹　　　　责任校对：杨　娜　董小花

封面设计：中联华文　　　　责任印制：曹　诤

出版发行：光明日报出版社

地　　址：北京市西城区永安路 106 号，100050

电　　话：010-63169890（咨询），010-63131930（邮购）

传　　真：010-63131930

网　　址：http：//book. gmw. cn

E - mail：gmrbcbs@ gmw. cn

法律顾问：北京市兰台律师事务所龚柳方律师

印　　刷：三河市华东印刷有限公司

装　　订：三河市华东印刷有限公司

本书如有破损、缺页、装订错误，请与本社联系调换，电话：010-63131930

开　　本：170mm×240mm

字　　数：253 千字　　　　印　　张：15. 5

版　　次：2024 年 7 月第 1 版　　　　印　　次：2024 年 7 月第 1 次印刷

书　　号：ISBN 978 - 7 - 5194 - 7702 - 8

定　　价：95. 00 元

序　言

党的二十大报告首次用“六个必须坚持”论述并概括了习近平新时代中国特色社会主义思想的世界观和方法论。其中第一个“必须坚持”就是必须坚持人民至上。人民性是马克思主义的本质属性，党的理论是来自人民、为了人民、造福人民的理论，人民的创造性实践是理论创新的不竭源泉。一切脱离人民的理论都是苍白无力的，一切不为人民造福的理论都是没有生命力的。我们要站稳人民立场、把握人民愿望、尊重人民创造、集中人民智慧，形成为人民所喜爱、所认同、所拥护的理论，使之成为指导人民认识世界和改造世界的强大思想武器。这是从世界观和方法论层面论述和概括党的群众路线。

群众路线是中国共产党的生命线和根本工作路线，是党永葆青春活力的重要法宝。我们要全面把握党的群众路线的丰富内涵，深刻领悟党的群众路线的精神实质，始终做到相信群众、依靠群众、一切为了群众，自觉防范脱离群众的危险，确保党的路线方针政策符合最广大人民群众的根本利益并把它落到实处。

在艰苦卓绝的革命战争年代，中国共产党面临强大敌人的残酷镇压，为什么能从小到大，从弱到强，最后领导中国人民推翻了旧中国反动统治阶级，建立了新中国。其中根本原因是什么？就是人民群众的真心支持。正如毛泽东同志指出：“真正的铜墙铁壁是什么？是群众，是千百万真心实意地拥护革命的群众。这是真正的铜墙铁壁，什么力量也打不破的，完全打不破的。反革命打不破我们，我们却要打破反革命。”① 毛泽东同志在中共七大上指出：中国革命一定要胜利。他还指出：“现在也有两座压在中国人民头上

---

① 毛泽东．毛泽东选集：第一卷［M］．北京：人民出版社，1991：139.

的大山，一座叫做帝国主义，一座叫做封建主义。中国共产党早就下了决心，要挖掉这两座山。我们一定要坚持下去，一定要不断地工作，我们也会感动上帝的。这个上帝不是别人，就是全中国的人民大众。全国人民大众一齐起来和我们一道挖这两座山，有什么挖不平呢?”①

毛泽东同志最早地把“从群众中来，到群众中去”上升为根本工作方法。他指出：“在我党的一切实际工作中，凡属正确的领导，必须是从群众中来，到群众中去。这就是说，将群众的意见（分散的无系统的意见）集中起来（经过研究，化为集中的系统的意见），又到群众中去作宣传解释，化为群众的意见，使群众坚持下去，见之于行动，并在群众行动中考验这些意见是否正确。然后再从群众中集中起来，再到群众中坚持下去。如此无限循环，一次比一次地更正确、更生动、更丰富。这就是马克思主义的认识论。”②党的七大通过的党章，第一次明确规定了党的群众观点和党的群众路线的基本内容和基本要求。新中国成立以后，以毛泽东同志为代表的老一辈革命家坚持理论联系实际，密切联系群众，大兴调查研究之风。与全国人民同心同德，同甘共苦，同舟共济，自力更生，艰苦奋斗，从而迸发出建设社会主义的巨大精神力量，社会主义革命和建设取得重大成就。

改革开放伊始，邓小平同志就告诫全党：“社会主义现代化建设的极其艰巨复杂的任务摆在我们的面前。很多旧问题需要继续解决，新问题更是层出不穷。党只有紧紧地依靠群众，密切地联系群众，随时听取群众的呼声，了解群众的情绪，代表群众的利益，才能形成强大的力量，顺利地完成自己的各项任务”③。党的十一届六中全会通过的《关于建国以来党的若干历史问题的决议》，把党的群众路线的基本内容概括为“一切为了群众，一切依靠群众，从群众中来，到群众中去”。江泽民同志针对一些新进各级班子的领导不懂得或不熟悉群众路线的原理和方法，以及一些人热衷于照搬西方的某些管理学，贬低、否定我们党的群众路线的科学方法，把一些干部思想搞乱的情况，他严肃指出：“现在，很有必要组织党员、干部重新学习我们党关于群众路线的理论，了解和掌握群众路线的工作方法。真正学会运用党的

---

① 毛泽东．毛泽东选集：第三卷［M］．北京：人民出版社，1991：1102.

② 毛泽东．毛泽东选集：第三卷［M］．北京：人民出版社，1991：899.

③ 邓小平．邓小平文选：第二卷［M］．北京：人民出版社，1994：342.

群众路线，需要经历一个端正立场、改造世界观、锻炼工作方法和工作作风的长过程，要下一番苦功夫才能做到。我们还要结合建设和改革新的实践，创造新的经验，丰富和发展党的群众路线”①。胡锦涛同志指出：“以人为本、执政为民是我们党的性质和全心全意为人民服务根本宗旨的集中体现，是指引、评价、检验我们党一切执政活动的最高标准。全党同志必须牢记，密切联系群众是我们党的最大政治优势，脱离群众是我们党执政后的最大危险。”②

党的十八大以来，习近平总书记在多个场合反复强调：要坚持以人民为中心；牢固树立人民至上的执政理念；永远保持党同人民群众的血肉联系；发挥亿万人民的创造伟力；不断满足人民群众对美好生活的需要。习近平总书记指出：“以史为鉴可以知兴替。功成名就时做到居安思危、保持创业初期那种励精图治的精神状态不容易，执掌政权后做到节俭内敛、敬终如始不容易，承平时期严以治吏、防腐戒奢不容易，重大变革关头顺乎潮流、顺应民心不容易。”③ 这“四个不容易”谆谆告诫全党，越是长期执政，就越不能忘记党的初心使命，越不能忘记党的群众路线这个制胜法宝。党的十九届六中全会通过的党的第三个历史决议用“十个坚持”总结并概括党的百年历史经验，其中第二个“坚持”就是坚持人民至上。习近平总书记在党的二十大报告中强调：“全党要坚持全心全意为人民服务的根本宗旨，树牢群众观点，贯彻群众路线，尊重人民首创精神，坚持一切为了人民、一切依靠人民，从群众中来、到群众中去，始终保持同人民群众的血肉联系，始终接受人民批评和监督，始终同人民同呼吸、共命运、心连心。”④

当今，世界之变、时代之变、历史之变正以前所未有的方式展开。我们已实现了第一个百年奋斗目标，继续朝着实现中华民族伟大复兴的目标奋进。国际国内形势发生的深刻变化，对贯彻实行党的群众路线提出了新的更高要求，党的理论创新和人民群众在实现强国建设、民族复兴中的创造性实践赋予党的群众路线新的内容。走好新时代新征程党的群众路线，既要坚持百年来党贯彻群众路线的成功经验，发扬密切联系群众的优良传统，又要把

① 江泽民．江泽民文选：第一卷［M］．北京：人民出版社，2006：100.

② 胡锦涛．胡锦涛文选：第三卷［M］．北京：人民出版社，2016：532.

③ 习近平．习近平著作选读：第二卷［M］．北京：人民出版社，2023：104.

④ 习近平．习近平著作选读：第一卷［M］．北京：人民出版社，2023：58.

握好强国建设民族复兴对新时代贯彻党的群众路线提出的新的更高要求。

只要我们始终坚持全心全意为人民服务的根本宗旨，坚持党的群众路线，始终牢记江山就是人民，人民就是江山。坚持一切为了人民、一切依靠人民，坚持为人民执政、靠人民执政，坚持发展为了人民、发展依靠人民、发展成果由人民共享，坚定不移走全体人民共同富裕的道路，我们就一定能够领导人民不断夺取全面推进中国式现代化的更大胜利。

由光明日报出版社出版的《群众路线研究——基于内生逻辑理论蕴意及其时代要求》一书，是我近几年读过的少见的研究党的群众路线的专著。该书从逻辑与历史相统一、过去与现在相联系、守正与创新相契合上全面论述了党的群众路线。尤其是令我高兴的是此书的作者都是年轻人，阅罢此书，“革命自有后来人”一语在我脑海里油然而生。正如我在前文所述，党的群众路线是党的生命线、思想路线、工作路线，从这个意义讲，它是一本读不完的书。期盼今后能再看到这3位年轻学者在研究党的群众路线方面的新成果、好成果。

严书翰

2023年10月1日

严书翰 中共中央党校（国家行政学院）教授、博士生导师
马克思主义理论研究和建设工程课题组首席专家

前　言

党的二十大报告强调指出："团结就是力量，团结才能胜利。全面建设社会主义现代化国家，必须充分发挥亿万人民的创造伟力。全党要坚持全心全意为人民服务的根本宗旨，树牢群众观点，贯彻群众路线，尊重人民首创精神，坚持一切为了人民、一切依靠人民，从群众中来、到群众中去，始终保持同人民群众的血肉联系，始终接受人民批评和监督，始终同人民同呼吸、共命运、心连心，不断巩固全国各族人民大团结，加强海内外中华儿女大团结，形成同心共圆中国梦的强大合力。"①

2013 年 4 月 19 日，中共中央政治局决定从 2013 年下半年开始，用大约一年的时间，在全党范围内自上而下深入开展以"为民、务实、清廉"为主题的党的群众路线教育实践活动。活动紧紧围绕保持和发展党的先进性和纯洁性这个中心，按照"照镜子、正衣冠、洗洗澡、治治病"的总要求，教育引导广大党员干部牢固树立马克思主义群众观点，牢记全心全意为人民服务的宗旨，改进工作作风，争取人民群众的信任、支持和拥护，夯实党的执政基础，提高为人民服务的本领。本文从唯物史观的角度，坚持理论与实践相结合的原则，深入分析党的群众路线的内在逻辑、丰富内涵、本质特征、实践情境以及新时代坚持群众路线的重要性、紧迫性和重大现实意义，以期为深入推进全面从严治党，顺利实现"两个一百年"奋斗目标提供系统有益的理论支撑和实践借鉴。

党的十九大报告指出："中国共产党人的初心和使命，就是为中国人民谋幸福，为中华民族谋复兴。这个初心和使命是激励中国共产党人不断前进

---

① 习近平．高举中国特色社会主义伟大旗帜　为全面建设社会主义现代化国家而团结奋斗［M］．北京：人民出版社，2022：70.

的根本动力。全党同志一定要永远与人民同呼吸、共命运、心连心，永远把人民对美好生活的向往作为奋斗目标，以永不懈怠的精神状态和一往无前的奋斗姿态，继续朝着实现中华民族伟大复兴的宏伟目标奋勇前进。"① 这就旗帜鲜明地向全党全国各族人民庄严宣告了，我们党实现民族复兴的历史使命为了谁，依靠谁。强调在中国特色社会主义进入新时代的关键时期，牢固树立群众观点，走好新时期党的群众路线的重要性。党的二十大报告进一步强调："江山就是人民，人民就是江山。中国共产党领导人民打江山、守江山，守的是人民的心。治国有常，利民为本。为民造福是立党为公、执政为民的本质要求。必须坚持在发展中保障和改善民生，鼓励共同奋斗创造美好生活，不断实现人民对美好生活的向往。"② 实现人民对美好幸福生活的向往，必须充分保障和发扬人民民主，"人民民主是社会主义的生命，是全面建设社会主义现代化国家的应有之义。全过程人民民主是社会主义民主政治的本质属性，是最广泛、最真实、最管用的民主"③。

社会存在决定社会意识。群众路线理论和其他一切科学理论一样，不是空穴来风，主观臆造的，它的萌芽产生、形成发展、丰富完善，有着深刻的历史渊源和丰厚的实践土壤，以及内生发展的应然性和实然性。党的群众路线，无论是作为我们党的优良传统，还是克敌制胜的法宝；无论是作为党的组织原则、工作作风，还是党团结带领人民群众进行伟大实践斗争的领导方法、工作方法，在革命、建设和改革的伟大实践中都起到过至关重要的作用。尤其在全面建成小康社会的关键期、全面深化改革的深水区、全面依法治国的加速期、全面从严治党的新时期，认真学习、深入领会群众路线理论的思想内涵，总结反思贯彻群众路线实践中的经验教训，探究创新群众工作的方式方法，对决胜全面建成小康社会，实现中华民族伟大复兴的奋斗目标，都具有重大的理论和实践意义。

本书主要从八方面进行研究，并展开论述。首先是导论部分，主要阐述

---

① 习近平．决胜全面建成小康社会　夺取新时代中国特色社会主义伟大胜利［M］．北京：人民出版社，2017：1.

② 习近平．高举中国特色社会主义伟大旗帜　为全面建设社会主义现代化国家而团结奋斗［M］．北京：人民出版社，2022：46.

③ 习近平．高举中国特色社会主义伟大旗帜　为全面建设社会主义现代化国家而团结奋斗［M］．北京：人民出版社，2022：37.

党的群众路线内在本质要求、实践必然要求和现实迫切要求。第一章主要论述群众路线的内生逻辑，包括思想逻辑、理论逻辑、历史逻辑和实践逻辑。第二章论述了群众路线概念的基本内涵、理论蕴意、丰富发展以及重大现实意义。第三章论述了群众路线在建构国家政权中的作用，着重对“以人民为中心”和“以资本为中心”的制度设计进行了比较。第四章主要论述了革命、建设和改革实践中坚持群众路线，保持党同群众血肉联系的实践特征和时代要求。第五章立足新时代新情况、新问题和新要求，瞄准新媒体、大数据等先进网络信息技术，探讨走好网上群众路线面临的新情况、新问题以及所采取的应对措施。第六章主要在群众路线理论分析和实践经验总结的基础上，提出新时代深入贯彻群众路线的对策与思考。结语部分，在总结经验基础上展望未来，指出在当今复杂的国际国内大背景下，运用、发展、创新党的群众路线的重要性和现实路径。本书最后强调全党同志务必以习近平新时代中国特色社会主义思想为指导，树牢“四个意识”、坚定“四个自信”、做到“两个维护”、捍卫“两个确立”，紧紧围绕“四个全面”战略布局，努力保持党在群众中的良好形象，用“中国梦”引领广大人民群众追求美好生活的梦想。

综上所述，贯彻党的群众路线充分显示了中国共产党对人民群众的尊重和信赖，蕴含着领导主体与实践主体之间良性互动的辩证关系，这种互动关系和内容会随着群众实践的发展和时代主题的变化而变化。在现实生活中，每个人都有自己的理想和追求，这是个体的梦想。而实现中华民族伟大复兴的中国梦是全体中华儿女的伟大梦想，成就这个梦想，不是轻轻松松敲锣打鼓就能实现的，需要经过几代人不懈努力才能实现。共产党员作为人民群众的公仆、勤务员，一定要始终与人民群众心心相印、同甘共苦、团结奋斗；一定要殚精竭虑、夙夜为公、勤勉工作，努力向历史和人民交出一份圆满的答卷。总之，以史为鉴，面向未来，深入系统地研究党的群众路线理论、实践及其时代要求，更好地服务于新时代党的建设新的“伟大工程”，努力开创中国特色社会主义事业新局面，是本书选题、立论、研究的出发点和落脚点。

目 录
CONTENTS

导　论

党的二十大报告强调："江山就是人民，人民就是江山。中国共产党领导人民打江山、守江山，守的是人民的心。治国有常，利民为本。为民造福是立党为公、执政为民的本质要求。必须坚持在发展中保障和改善民生，鼓励共同奋斗创造美好生活，不断实现人民对美好生活的向往。"① 这旗帜鲜明地向全党全国各族人民庄严宣告，我们党实现社会主义现代化，实现民族伟大复兴的历史使命，究竟是为了谁、依靠谁。强调了在中国特色社会主义进入新时代的关键时期，牢固树立群众观点，走好新时期党的群众路线的极端重要性。

一、贯彻群众路线是马克思主义政党的内在本质要求

在马克思、恩格斯的经典著作中并没有明确使用群众路线这一概念，但使用较多的是"劳苦人民""工人阶级""人民大众"等类似的词语。马克思主义政党是无产阶级利益的忠实代表者，是实现无产阶级专政的重要依靠力量和坚实保障。因而，马克思主义政党要实现自己的奋斗目标，最终取得革命、建设和改革的胜利，就必须紧紧依靠无产阶级和广大人民群众的支持。群众路线就是马克思主义政党紧密联系群众的纽带，是党保持旺盛生命力的关键所在，同时也是党永葆先进性和纯洁性的最根本要求，是党和人民在革命、建设、改革时期不断取得胜利的重要法宝。

无产阶级是马克思主义政党的阶级基础。关于无产阶级的含义，马克思在 1844 年发表的《德法年鉴》中首次给予了明确定义。他说："无产阶级指

① 习近平．高举中国特色社会主义伟大旗帜　为全面建设社会主义现代化国家而团结奋斗［M］．单行本．北京：人民出版社，2022：46.

被剥夺生产资料，而不得不向资本家出卖自己的劳动力以求生存的阶级，被压迫、被剥削的无产阶级是一个国际性的阶级，因为无论在哪个国家，无产阶级都具有同样命运和共同的利益。”① 正是这些占当时人口绝大多数的无产者才是无产阶级政党的阶级基础和依靠力量。在资本主义时代，由于无产阶级人数众多，并与先进的机器大工业相联系，因而具有很强的组织力和战斗力，是最具先进性、革命最坚决、最彻底的阶级，是马克思主义者普遍认同的真正的革命阶级，是推动人类历史进步的最主要的力量源泉。

共产党是无产阶级中最先进、最坚强、最有组织性和纪律性以及最富有前途的部分。马克思、恩格斯在《共产党宣言》中指出：“共产党人不是同其他工人政党相对立的特殊政党。”“他们没有任何同整个无产阶级的利益不同的利益。”“共产党人是各国工人政党中最坚决的、始终起推动作用的部分。”“共产党人的最近目的是和其他一切无产阶级政党的最近目的一样的：使无产阶级形成为阶级，推翻资产阶级的统治，由无产阶级夺取政权。”②

人民群众是无产阶级革命胜利的源泉。马克思、恩格斯在《共产党宣言》中指出，无产阶级运动与过去一切运动不同，过去的运动都是为少数人谋利益的，而无产阶级运动是为绝大多数人谋福利的独立的运动。这就决定了无产阶级运动的力量源泉是人民群众，是为人民大众谋利益的。正是从这个意义上说，“历史活动是群众的活动，随着时间的推移，群众队伍必将不断扩大”③。列宁指出，“凡是要彻底改造社会组织，群众一定要亲自参加，以便弄明白这样做为的是什么，他们去流血牺牲为的是争取什么。近 50 年的实践使群众认识到了这一点，但是为了使群众还要明白他们应该做什么，仍必须进行长期地坚持不懈工作”。列宁还强调：“消灭专制制度就要靠千百万觉悟群众的革命行动，需要劳苦大众汹涌澎湃的英勇气概，需要法国巴黎工人在巴黎公社时期表现出来的那种决心和本领。”④ 这说明，一个国家、一

① 中共中央马克思恩格斯列宁斯大林著作编译局．马克思恩格斯全集：第 1 卷［M］．北京：人民出版社，1995：272.

② 中共中央马克思恩格斯列宁斯大林著作编译局．马克思恩格斯选集：第 1 卷［M］．北京：人民出版社，2012：413.

③ 中共中央马克思恩格斯列宁斯大林著作编译局．马克思恩格斯文集：第 1 卷［M］．北京：人民出版社，2009：287.

④ 中共中央马克思恩格斯列宁斯大林著作编译局．列宁全集：第 17 卷［M］．北京：人民出版社，1988：151.

个民族的力量源泉从根本上说来自人民群众的独立性和自觉性。只有当人民群众拥有独立、自觉的判断能力，能够明辨是非，且独立自主地决定自己的行动，国家才真正具有众志成城、所向无敌、牢不可破的坚强力量。同时，革命只有通过人民群众无数次的尝试或失败和百折不挠的实践才能获得成功。“只有当千百万人万众一心、一致奋起的时候，革命才能称其为革命。”① 关于如何最大限度地发动人民群众，充分调动他们的积极性，列宁着重指出，无产阶级政党必须深入群众，在人民群众中组织开展各项活动，尽可能地把他们中的优秀分子吸收到党的队伍中来。为了保障无产阶级政党充分发挥自身的先锋队作用，必须教育、发动、引导革命群众自觉地沿着无产阶级政党开辟的道路前进，这就要求无产阶级政党必须时刻注意自己是否同群众保持着密切联系。

列宁的上述观点实际上是中国共产党群众路线的理论渊源。国际共产主义运动的蓬勃发展和无产阶级革命的成功实践，已经雄辩地证明了受剥削、受压迫的劳苦大众是无产阶级革命最可信赖、最可依靠的力量。巴黎公社作为人类历史上第一个无产阶级专政的政权，它是在无产阶级劳苦大众的拥护和支持下建立的。同样，苏联作为世界上第一个无产阶级专政的社会主义国家，也是依靠无产阶级团结广大人民群众一道建立起来的。中国新民主主义革命的胜利和社会主义新中国的成立，更是中国工农联盟和人民大团结的胜利。世界无产阶级革命胜利的历史证明，“人民，只有人民才是创造世界历史的动力”②。

二、贯彻群众路线是中国革命、建设和改革发展的必然要求

在中国革命史上，最早使用群众路线一词的是李立三，最早明确表述群众路线含义的是周恩来。从辩证唯物主义认识论的高度对党的群众路线进行科学分析、归纳概括的是毛泽东。一般认为，对党的群众路线理论进行系统阐释的是来自毛泽东的《关于领导方法的若干问题》一文。在该文中，毛泽东指出：“凡属正确的领导，必须是从群众中来，到群众中去。所谓‘从群

---

① 中共中央马克思恩格斯列宁斯大林著作编译局．列宁全集：第 34 卷［M］．北京：人民出版社，1985：462.

② 毛泽东．毛泽东选集：第三卷［M］．北京：人民出版社，1991：1031.

众中’来这就是说，深入群众将群众中没有经过系统整理的、分散的意见集中起来，经过研究、加工、整理，形成集中的系统的意见，再把这些意见返回到群众中去，进行宣传解释，转化为群众的意见，使群众坚持下去，成为群众自觉遵守的行动，并在群众的实践中检验真伪，判断对错。然后再从群众中集中起来认真分析，再回到群众中坚持下去。如此循环反复，一次比一次更正确、更生动、更丰富，形成我们对事物的认识。这就是马克思主义的认识论。”① 这里，毛泽东同志在深入分析马克思、恩格斯、列宁辩证唯物史观和认识论，全面系统地总结他们思想理论成果的基础上，结合中国传统文化和朴素的辩证思想，创造性地提出并在实践中不断丰富群众路线理论，使这一理论独具中国风格和中国气派。同时，又将群众路线上升到马克思主义哲学的理论高度进行抽象概括，使党的群众路线理论更加趋于完备和成熟。

1945 年 4 月，毛泽东同志在延安召开的中国共产党第七次全国代表大会上作了《论联合政府》的政治报告，刘少奇作了《关于修改党的章程》的报告，毛泽东以《愚公移山》为题致闭幕词。“七大”是中国共产党历史上关键时刻召开的一次重大会议，它最主要的贡献之一，就是系统阐述了党的群众路线理论，并将其作为党的优良传统和作风写入了《中国共产党章程》，使之成为指导中国新民主主义革命取得彻底胜利的重大法宝，使群众路线上升到党的指导思想的高度。刘少奇在报告中强调，群众路线是我们党根本的政治路线，也是我们党根本的组织路线。我们党必须牢记密切联系群众的重要性。在毛泽东的报告中，他形象地把人民群众比作上帝，并多次提到党员干部和人民群众的关系，强调党群、干群关系就像鱼与水、瓜与藤的关系，强调共产党和其他一切政党的根本区别就是能否与人民群众保持密切联系，真正做到全心全意为人民服务。毛泽东以《愚公移山》为题致闭幕词，意在讴歌中国古代劳动人民改造自然的伟大气魄和下定决心、艰苦奋斗、排除万难、争取胜利的坚强毅力。

从党的七大到党的八大，历时十一年。其间，世情、国情、党情发生了翻天覆地的变化，党的群众路线理论在实践中得到了进一步深化和发展，许多关于革命和建设的新思想、新理论有待进一步说明和阐释。邓小平在党的八大上作的《关于修改党章的章程的报告》强调了群众路线理论的重要性，

① 毛泽东．毛泽东选集：第三卷［M］．北京：人民出版社，1991：899.

使群众路线理论与实践更加深入人心，得到了强化和升华。他指出，在党的七大通过的《中国共产党章程》中，通篇贯穿着群众路线精神。事实上，在我们党的工作中坚持和贯彻群众路线并不是什么新鲜事，之所以再次重申，是因为群众路线是《中国共产党章程》中规定的根本性、原则性问题，是我们党政治路线和组织路线中的大是大非问题。这样的问题本身就需要我们不断地反复地在党内进行广泛的宣传教育，这是由群众路线本身的特质所决定的。同时，从革命和建设实践本身来看也有进一步修订的必要。十多年来，我们党从事社会主义革命和社会主义建设所获得的实际工作经验，使群众路线在内容方面不断丰富，在理论上不断完善，在实践中不断创新。因而，值得我们反思、总结的东西越来越多，越来越重要。所以，在《中国共产党章程》修订草案中，也应该对群众路线理论进行重申。

邓小平谈到党的工作在贯彻群众路线工作中的意义时指出："在一方面，它认为人民群众必须自己解放自己；党的全部任务就是全心全意地为人民群众服务；党对于人民群众的领导作用，就是正确地给人民群众指出斗争的方向，帮助人民群众自己动手，争取和创造自己的幸福生活。因此，党必须密切联系群众和依靠群众，而不能脱离群众，不能站在群众之上；每一个党员必须养成为人民服务、向群众负责、遇事同群众商量和同群众共甘苦的工作作风。在另一方面，它认为党的领导工作能否保持正确，决定于它能否采取'从群众中来，到群众中去'的方法。"① 1961 年，在《提倡深入细致的工作》一文中，邓小平对群众路线再次进行了深刻阐述："党的正确的路线、政策是能够反映群众的要求的，是实事求是的，是从群众中来的，是合乎群众的实际的，是实事求是的，能够为群众所接受、能够动员起群众的，同时又是反过来领导群众的，这就叫群众路线。"②

在 1990 年 3 月，中共中央十三届六中全会通过的《关于加强党同人民群众联系的决定》（以下简称《决定》）中，重申了党的群众路线的重要性。历史经验反复证明，什么时候党的群众路线执行得好，党群关系密切，我们的事业就顺利发展；什么时候党的群众路线执行得不好，党群关系受到损害，我们的事业就遭受挫折。《决定》再次强调了密切党同群众关系的重要

---

① 邓小平．邓小平文选：第一卷［M］．北京，人民出版社，1994：217.

② 邓小平．邓小平文选：第一卷［M］．北京：人民出版社，1983：288.

性，指出党的群众路线是否得到认真落实，贯彻得好坏，直接影响到党的执政根基是否稳固，直接关乎党和国家兴衰存亡。以江泽民同志为核心的党中央赋予党的群众路线理论以新的时代内涵，“三个代表”重要思想丰富了党的群众路线内容，使群众路线理论得到进一步升华，群众路线理论随着改革开放伟大实践的发展得到进一步丰富和发展。中国共产党始终代表最广大人民群众的根本利益，唱响了党领导下建设中国特色社会主义现代化强国的主旋律。江泽民指出：“群众路线是党的根本工作路线，是我们党根据党的性质和马克思主义认识论创造的一种科学领导方法和工作方法。”①

党的十六大以来，以胡锦涛同志为总书记的党中央更加重视践行党的群众路线，提出了“立党为公、执政为民”的重要执政理念，这一理念的提出进一步彰显了党的群众路线的精神实质和价值追求。尤其是在大力倡导构建社会主义和谐社会的背景下，把农业、农村、农民这些中国社会所固有的“三农”问题置于现代化建设的“重中之重”，把百姓的菜篮子、米袋子、钱夹子等民生问题作为各级党委政府的首要工作来抓，并实行政府“一把手”负责制，真正体现出“民以食为天”的工作思路和工作理念，使党的群众路线得到扎扎实实的贯彻落实和深入推进。2003 年，胡锦涛同志首次提出科学发展观。科学发展观就是坚持以人为本，全面协调可持续的发展。强调发展依靠人民，发展为了人民，发展成果由人民共享，这无疑是对党的群众路线理论的又一次突破。在中共中央《关于加强党的执政能力建设的决定》中，党中央积极倡导“大兴求真务实之风，保持党同人民群众的血肉联系”；在《全面加强新形势下的领导干部作风建设》中，胡锦涛同志明确提出加强和改进党的作风建设的核心问题是保持党同人民群众的血肉联系。强调贯彻党的群众路线，必须牢固树立马克思主义的群众观点，时刻摆正自己在人民群众心目中的位置，诚实谦虚地当好人民公仆，维护党的形象。在党的十七大报告中，胡锦涛同志全面系统地阐述了科学发展观的内涵，并指出：“党的一切奋斗和工作都是为了造福人民，要始终把实现好、维护好、发展好最广大人民群众的根本利益作为党和国家一切工作的出发点和落脚点。”

党的十八大报告在总结党贯彻群众路线历史经验的基础上指出，正是因为我们党紧紧依靠群众，始终相信群众、时刻发动群众，坚持从群众中来，

---

① 江泽民．江泽民文选：第一卷［M］．北京：人民出版社，2006：100.

到群众中去的工作路线，才会在历史发展的关键时刻和紧要关头，化险为夷，转危为安；才能在社会主义建设和探索时期顶住来自国内外的巨大压力；才能在改革开放复杂的内外环境中站稳脚跟，取得一个又一个伟大胜利；也才能在新的历史时期创造出举世瞩目的“中国奇迹”。这就是新时期我们党对群众路线历史经验的深刻总结。

三、深入开展党的群众路线教育实践活动是新时代党的建设的迫切要求

深入开展党的群众路线教育实践活动，是新时代以习近平同志为核心的党中央为完成党所肩负的历史使命而向全党提出的具体要求，也是新形势下推进全面从严治党的重大举措。按照党的十八大报告中描绘的蓝图，在中国共产党成立一百年时，要全面建成小康社会并在此基础上继续努力，到2050年，即21世纪中叶，逐步把我国建设成为富强、民主、文明、和谐、美丽的社会主义现代化强国。党的十八大后，以习近平同志为核心的新一代中央领导集体提出了实现中华民族伟大复兴的中国梦，中国梦承载着每一位中华儿女的美好梦想。因此，要实现中国梦，就必须充分调动广大人民群众的积极性、主动性、创造性；就必须紧密团结亿万万人民大众一起来共同创造伟业。深入开展党的群众路线教育实践活动，其目的就在于教育全党同志不忘初心、牢记使命，时刻铭记并恪守全心全意为人民服务的根本宗旨，把人民群众创造历史的热情和建设现代化国家的坚强意志紧紧地凝聚在一起，为实现党的十八大确定的“两个一百年”奋斗目标，进而为实现中华民族伟大复兴而不懈奋斗。这是21世纪新阶段党所肩负的、人民赋予的、伟大而光荣的历史重任。

进入21世纪，新阶段，世情、国情、党情、民情都发生了深刻变化，党要团结带领全国各族人民决胜全面建成小康社会的目标，实现中华民族伟大复兴，就必须深入开展党的群众路线教育实践活动，这是全面从严治党，建设高素质干部队伍的必然要求。党的群众路线教育实践活动聚焦“形式主义、官僚主义、奢靡之风、享乐主义”的“四风”问题，对于领导干部的工作作风和生活作风问题，对于老百姓深恶痛绝，看在眼里、恨在心里的问题，必须下大力气整改，否则就会丧失民心，违背民意，动摇执政根基。新时代，解决领导干部“四风”问题，真正抓住了要害，抓住了党的作风建设的关键，这也是提高党的执政能力和执政水平的重要保障。习近平总书记要

求中央政治局全体同志以上率下，按照“照镜子、正衣冠、洗洗澡、治治病”的总要求，高度重视自身存在的缺点和不足，及时清洗思想上残存的污垢和行为上遗留的灰尘，回归到共产党人的立党初心和应有的政治本色，真正使广大党员干部牢固树立马克思主义群众观、社会主义核心价值观以及勤政为民的宗旨意识。

深入开展党的群众路线教育实践活动，是永葆党的先进性、纯洁性以及党的生命力的重要措施，必须持之以恒、常抓不懈，建立起党密切联系群众的长效机制。党的先进性、纯洁性以及生命力的重要表征就看人心所向；看党组织还有没有强大的凝聚力、战斗力和号召力；看广大党员同志，尤其是党员领导干部是不是能够清醒地认识到自己是一名先锋战士，能不能真正成为时代先锋；看党组织是不是坚强有力，还能不能在人民群众中竖起一面鲜红旗帜，担当起时代赋予的职责与重任。就当前实际情况来看，党员干部队伍整体状况是好的，他们政治素质高、党性观念强、工作实绩优、生活作风正，在社会主义现代化建设各条战线上发挥着主力军作用，赢得了广大人民群众的赞誉和爱戴。但是，随着我国经济社会的不断发展，改革攻坚进入深水区，对外开放进入瓶颈期，各种矛盾和利益纷争凸现出来，受其影响，反映到党内，也表现出各种各样问题：一些领导干部贪污腐化、道德败坏、理想动摇、信仰缺失、觉悟不高、作风不正。之所以产生上述问题，很大程度上就是因为这些领导干部严重脱离群众。开展党的群众路线教育实践活动的主要目的就是切中问题要害，使其转变思想作风，“红红脸，出出汗”，触动神经，把脉治病，挖出病根，确保党的队伍先进性和纯洁性，使党充满生机与活力，永远立于不败之地。

第一章　群众路线的内生逻辑

中国共产党近百年的奋斗史，在一定程度上就是一部党同人民群众关系的发展史。自建党以来，不管在任何情况下，共产党员人数与广大人民群众数量相比，都只是少数，这就要求中国共产党必须紧密团结带领人民群众来成就伟大事业。群众路线理论是中国共产党人在不断汲取人类优秀思想文化营养的基础之上，在中国革命、建设和改革的伟大实践中逐步形成的，它是中国共产党克敌制胜的重要法宝和实现中国梦的根本保证，体现着人民群众对党的充分信任和党对人民的深情厚谊。中国共产党历来重视群众工作，尤其是党的十八大以来，群众路线的贯彻因时而为、因势而变、与时俱进，更加彰显出其强大的创造活力，体现了其内在思想逻辑、理论逻辑、历史逻辑与实践逻辑的有机统一。

一、群众路线的思想逻辑

任何事物的发展，都遵循着一定的发展逻辑。群众路线也不例外，它的发展必然遵循着一定的思想逻辑。唯物史观认为，社会存在决定社会意识，从而决定着人们的思想。一切符合于客观事实的思想是正确的思想，它对客观事物的发展起促进作用；反之，则是错误的思想，它对客观事物的发展起阻碍作用。同时，思想是行动的先导，理论是实践的指南。群众路线理论的提出，并非无源之水、无本之木，它有着深厚的思想渊源。这一思想之所以正确，是因为它汲取了古今中外先进思想的精华，尤其是吸收消化、发展创新了马克思主义辩证唯物史观，并在群众的伟大实践中，随着实践的发展而不断丰富、完善和发展。

（一）马克思主义唯物史观是群众路线理论的直接思想源泉

群众路线是中国共产党的生命线和根本工作路线，是党团结带领人民夺取革命、建设和改革事业伟大胜利的重要法宝。中国共产党是用马克思列宁主义武装起来的无产阶级政党，马克思主义世界观和方法论是党的群众路线理论的直接思想来源。只有深刻领会和准确把握马克思主义唯物史观与党的群众路线之间的内在联系，才能更加自觉有效地学思践悟党的群众路线，进而提升在新形势下做好群众工作的能力。

中国共产党向来注重思想建党、理论强党，思想理论的成熟是政治坚定的基础。群众路线是中国共产党把辩证唯物主义基本原理创造性地运用于中国新民主主义革命实践而形成的，并在社会主义革命、建设和改革进程中始终坚持并不断完善的根本工作路线，是贯穿于我们党近百年奋斗历程的生命线。《中国共产党章程》明确规定："党在自己的工作中实行群众路线，一切为了群众，一切依靠群众，从群众中来，到群众中去，把党的正确主张变为群众的自觉行动。"由此可见，深入研究马克思主义唯物史观，对于我们更好地贯彻党的群众路线，着力解决人民群众最关心、反映最强烈的突出问题，夯实党的执政基础，巩固党的执政地位，具有十分重要的理论和现实意义。

（1）历史唯物主义关于"实现人的自由全面发展"的观点，决定了必须坚持"一切为了群众"。

历史唯物主义认为，人们生活的第一需要是物质资料的生产活动，其中生产力在物质资料生产以及社会发展过程中起决定性作用。事实上，人们只能按照世界的本来面目去认识世界和改造世界，通过不断解放和发展社会生产力，来推进经济社会全面协调可持续发展，以造福人类自身，这是唯物史观真理性的重要体现。马克思、恩格斯把实现人的自由全面发展作为建构自己学说的逻辑起点和最高价值目标，这恰恰就是唯物史观的价值取向。马克思、恩格斯在《共产党宣言》中指出："人的本质不是单个人所固有的抽象物，在其现实性上，它是一切社会关系的总和。"① 共产党人的最终目标是建立"自由人联合体"，在那里"每个人自由发展为一切人自由发展的条件"②。马克思在《资本论》中进一步指出，未来新社会是"以每个人的全

① 中共中央马克思恩格斯列宁斯大林著作编译局．马克思恩格斯选集：第1卷［M］．北京：人民出版社，1995：56.

② 中共中央马克思恩格斯列宁斯大林著作编译局．马克思恩格斯全集：第4卷［M］．北京：人民出版社，2006：491.

面而自由地发展为基本原则的社会形式"①。这里所说的"人的全面而自由的发展"价值目标的实现，是建立在社会生产力高度发达的物质基础之上的。

马克思主义唯物史观关于人的自由全面发展的人学思想，内在地要求共产党人必须全心全意为人民服务，坚持一切为了人民的根本宗旨。人的发展是一切发展的首要条件和最根本目的，我们党践行群众路线，说到底就是为了保障和促进人的发展。"一切为了群众"与党的根本宗旨和最高价值追求是高度统一的。党的十八大报告把"促进人的全面发展"纳入中国特色社会主义道路的科学内涵，从而彰显出中国共产党对人的发展权益的高度重视。进入新时代，人民对美好生活的向往与不平衡、不充分发展之间的矛盾日益突出。这就要求我们党必须把以经济建设为中心与人的全面发展统一起来，充分调动人民群众的积极性、主动性、创造性，更好地统筹人与自然、经济与社会的全面、协调、可持续发展。同时，以经济社会的可持续发展来促进人的自由全面发展，保障发展成果由全体人民群众共享。

（2）历史唯物主义关于"人民群众是历史的创造者"的观点，决定了必须"一切依靠群众"。

唯物史观认为，人民群众是历史的主人，社会进步的原动力，国家的一切权力属于人民。马克思主义执政党执政地位的合法性是人民赋予的，但也不是一劳永逸的，执政党的执政绩效必须始终自觉地接受人民的评判和监督。人心向背是决定执政党能否执政以及能执政多久的决定性因素。承认人民群众是历史的创造者，是唯物史观和唯心史观在历史创造者问题上的根本分歧。唯心主义认为，杰出人物或英雄领袖是历史的创造者，他们对历史发展进程和发展方向具有决定性作用。而唯物主义则认为，人民群众是历史的创造者，他们不仅创造了物质财富和精神财富，也是社会变革发展的决定性力量，人民群众才是真正的英雄。1919年7月，毛泽东在其主编的《湘江评论》上发表了《民众的大联合》一文，高度评价了人民群众在历史发展中的巨大作用："什么力量最强？民众联合的力量最强。什么不要怕？天不要怕，

① 中共中央马克思恩格斯列宁斯大林著作编译局．马克思恩格斯全集：第23卷［M］．北京：人民出版社，2006：649.

鬼不要怕，死人不要怕，官僚不要怕，军阀不要怕，资本家不要怕。”① 文章充分表达了毛泽东明确而坚定的群众观点和群众立场，并以此来分析解决中国的具体问题。如果人民群众不赞成、不拥护、不支持，无论掌握多么强大的国家机器，最终都会被人民群众所唾弃，从而丧失执政地位。纵观古今中外，“其兴也勃焉，其亡也忽焉”。历史周期律的政权更易，实质上是人民群众不断地选择自己利益代表者的历史轮回现象。马克思主义执政党只有始终保持同人民群众的血肉联系，坚持“从群众中来，到群众中去”的工作路线和领导方法，才能保持鲜明人民性的宗旨和本色，保持党的先进性和纯洁性，始终得到人民群众的衷心拥护和热情支持，从而跳出政息人亡的历史周期律。

回顾历史，无论在中国革命的最危急关头，还是在社会主义建设的最困难时期，抑或是改革开放事业顺利推进时期，中国共产党始终通过贯彻群众路线来汇聚人民群众的伟大力量，推动历史航船破浪前行。进入 21 世纪以来，中国特色社会主义事业正处于关键发展阶段，国际局势风云变幻，全面深化改革打响了“啃硬骨头”“涉险滩”的攻坚战。在如此严峻的内外形势下，我们党必须把发挥党的领导核心作用与发挥人民群众历史主体作用统一起来，把党的创造力、凝聚力、战斗力深植于人民群众丰厚的实践土壤之中，既保证党的领导坚强有力、坚如磐石，又保障人民群众主人翁地位得到充分尊重。让一切智慧和财富的源泉竞相迸发，让一切造福于社会和人民的源泉充分涌流，只有这样，才能为实现中华民族伟大复兴的中国梦凝心聚力。

社会发展进步离不开人民群众的实践，社会更替变革也需要人民群众的积极参与才能最终完成。在社会主义社会，共产党执政实质上就是党领导和支持人民当家作主，依法管理国家和社会事务，管理经济、文化以及各项事业，实现好、维护好、发展好最广大人民群众的根本利益。因此，坚持党的领导核心作用与坚持人民群众的历史主体地位从根本上说是一致的，这也是贯彻党的群众路线的内在要求。

真正做到“从群众中来，到群众中去”，我们还应特别看到，随着社会

① 高菊村，陈峰，唐振南，等．青年毛泽东［M］. 北京：中共党史资料出版社，1990：101.

主义市场经济的深入发展，我国经济社会制度等方面发生了深刻变化，人们思想活动的独立性、选择性、差异性、多变性明显增强，人民的需求层次发生了很大变化，社会基本矛盾已经转变为人们对美好生活的向往与不平衡、不充分发展之间的矛盾。这就要求我们党必须不断创新工作思路，摸索工作方法，探索新形势下群众工作的新特点、新规律，深入人民群众伟大实践，汲取人民群众实践的营养和智慧，增进同人民群众的感情，使党成为值得人民群众信赖的主心骨，始终得到人民群众的坚定支持和衷心爱戴，不断扩大党的执政基础、巩固党的执政地位。

（3）习近平同志关于“时代是出卷人，执政党是答卷人，人民是阅卷人”的论述，强调共产党人必须始终做到“从群众中来，到群众中去”。

历史唯物主义认为，人民群众既是实践主体，又是价值主体。马克思主义执政党一切政绩都要由人民群众来评判。“时代是出卷人，执政党是答卷人，人民是阅卷人。” “人民，只有人民，才是我们工作价值的最高裁决者。”① 这就要求我们想问题、办事情始终要以“人民拥护不拥护、人民赞成不赞成、人民高兴不高兴、人民答应不答应”② 作为衡量党的事业和我们各项工作的根本标准。因此，对党负责与对人民群众负责从本质上说是高度一致的，对党负责归根到底还是对人民负责，只有对人民负责，才能保证对党忠诚负责。因此，党的一切工作都要以人民群众满意不满意作为根本的衡量标准。

执政党的政绩只能由人民群众评判的观点，要求党员干部必须认清理顺同人民群众的关系，深刻认识到党和人民群众的关系就像舟和水、公仆和主人、学生和老师的关系，党员干部要虚心向人民群众学习，视人民群众为主人、把人民群众当亲人，始终把人民群众放在心中最高位置，心甘情愿地做人民群众的“工具”，夙夜在公、呕心为民。人民群众成就了我们党的伟大事业，要毫不动摇地坚持以人民为中心的价值取向，自觉服务于人民群众。要深刻认识到创造历史的伟力蕴藏于民众之中，对人民群众心怀敬畏，经常做到“照镜子、正衣冠、洗洗澡、治治病”。只有广大党员干部真正做到

---

① 中共中央文献研究室．江泽民思想年编（一九八九—二〇〇八）［M］．北京：中央文献出版社，2010：199.

② 中共中央文献研究室．胡锦涛文选：第二卷［M］．北京：人民出版社，2016：209.

“为民、务实、清廉”，我们的工作才能真正体现人民群众的意愿，经得起实践、历史和人民的检验。

（二）群众路线传承了中国朴素“民本主义”的思想精华

纵观中国政治思想发展史，从先秦时代起，“民本”思想便是一种蔚为大观的传统思想。民本思想实质上是中国几千年封建统治的“王道”思想，即主张封建统治者加强自身修养、道德教化，取信于民，强调统治阶级修身养性对于社会长治久安的重要性。在诸子百家中，儒家民本思想经历了从孔子的“仁爱”向孟子的“仁政”的过渡时期。自汉代以来，儒家思想被视为封建正统思想。孔子编撰并作序的《尚书》记载：“皇祖有训，民可近，不可下，民惟邦本，本固邦宁。”① 这段话告诫历代王朝，人民是用来亲近的，不能轻视和俯视；人民才是国家的根基，根基不牢，地动山摇，根基牢固，国家才能安如磐石，社会才能安宁。孟子的“王道”思想提倡重视人民，只要人民安居乐业，远人就会自觉来服。因此，孟子所主张的政治次序是：“民为贵，社稷次之，君为轻。”孟子说：“老吾老，以及人之老；幼吾幼，以及人之幼。天下可运于掌。”“乐民之乐者，民亦乐其乐；忧民之忧者，民亦忧其忧。乐以天下，忧以天下，然而不王者，未之有也。”② 墨子出生于战乱时代的平民家庭，艰苦的生活经历使他抱有“爱民”的政治思想。他主张“兼相爱，交相利”。即使是崇尚出世和无为的道家，同样也讲求与民生息，“以百姓之心为心”。最具政治实践经验的法家，虽然善权谋、讲法度，但他们也能看到，民本思想有利于政治实践：顺应民意，让耕者有其田，日出而作，日落而息，政治就会清明，社会方能安宁，国家才会变得更加富强，统治阶级就能得到百姓拥护。同一时期，管子、晏子等从各自的立场著书立说阐释治国平天下的民本思想。管子的“政之所兴在顺民心，政之所废在逆民心”；晏子的“德莫高于爱民，行莫贱于害民”等先秦的诸子思想，虽然道不同，论相异，但在民本思想方面，殊途同归。他们的民本思想，深刻地影响着后世的执政者和知识分子的政治思想与实践。如东汉王充的“知屋漏者在宇下，知政失者在草野”，唐代陈子昂之言“圣人不利己，忧济在元元”，

---

① 尚书·五子之歌［M］. 北京：北京联合出版公司，2015：31.

② 孟子·梁惠王上［M］. 北京：北京联合出版公司，2015：15；孟子·梁惠王下［M］. 北京：北京联合出版公司，2015：27.

以及明代张居正的“治理之道，莫要于安民；安民之道，在于察其疾苦”等，都体现了丰富的民本思想。得民心者得天下，中国历代王朝兴衰沉浮，分分合合，民心向背起了至关重要的作用。

鸦片战争以来，中国历次救亡图强的变革或农民运动，都以失败告终，最根本的原因也是没能很好地代表最广大人民的利益诉求，没有赢得民心。辛亥革命的破产，国民党政权的没落与丧失，究其根源是失去民心所致。

毋庸置疑，中国共产党批判地继承了这一传统民本思想。立党之初，中国共产党就以马克思列宁主义的科学理论为指导，以解放全人类，实现共产主义为奋斗目标，确立了“全心全意为人民服务”的为民宗旨等，所有这些，都是中国共产党人亲民重民思想理念最精辟的表达。毛泽东“人定胜天”的豪迈，邓小平“我是人民的儿子”的深情，江泽民“中国共产党始终代表最广大人民的根本利益”的论断，胡锦涛“以人为本”的人本位思想，以及习近平“让人民过上好日子”的“以人民为中心”的发展思想的朴素表达，无不彰显出中国共产党人时时刻刻把人民装在心中的博大胸怀。

综上所述，民本思想实际上警示着执政者，“水能载舟，亦能覆舟”，执政者要珍视自己手中人民赋予的权力，转变执政角色，摒弃官僚主义；坚持求真务实，反对形式主义；杜绝奢靡、享乐之风，厉行勤俭节约。今天，我们深入研究民本思想，可以从中汲取古代圣贤治国理政的政治智慧，可以更好地理解共产党人的立党初心和执政使命，也才能深刻理解和践行习近平新时代以人民为中心的发展思想，俯下身子、贴地行走、洞悉草根，认真倾听群众的意见和建议，踏踏实实地为民做好事、办实事、解难事，保持党同人民群众的血肉联系。

（三）群众路线体现了“人本主义”思想合理内核

人本主义以人的首要性为特征。历史上人本主义是指发端于14—17世纪意大利的文艺复兴运动，是继古希腊之后人类从未经历过的最伟大的、最进步的社会思想变革，这一空前的思想文化运动随后迅速传播到欧洲其他国家，它构成了现代西方文化的一个重要元素。人本主义承认人的价值和尊严，把人看作万物的尺度，是以人性、人的有限性和人的利益为中心的哲学思潮。前者是文艺复兴的一个基本方面，当时思想家从这一观点出发，把人性和人的价值和尊严重新纳入自然、历史的现实中去考察，并以这种观点重新解释人性。在这个意义上讲，人本主义是造成17世纪科学革命的基本条件之一，因而在一定程度上也是促使“科学主义”诞生的一个条件。如果说“民本”思想是封建帝王开明治世的圣贤之悟，那么，“人本”思想则是揭开中世纪“君权神授”神秘面纱的个性解放之剑。“人本主义”是多义的。第一，如果把导源于笛卡尔的“我思”和康德的先验主义哲学都看作人本主义，那么最典型的人本主义便是新康德主义，新康德主义特别重视理性科学的价值，而不仅限于强调个人价值的人本主义。第二，作为“主体哲学”或“意识哲学”，胡塞尔现象学同康德先验主义哲学一样也被看作是人本主义。他们的共同点是以自我意志为出发点，力求以先验的、感性的认知为科学知识奠定现实基础。第三，萨特的存在主义哲学把现象学、存在哲学和人本主义冶于一炉，是人本主义充分发展的集中表现。存在主义者断定：“在人的世界、人的主体性世界之外并无其他世界。”

研究西方人本主义理论，可以看出，人本主义的基本观点：第一，批判地继承中世纪狭隘的唯心主义哲学体系、宗教神学迷信教条以及抽象的逻辑推理，追求人的价值尊严和人性的解放，把价值由“以神为本”转变为“以人为本”，大力鼓吹宣扬思想自由和个性解放，直至发展为一种全新的、所谓的“普世文化和价值”。第二，20世纪以来，西方掀起了一种以肯定人的根本价值、维护人的尊严为主旨的思想解放运动，认为追求人的与生俱来的生存权、发展权，及其尊严价值具有天赋的、不可剥夺的重要的意义。人本主义的根本意义在于“以人为本”，以纯真的爱和天赋的善追求人类最大福祉。第三，在现实社会中，人本主义的社会价值取向在于强调人的个性关怀，提倡宽容，反对暴力，注重维护人的尊严和价值，尤其提倡个体追求自由平等和自我价值的实现，这在当时是一种激进的哲学思潮，具有一定的进步意义。但这种抽象地追求个人主义的世界观，不可避免地带有一定的唯我论和唯心主义色彩。

人作为一个生命体，是自然属性和社会属性的有机统一，其生存权与发展权应得到充分尊重。任何一个人的权利和自由都不能被他人或政府践踏或剥夺。作为社会中的人的自由，在法律无明文规定的情况下，不受任何人支配；除了立法机关授权制定的法律以外，不受其他意志的管辖或任何法律的约束。所以自由不是非像罗伯特·菲尔麦爵士所告诉我们的那样：“个人乐意怎样做就怎样做，高兴怎样生活就怎样生活，而不受法律约束的那种自由。"① 而是洛克阐释的："这种不受绝对的、任意的权力约束的自由，对于每一个人的自我保卫是如此必要和有密切联系，必然导致他不能丧失它，除非连他的自卫手段和生命都一起丧失。因为一个人既然没有创造自己生命的权力，就不能用契约或通过同意把自己交由任何人奴役，或置身于别人的绝对的、任意的权力之下，而任其夺去生命。谁都不能把多于自己所有的权力给予他人；凡是不能够剥夺自己生命的人，就不会把支配自己生命的权力给予别人。"② 洛克在这里阐释的是自由的限度，即他人的自由是一个人自由的限度，这个界限必须由人们共同赋予的法律来界定。西方人本主义所宣扬的"天赋人权"，自由平等、民主等资产阶级思想，是为反对封建专制的宗教神学统治而服务的，其目的是为资本主义的发展扫清思想障碍。但它偏重于人、主体、主观个体存在、意志自由、价值、直觉、体验、情感等，因而具有鲜明的唯灵论和唯心主义色彩。

西方人本主义思想对我们执政党的思想建设具有重要的借鉴意义。西方人本主义哲学家以其独特的方式，不同程度地把人作为万物的根本，提倡"以人为本"，反对"以神为本"，主张以人为出发点和中心，颂扬人的价值、尊严和力量，强调人的地位和作用，重视人性和人格。所有这些都体现了马克思主义唯物史观和马克思主义人学思想。不同的是，马克思主义人学思想的哲学思路是从抽象的、自然的人到现实的、具体的、社会的人。人类的实践活动是人类及人类社会赖以生存和发展的基础和根据。人类通过自己的实践活动在已有的物质实践基础上改造和重建世界。说到底，人类实践是人类社会的唯一源泉，即真正的本体。由此可见，撇开活生生的社会实践，抽象地谈论人的价值和尊严，具有强烈的欺骗性和虚伪性。人的价值和尊严与人的社会生活、社会地位、社会贡献、社会评价以及社会认可等密切相关，是个人价值与社会价值的统一体。

中国共产党是用马克思主义理论武装起来的无产阶级政党。作为新中国唯一的执政党，我们必须汲取人本主义思想的合理内核，坚持马克思主义历

① 洛克．洛克谈人权与自由［M］．石磊，译．天津：天津社会科学院出版社，2011：216.

② 洛克．洛克谈人权与自由［M］．石磊，译．天津：天津社会科学院出版社，2011：217.

史唯物论的人的自由全面发展思想，注重人民群众的伟大实践，坚持以人为本，为人民谋福利。现代资本主义国家，尤其是以美国为首的西方国家，却赋予人权、自由、平等、民主以双重标准，即对内的相对性和对外的绝对性，用来作为干涉别国内政、服务于自己内政外交的需要。对此，我们要有清醒的认识和高度的警惕，以防范他们进行意识形态渗透，达到颠覆他国政权，服务于自己霸权的目的。从伊拉克战争到阿富汗反恐，从利比亚危机到叙利亚战事，我们不难看出，人的生存权和发展权才是第一位的。“美国优先”、逆全球化、贸易保护主义以及在世界各地挑起的战乱纷争，充分暴露出西方资本主义国家所谓的“普世价值”，即“自由”“民主”“平等”“博爱”和“人权”等的虚伪性，这也背离了西方先贤们人本思想的初衷。

总之，对于西方人本主义思想，我们必须辩证客观地加以区分对待，取其精华、去其糟粕，做到洋为中用，不断丰富中国特色社会主义理论宝库，推进中国特色社会主义实践顺利健康发展。

（四）群众路线弘扬了人文精神，注重人文关怀

人文精神是人类普遍追求的自我关怀，表现为对人自身尊严、价值、命运的维护和关切，对人类遗存下来的各种精神文化财富的高度珍视，是对人的全面发展理想人格的肯定和塑造。人文精神的实质就是以人为中心，以人为尺度，高扬人性，揭示人的生存意义，体现人的尊严与价值。从一定意义上说，人之所以是万物之灵，就在于它有人文，有自己独特的精神文化。

在西方，“人文精神”的英文是 humanism，通常译作“人文主义”“人本主义”和“人道主义”。狭隘的人文精神是指文艺复兴时期的一种思潮，其核心思想分为三个层次：其一，人性，对人幸福和尊严的追求，是广义的人道主义精神；其二，对真理的追求，即广义的科学精神；其三，超越性，对生活意义的追求，是广义的宗教精神。简而言之，就是关心人，尊重人的精神生活和精神价值。西方的“人文精神”，既鼓吹尊重人的主体性，又崇尚科学理性，同时也强调对人的精神世界的终极关怀。虽有一定的合理性，但始终摆脱不了唯心主义的羁绊。

中国古代人文精神，是一种博采众长、融会贯通的仁和精神，它以注重修身养性甚于注重伦理道德为基本特征，以丰富的理论内涵展示人的自身、人与人、人与社会以及人与自然的和谐，以独特的思维方式塑造中国人重气

节、重人格、重和睦、重礼节、重道德、重人伦的民族心理与民族品格，这种人文精神不仅与农牧文明相伴而行，而且是中华民族过去、现在和将来都必须秉持的永恒精神。中国古代人文精神重视现实人生的价值和意义，高度评价人类在宇宙中的主体地位和主导作用，歌颂人性的和谐与完美，崇尚人的感性经验和理性思维，并以其特有的智慧为中华民族的生生不息注入永恒的精神动力。而以爱国主义为核心的民族精神作为中国古代人文精神的核心和灵魂，本身也有一个产生和发展的过程。这种民族精神内含着团结统一、和平友好、勤劳勇敢、自强不息等积极内容，并植根于中华民族的命脉之中。

进入现代社会以来，由于人们物欲的膨胀和对财富人生的过度推崇，人的心灵世界滋长着令人可怕的冷漠感、空虚感、荒谬感和失落感，这是作为现代人的不幸与悲哀。如果人的心性问题被忽视，个人主义、拜金主义、享乐主义就会潜滋暗长，进而导致我们民族凝聚力减弱、民族责任感淡薄。实际上，要摆脱这种不幸和悲哀，我们亟须从古代人文精神中寻找智慧的启迪。所以，无论是对群众路线进行学理研究，还是深入贯彻群众路线实践，我们不能仅仅停留在人民群众所关心的衣食住行等物质层面，更要考虑到人民群众所渴望的终极精神关怀。中国共产党作为中国特色社会主义事业的领导核心、人民群众的领路人，广大党员同志，尤其是党的领导干部，要加强自身修养，从古今中外圣贤明君、德高望重的政治家身上学习重民、惜民、爱民、怜民的人文精神和乐善好施的宽厚情怀，从而博取民意、集中民智、激发民力，共同推进党和人民的事业不断前进。

综上所述，群众路线理论是中国共产党独创的并在实践中不断发展和完善的党的基本理论，是贯穿于中国革命、建设和改革各个历史时期，以及党的各项工作的生命线。在全面建成小康社会新的历史条件下，只有高度重视和认真贯彻党的群众路线，并在实践中不断丰富、完善和发展这一理论，才能不断扩大党的执政基础，筑牢党的执政根基，巩固党的执政地位。也只有这样，才能团结带领全国各族人民砥砺奋进，实现中华民族伟大复兴的中国梦。

二、群众路线的理论逻辑

列宁曾对党群关系以及劳动群众的作用做过精辟地论述：“无产阶级革

命政党的纪律是靠什么来维持的？是靠什么来检验的？是靠什么来加强的？第一，是靠无产阶级先锋队的觉悟，它对革命的忠诚，它的坚韧性、自我牺牲精神和英雄气概。……第二，是靠它善于同最广大的劳动群众，首先是同无产阶级劳动群众，但同样也同非无产阶级劳动群众联系、接近，甚至可以说在某种程度上同他们打成一片。……第三，是靠这个先锋队所实行的政治领导正确，靠它的政治战略和策略正确，而最广大的群众根据切身经验也确信其正确。……没有这些条件，革命政党的纪律，真正能够成为可以推翻资产阶级并且改造整个社会的先进阶级的政党的纪律，是不可能实行的。……没有这些条件，建立纪律的企图，就必然会变成空谈，变成废话，变成装模作样。"① 列宁讲这话的时候，正值俄国革命期间，他充分认识到劳动人民的伟大力量，从而使劳动人民也认识到，布尔什维克党是他们值得信赖的党，是要为他们的利益奋斗的党。这就特别强调地指出了群众路线两个密切联系着的方面，即无产阶级政党和无产阶级劳动群众之间一种特别的默契关系。

群众路线是一个包括主客体在内的诸多因素的有机统一体，它们统一的基础是实践。"一切为了群众"强调人民群众历史主体地位的至上性，彰显的是其价值主体；"一切依靠群众"指人民群众创造力的不可替代性，强调的是其实践主体；"从群众中来，到群众中去"说明人民群众既是认识主体，又是实践主体。党的群众路线理论体现了世界观、认识论和方法论的有机统一；主客体的绝对性和相对性的辩证统一；批判继承与创新发展的统一；政治要求原则性与领导方法灵活性的统一；行政行为的权威性与利益表达的民主性的统一，等等。综合分析、正确理解上述一系列矛盾，在实践中厘清它们的内在逻辑关系，从中找出它们之间的内在规律以及解决问题之道，化解矛盾，融洽党群干群关系，有利于团结带领人民群众顺利完成党在不同时期的阶段性任务，朝着更高更远的目标迈进。

（一）群众路线体现了世界观、认识论和方法论的统一

首先，中国共产党作为马克思主义执政党，所坚持的世界观必然是唯物主义世界观，即坚持物质决定意识，社会存在决定社会意识。社会历史发展是人民群众的事业，人民群众在创造历史的过程中首先要解决生存问题，而

① 中共中央马克思恩格斯列宁斯大林著作编译局．列宁选集：第4卷［M］．北京：人民出版社，1972：181.

物质资料的生产方式是人类社会存在和发展的基础。生产方式内在地包含着生产力和生产关系两个方面，其中生产力决定生产关系，而人是生产力中最活跃、最具决定性的因素。人通过生产资料（劳动资料）作用于生产对象（劳动对象）的过程就是我们通常所说的实践，也就是改造客观世界，以满足人的需要。同时，人们在改造客观世界的过程中，会遇到各种可预见的或不可预见的灾难。前者如早期人类面临的自然界的狼虫虎豹的威胁、异族部落的侵袭、河流的定期泛滥等；后者如山林突发大火、地震、台风和龙卷风等。这些灾难严重威胁着人类的生存安全。随着生产力的发展和科学技术的进步，人们对客观世界发展规律有了一定的认识。正是在这种“实践—认识—再实践—再认识”的无限循环往复过程中，人类社会才渐次由低级阶段逐渐向高级阶段发展。

其次，世界观、认识论和方法论也是统一的，三者统一的基础是实践。一般说来，有什么样的世界观，就有什么样的认识论和方法论，世界观决定着认识论和方法论。马克思有句名言：“当问题产生的时候，也就同时产生了解决问题的办法。”[①] 共产党人不要惧怕实践，要投身于人民群众火热的实践，学会善于引导群众实践。更不要害怕实践中出现的困难和问题，要勇于克服困难，善于解决问题，否则会裹足不前。俗话说，“办法总比困难多”说的就是这个道理。因为人们对客观世界的认识具有主观能动性，无穷无尽的世界是可以被认知的。只要客观事物处于不停地变化发展之中，那么解决问题的方法就不会一劳永逸，所以要努力培养党员干部辩证敏锐的思维力、入木三分的洞察力、准确无误的理解力、鉴别真伪的识别力、见微知著的预见力、改造自我的内省力。在实践中逐步培养党员干部总揽全局的能力、运筹帷幄的能力、知人善任的能力、协调各方的能力、开拓创新的能力，因为实践的方法是马克思主义的根本方法，实践出真知，实践出方法，好的方法都是在实践中产生的。邓小平说：“我们改革的成功，不是靠本本，而是靠实践，靠实事求是。”[②] 实践之所以重要，是因为认识只有在实践中才能得到升华，能力只有在实践中才能得到提高。同时，解决问题的方法也只有在实

---

① 石国亮．干部要干成事：做新时期最优秀的干部［M］．北京：人民出版社，2013：51.

② 邓小平．邓小平文选：第三卷［M］．北京：人民出版社，1993：382.

践中才能获得，实践中遇到的问题最终还是要回到实践中去解释和解决。实践不仅检验着我们认识的正确与否，方法是否恰当，而且也不断地丰富和完善着我们的认识，完善着我们的工作方法。一句话，在实践的基础上不断实现实践主体在世界观、认识论和方法论三个方面的有机统一。

（二）群众路线内含着主客体绝对性和相对性的统一

主体是指在一定社会条件下认识和改造客观世界的具有社会性的人。客体即主体认识和改造的对象。客体并非一切客观实在，而是特指进入主体认识视域、实践范围，并同主体发生相互作用的那一部分客观事物或认识对象。主体与客体是辩证统一的关系，是矛盾的两个方面。主体受制于客体，客体制约着主体活动的范围、方式、性质等，决定主体的认识内容和认识程度；主体又能动地改造客体，使客体向着有利于主体要求的方向转化，使之满足主体的目的和要求。主体和客体之间存在着既对立又统一的辩证关系。对立是指二者具有各自的特殊规定性，彼此相互区别，主体就是主体，客体就是客体，不能混淆。同时，二者又是同一的，即相互依存、相互作用，并在一定条件下相互转化。主体和客体的关系是绝对性和相对性辩证统一的关系。这种辩证统一关系具体表现为以下三个方面。

一是群众路线主体和客体的实践关系。就主体和客体的实践关系而言，二者关系的绝对性主要表现在：其一，党就是党，群众就是群众，党群关系一方面是指党员与普通群众的关系，另一方面是指党员领导干部与党员群众之间的关系；其二，主体与客体之间改造和被改造的关系，主体作用于客体、改造客体的过程就是实践。二者关系的相对性主要表现在人民群众是历史的主体，党员及党的领导干部是服务于人民的工具。人民群众是老师，党员尤其是党的领导干部是学生，党员干部要想在人民群众的实践中不断丰富自己、锻炼自己、改造自己，就必须虚心向人民群众学习。从这个意义上说，主体和客体又具有相对性，二者相互依存、相互转化。

二是群众路线主体和客体的认识关系。认识关系是指主体与客体之间反映和被反映的关系。主体和客体在实践过程中，同时发生着认识关系。就认识关系的绝对性而言，群众路线强调的是党的领导干部要投身群众的实践，了解群众的实践进程，倾听群众的意见和建议，集思广益，从而更好地指导群众的实践。就认识关系的相对性而言，党的领导干部对群众实践的认识是否正确，必须再回到群众的实践中经受检验，以判断其认识的正确与否。

三是群众路线主体和客体的相互作用。群众路线的主体和客体不是孤立的，也不是相互对立的，而是相互作用、相互促进的。主体对客体具有认识和改造作用，客体对主体具有促进作用。无产阶级政党是能够认识到人民群众的历史主体地位和在创造历史中的巨大作用的，并能够积极主动地帮助人民群众克服困难，改造自身存在的不足，挖掘群众的创造潜力，这是主观能动性的绝对性方面。然而这种主观能动性又受制于人民群众所从事的客观实践，不能超越群众实践所允许的范围和强度，因此具有相对性。也就是说，党必须在充分认识和遵循人民群众实践活动的客观实际和客观规律的条件下，才能做出正确的决策。唯有如是，对群众的教育、引导和改造才能获得成功。

（三）群众路线坚持批判继承与创新发展的统一

不忘初心，方得始终；不忘过去，方能开辟未来。只有深刻总结贯彻党的群众路线的历史经验教训，才能少走弯路；只有锐意创新，才能在新的伟大实践中不断开创新的伟大事业。同时，我们也要清醒地认识到党的群众路线作为丰富的理论体系和生动实践路径的有机统一体，对它的批判继承与创新发展不是轻而易举的，更不是直线推进发展的，而是随着人民群众的反复实践，经受诸多挑战而曲折发展的。但是，只要我们心中始终装着百姓，坚定相信人民，凡事紧紧依靠群众，我们所面临的一切困难就会迎刃而解，我们的事业就会无往而不至。

中国共产党的诞生是时代发展的产物，是中国近代历史、实践和人民群众正确的必然选择。自从有了中国共产党，中国革命的面貌就焕然一新，主要是因为我们党在继承和弘扬中国传统民本思想的基础上，真正践行了“民为邦本”的重民思想，深刻领悟了“水能载舟，亦能覆舟”的千古良训，并在此基础上摆正了党与群众之间的正确主辅关系，即党只是人民的工具、人民的公仆、人民的勤务员、人民的学生，除此之外，没有任何特殊的身份和地位。这样一来，中国共产党既继承了古代优秀民本思想的合理内核，又突破了封建官僚思想的束缚，自觉地、心甘情愿地成为全心全意为人民服务的工具。革命时期，群众的要求仅仅是翻身解放、当家作主、不忍饥挨饿，所以一心一意跟着共产党干革命，寻求新的希望和梦想。而中国共产党的最切近的阶段性纲领，就是求得民族独立和人民解放，并在革命实践中适时调整政策，最大限度地满足各革命阶级的利益诉求，从而最大限度地调动最广大人民群众的积极性，顺利完成新民主主义革命的历史性任务。可以说，这一时期是党的群众路线理论和实践的大发展、大繁荣时期，饱含着继承与创新的辩证统一思想。

（四）群众路线强调政治要求原则性与领导方法灵活性的统一

研究一个民族的发展史，首先要研究它的文明源头、历史脉络和文化积淀，而研究一个国家，则重点是研究它的政党制度及其执政理念。同样，我们研究中国共产党也要研究中国共产党在长期革命、建设和改革实践中所建立起的一整套政党制度及其执政理念。

中国共产党是在国家极其落后的情况下，通过暴力手段推翻反动阶级的统治，建立起人民民主专政的社会主义国家，继而开创了中国特色社会主义发展道路的。因此，中国共产党的执政逻辑和执政理念是，通过先进的思想政治和深厚的文化力量，改造落后的经济基础和上层建筑，从而改变中国社会各阶级在国家中的地位，推动社会全面进步和人的自由全面发展。在共产党执政的国家，实行无产阶级专政，党领导一切，在社会主义事业中处于总揽全局、协调各方的领导核心地位。正因为如此，中国共产党非常重视加强自身建设，党的执政理念就是一切为了人民，紧紧依靠人民，自力更生，艰苦奋斗，在不断开拓进取中把我国建设成为富强、民主、文明、和谐、美好的社会主义现代化强国。

那么中国共产党政治的原则性要求是什么呢？简而言之，就是无产阶级政党的党性与人民性的统一。党性和人民性相统一的基础是党领导下的人民群众所从事的伟大实践。党保障人民当家作主的手段则是依法治国。这样，就形成了中国共产党执政的清晰原则：在实践基础上实现党的领导、人民当家作主和依法治国的有机统一。其中最关键的是不能离开人民性空谈党性，更不能脱离人民群众的伟大实践，空泛的自我粉饰和标榜党的先进性纯洁性，要谨记党性是寓于人民性之中的。而解决党性和人民性关系问题的最佳路径就是切实贯彻党的群众路线。

群众路线的政治性要求就是牢固树立马克思主义的群众观点，切实贯彻群众路线。群众观点即“一切为了人民群众的观点，一切向人民群众负责的观点，相信群众自己解放自己的观点，向人民群众学习的观点”①。群众路线就是“一切为了群众，一切依靠群众，从群众中来，到群众中去”②。然而，要把群众观点和群众路线运用到生动活泼、千差万别的群众实践中去，就需要因地制宜、相时而变、灵活多样的领导方法和领导艺术。这就要求领导干部坚持并善于运用理论联系实际、具体问题具体分析的科学方法来解决群众面临的困难和问题，从而最大限度地维护人民群众的根本利益。

（五）群众路线要求行政行为权威性与利益表达民主性的统一

一般来说，党员领导干部是贯彻群众路线的领导主体，担负着把党的路线方针政策宣传贯彻到人民群众之中，让人民群众认真学习、深刻领会、自愿接受，最终通过实践转化为群众的意志和行动，为完成党所确定的中心任务而努力奋斗。这种自上而下的传达、宣传、灌输、学习具有一定的权威性，各级领导干部都要不折不扣地执行党的路线方针政策，广大人民群众也要在党的路线方针政策的指引下从事各自的工作、生产和生活。党的路线方针政策正确与否，要经过人民群众的实践检验。如果某项政策在执行过程中，损害了大多数人民群众的利益，群众就会通过多种方式和渠道表达自己的诉求。而此时，我们贯彻群众路线的要义就是广开言路，多方面倾听各阶层群众不同的诉求，通过问卷、调研、听证等多种形式，获取民智民意，在充分分析论证的基础上形成新的政策，然后再贯彻到群众中去接受群众实践的检验。这样一来，通过群众路线的贯彻执行，就把自上而下的行政行为的权威性与自下而上的群众利益诉求表达的民主性有机地结合在一起。

三、群众路线的历史逻辑

（一）群众路线理论历史源头及其在中国萌芽

马克思指出：“历史活动是群众的活动，随着历史活动的深入，必将是群众队伍的扩大。”③ 可见，早在一个多世纪以前，无产阶级革命导师就非常重视群众活动，并且要不断地把群众队伍发展壮大。马克思主义政党为什么

① 刘少奇．刘少奇选集：上卷［M］．北京：人民出版社，1981：354.

② 杨连云，时运生．毛泽东的廉政思想［M］．石家庄：河北人民出版社，1993：223.

③ 中共中央马克思恩格斯列宁斯大林著作编译局．列宁选集：第1卷［M］．北京：人民出版社，1972：145.

如此重视处理自己与人民群众之间的关系呢？从根本上说，是基于对人民群众的历史地位和自己所肩负的历史使命的深刻认识。关于人民群众的历史地位，历史唯物主义认为，人民群众是历史活动的主体，是社会物质财富、精神财富的创造者，是社会变革的决定力量。而对于无产阶级政党自身的历史地位，马克思主义则认为，无产阶级政党本质上是人民群众为实现、维护、发展自己利益的工具。对此，邓小平的阐述最为深刻。1956 年，在党的八大《关于修改党的章程的报告》中，他深刻指出："同资产阶级的政党相反，工人阶级的政党不是把人民群众当作自己的工具，而是自觉地认定自己是人民群众在特定的历史时期为完成特定历史任务的一种工具。"① 邓小平同志关于无产阶级政党地位的深刻论述，科学地揭示了马克思主义政党与人民群众之间的正确关系。正因为马克思主义政党是人民群众实现、维护和发展自己切身利益的工具，因此，无产阶级政党的先锋队性质必须是、也只能是全心全意为人民服务的先锋队组织，这也一定程度上反映了马克思主义政党处理与人民群众关系方面的正确立场，必须是、也只能是"一切为了群众，一切依靠群众，从群众中来，到群众中去"。党是人民群众的工具，从本质上决定了马克思主义政党的根本价值取向只能是一切为了群众；人民群众在历史活动中的主体地位，决定了马克思主义政党在推动社会发展进步过程中必须是、也只能是一切为了群众。而要使一切为了群众、一切依靠群众落到实处，在工作方法上就必须做到"从群众中来，到群众中去"。正是在这个意义上，党的群众路线也就成为马克思主义政党所一以贯之的根本工作路线和根本工作方法。

十月革命一声炮响，给中国共产党和中国人民送来了马克思主义。1921 年，中国共产党成立，宣告了一个拥有几亿人口的东方大国有了一个真正能代表自己利益的无产阶级政党——中国共产党。中共一大的纲领突出强调了"支援工人阶级"的政治目标。中共二大通过的《中国共产党第二次全国宣言》指出："中国三万万的农民，乃是革命运动的最大要素。"② 经过一年的发展，年轻的中国共产党终于认清了反动军阀、帝国主义势力的顽固和强

---

① 邓小平．邓小平文选：第一卷［M］．北京：人民出版社，1994：217.

② 中共中央党史研究室．中国共产党史稿（1921—1949）：第一卷［M］．北京：中央文献出版社，1991：390.

大，仅仅靠工人阶级去对付强大的敌人，根本无法取得民主革命的胜利。所以，必须建立工人、贫农与小资产阶级的民主联合阵线。既要发动工农群众，又要团结其他社会各阶层，这是中国共产党提升自己觉悟，扩大群众基础的开始。第二次国内革命战争期间，党的六大指出："党的总路线是争取群众。"毛泽东指出，"一切工作在党的讨论和决议之后，再经过群众路线去执行"①。在此后的党的历次代表大会中，都有对群众路线的论述。刘少奇、邓小平等第一代中央领导集体成员一直把此视为传家宝。1956 年召开的党的八大通过的《中国共产党章程》规定："必须不断地发扬党的工作中的群众路线的传统。"这是中国共产党历史上第一次将群众路线明确地载入党章，作为党员必须遵守并为之践行的指导思想规定下来。

（二）新民主主义革命时期群众路线理论的形成、发展与成熟

历史是一面镜子，"以史为鉴，可以知兴替；以人为鉴，可以明得失"。中国共产党自 1921 年成立以来，已经走过近百年的光辉历程。中国共产党是在汲取近代以来无数仁人志士寻求救国救民道路失败教训的基础上成立、成长，并逐渐发展壮大的。先贤们之所以屡遭失败的厄运，一个很重要的原因就是脱离了群众。早在新文化运动前期，蔡元培、胡适、陈独秀等一大批新"文化革命"先行者就认识到，只有通过文学艺术的形式才能唤醒民众，才能改变近代中国屈辱的局面。中国共产党成立伊始，就认识到仅靠文化运动和文化自觉，不深入群众做细致的工作，中国革命仍然是行不通的。放手发动群众，壮大革命力量是十分重要的，也是十分必要的。因此，党的二十大提出："我们既然是为无产阶级奋斗的政党，我们便要'到群众中去'，要组成一个大的'群众党'。"② 由此可见，群众路线理论的形成与发展，与党的革命实践是紧密联系在一起的，是经历了一个艰难曲折的发展过程的。

大革命时期，我们党就充分利用自己的政治优势发动群众参加国民革命，为北伐战争的胜利和最终推翻北洋军阀的统治奠定了坚实的群众基础。针对这一情况，毛泽东同志提出："一切工作在讨论和决议之后，再经过群

---

① 贝恩·库拉．共产国际文件汇编 1919—1932：第三册［M］．北京：生活·读书·新知三联书店，1965：124.

② 中央档案馆．中共中央文件选集：第 1 卷［M］．北京：中共中央党校出版社，1991：90.

众去执行。”① 此后十年土地革命战争的实践为党的群众路线的形成、发展积累了十分宝贵的经验。抗日战争时期，毛泽东在一系列著作中都强调了发动群众、依靠群众的重要性。他在《论持久战》中提出“兵民是胜利之本”的著名论断。在延安整风运动中，毛泽东系统地阐述了党的群众路线理论。1945年4月，在“七大”政治报告中，毛泽东把“和最广大的人民群众取得最密切的联系”作为中国共产党的三大优良作风之一，并强调群众路线是中国共产党区别于其他一切政党的显著标志之一。我们党在革命战争年代，粉碎国民党的全面围剿和重点围剿，打败日本帝国主义的侵略，解放全中国，都离不开人民群众的广泛参与和大力支持。

（三）社会主义革命和建设时期贯彻群众路线的曲折发展历程

经过28年艰苦卓绝的英勇斗争，无产阶级和广大人民群众在中国共产党领导下夺取政权，成立了人民当家作主的新中国，人民成为新中国和新社会的主人，这时群众工作的方式方法也要随之调整。新中国成立初期的30年，由于世情、国情、党情的巨大变化，我们党在贯彻群众路线方面出现了微妙的变化。

首先，从1949年到1956年的社会主义革命时期，鉴于党及其领导下的人民群众，对长期革命战争中积累的革命经验充满信心，因此，对于正在进行的土地改革、镇压反革命、抗美援朝、“三反五反”、社会主义改造等社会主义革命运动热情高涨、信心十足。在中共八大党章中，首次出现群众路线一词的明确提法。中共八大党章根据中国共产党执政后党的历史方位发生的变化，要求全党继续坚持群众路线，特别应当注意保持谦虚谨慎、戒骄戒躁的作风，同脱离群众、脱离实际生活的官僚主义进行不懈斗争。中共虽然将群众路线写入党章，但在前后之后，由于受到“左”倾思想的干扰和影响，在实际贯彻群众路线过程中，出现了很大的波折。尤其到了20世纪60年代中后期，群众路线被当成简单粗暴的“群众运动”，被一些人别有用心地加以错误地理解和推行，严重背离了党的群众路线的精神实质和基本要求。当然，鼓舞人心的宣传，充分调动人民群众的积极性固然必不可少，但一定要坚持实事求是的根本原则，用正确的群众路线方针政策、方法手段加以适

① 毛泽东．毛泽东选集：第一卷［M］．北京：人民出版社，1991：88.

当、有序地引导。我们深信，群众的力量和智慧是无穷的，“依靠民众则一切困难能够克服，任何强敌能够战胜，离开民众则一事无成。我们要保持过去革命战争时期的那么一股劲，那么一股革命热情，那么一种拼命精神，把革命工作做到底”①。

其次，从1957年开始，党中央开始了政治上的整风和反右派斗争。政治上的反右，助长了经济建设上“左”倾化的“大跃进”和人民公社化运动(1958—1960年)，再加上1959至1961年的三年困难时期，给国民经济和人民生产生活带来了空前的灾难。还有1963至1966年的“四清”社会主义教育运动以及1966至1976年的“文化大革命”都是以大规模群众运动的形式开展的，同样背离了群众路线的精神实质和实践要求。痛定思痛，经过四年“调整、巩固、充实、提高”深入细致地整顿，党中央统一了思想认识，逐步恢复实事求是的群众路线，极大地调动了人民群众生产生活的积极性。值得钦佩和感动的是，广大军民虽然经历了三年严重的经济困难时期，却丝毫没有动摇人民群众对社会主义的信念，他们以一种大无畏的英雄气概，艰苦奋斗，排除一切艰难险阻，使国民经济得到迅速恢复和发展，表现出了撼天动地的、伟大的爱国主义精神。

最后，粉碎“林彪、江青集团”的阴谋以后，经过近两年（1976年年底—1978年年底）“调整、整顿、充实、提高”，为即将到来的改革开放打下了坚实的思想、理论、经济、人力资源等方面的基础。凝聚全党全国人民共识，推进改革开放伟大事业顺利前进的深层次思想动力就是“实践是检验真理的唯一标准”的思想解放运动。实事求是的实践标准恢复并坚持了毛泽东同志一再倡导的“三大优良传统和作风”。通过实事求是地理论联系实际，密切联系群众，虚心地在全党开展批评与自我批评，把全国各族人民紧紧地团结在党中央周围，一心一意谋发展，齐心协力创伟业。

（四）群众路线理论在改革开放实践中不断丰富完善

改革开放以后，在党的实事求是思想指导下，群众路线得以恢复和发展。以邓小平同志为核心的党的第二代中央领导集体根据改革开放新实践的发展要求，从人民群众的根本利益出发，提出“三个有利于”标准，作为衡

---

① 毛泽东．毛泽东军事文集：第二卷［M］．北京：军事科学出版社，中央文献出版社，1993：381.

量各项工作得失成败的标尺。把人民群众“拥护不拥护”“赞成不赞成”“高兴不高兴”“答应不答应”作为我们党制定路线、方针、政策的出发点和落脚点。邓小平指出：“党的组织、党员，都要永远站在人民一边，同人民在一起，了解他们的要求，倾听他们的呼声，采取各种方法保护和争取他们的利益。”① 以江泽民为核心的党的第三代中央领导集体提出了“三个代表”重要思想，其核心思想“始终代表最广大人民的根本利益”与群众路线的基本要求在本质上是一致的。江泽民指出：“人民群众是先进生产力和先进文化的创造主体，也是实现自身利益的根本力量。不断发展先进生产力与先进文化，归根到底都是为了满足人民群众日益增长的物质文化生活需要，不断实现最广大人民的根本利益。”② 以胡锦涛同志为核心的党中央立足于马克思主义的群众观，提出了以人为本的科学发展观。胡锦涛指出：“以人为本、执政为民是马克思主义政党的生命根基和本质要求。”③

党的十八大以后，以习近平同志为核心的党中央提出，从2013年下半年开始，在全党范围内深入开展党的群众路线教育实践活动。习近平总书记指出：“检验我们一切工作的成效，最终都要看人民是否真正得到了实惠，人民生活是否真正得到了改善，这是坚持立党为公、执政为民的本质要求，是党和人民事业不断发展的重要保证。”④ 在中华人民共和国成立70周年前夕，党中央决定，从2019年6月1日起，在全党范围内分两批进行为期一年半的“不忘初心、牢记使命”主题教育。

党的先锋队性质和全心全意为人民服务的根本宗旨决定了中国共产党除了最广大人民的根本利益外，没有自己任何的特殊利益。毛泽东指出：“共产党员是一种特别的人，他们生根于人民中，他们是人民的儿子，又是人民的教师，他们每时每刻地总是警戒着不要脱离群众，他们不论遇着何事，总是以群众的利益为考虑问题的出发点，因此他们能够获得广大人民群众的衷

① 中共中央文献研究室．邓小平年谱1975—1997：上卷［M］．北京：中央文献出版社，2004：685.

② 江泽民．江泽民文选：第三卷［M］．北京：人民出版社，2006：281.

③ 中共中央文献研究室．十七大以来重要文献选编：下卷［M］．北京：中央文献出版社，2013：101.

④ 习近平．全面贯彻落实党的十八大精神要突出六个方面工作［J］．求是，2013（1）：3-7.

心拥护，这是他们的事业必然获得胜利的根据。”① 党的群众工作的历史经验证明，只有紧密地联系群众，时刻从群众的利益出发，党才能制定正确的路线、方针、政策，党的路线、方针、政策，也才能真正在群众实践土壤中生根发芽，党的事业也才能兴旺发达。

改革开放40多年来，历史和人民见证了邓小平同志“我是人民的儿子”的一往情深，江泽民同志的“中国共产党始终代表最广大人民的根本利益”的时代主旋律，胡锦涛同志的“以人为本”的务实作风，习近平同志的“以人民为中心”的博大胸怀，所有这些宝贵思想，无不闪烁着群众路线的耀眼光芒。正是因为我们党善于总结历史经验教训；善于运用群众路线内含着的精神实质；善于以“刮骨疗毒、壮士断腕”的勇气自我解剖、自我完善；善于引导群众沉着应对国内外复杂情势；善于提高国家治理体系和治理能力的现代化水平，等等，所以中国特色社会主义事业才会取得举世瞩目的成就。一句话，只要我们始终坚持在实践中批判继承并创新发展党的群众路线理论，紧紧抓住经济建设这个中心，不断满足人民群众对美好生活的追求，我们党所确定的奋斗目标就会越来越切近，我们民族复兴的中国梦就不再遥远，我们的崇高理想就会越来越接近现实。

四、群众路线的实践逻辑

中国共产党的历史从某种程度上讲，就是践行党的群众路线的光荣历史。群众路线作为党的工作路线、领导方法和工作方法，具有特定的实践逻辑和内在运行规律。科学分析群众路线的实践逻辑，准确把握和运用好这一规律，是确保党的群众路线有效贯彻执行的基本前提。

党的群众路线，是正确处理马克思主义政党与人民群众关系的路线。刘少奇在《论党》一文中深刻指出，“群众路线，就是使我们党与人民群众建立正确关系的路线，就是要使我们党用正确的态度与正确的方法去领导人民群众的路线，就是要使我们党的领导机关和领导人与被领导的群众之间建立正确关系的路线”②。中国共产党正是在长期的革命、建设和改革开放实践中逐步形成发展和完善群众路线理论的。如何把党的群众路线真正落到实处？

---

① 中共中央文献研究室．毛泽东文集：第三卷［M］．北京：人民出版社，1996：47.

② 刘少奇．刘少奇选集：上卷［M］．北京：人民出版社，1981：348.

我们必须认识到，无论人民群众是历史活动的真正主体，还是党是为人民群众服务的工具，都是社会历史发展进程中“应然”的道理，要使这种“应然”转化为“实然”，必须具备一定条件。

（一）战争的特殊环境催生了党的群众路线

在革命战争年代，马克思主义政党生存的环境极其严酷，只有和人民群众紧密联系才能取得革命胜利，这使得我们党对自身所面临的形势和环境问题具有清醒的认识和高度的自觉。但是，即使在部分执政条件下，权力这把无形的“双刃剑”也会使得广大党员干部一不小心就会忘记密切联系群众的重要性。正因为如此，毛泽东在延安时期回答民主人士黄炎培先生著名的“窑洞之问”时明确指出：“我们已经找到了新路，我们能够跳出这周期率。这条新路，就是民主，走群众路线。只有人民监督政府，政府才不敢松懈。只有人人起来负责，才不会人亡政息。”① 也就是说，密切联系群众，和人民群众保持血肉联系，不能仅仅停留在口头上，要落实到日常工作、学习、生活、战斗等各个方面和环节，真正做到从群众中来，到群众中去。正是因为中国共产党及其领导下的人民军队和各族人民群众保持鱼水深情，同甘共苦，患难相依，才使得中国革命虽然经历两次惨痛失败，却仍然能够逢凶化吉，转危为安，并为后来的抗日战争和解放战争的全面胜利积累了宝贵经验。这不能不说是党的群众路线政策正确贯彻执行的重大胜利。

（二）社会主义革命和建设实践考验着党贯彻群众路线的能力

新中国成立以后，中国社会各阶级的地位发生了翻天覆地的变化，处于执政地位的中国共产党只有正确地贯彻好群众路线，才能顺利完成新民主主义革命遗留下来的民主革命和社会主义革命任务，巩固人民民主专政的国家政权，进而掀起社会主义建设高潮。新中国成立后的 7 年间，由于国内形势发展的需要，党和国家继续采用革命战争时期发动群众的革命热情进行社会主义革命和建设，这在当时百废待兴的环境下确实起到了积极作用。随着社会主义改造的基本完成，社会主义制度的最终确立，党和国家的中心工作不再是革命和斗争，而是恢复国民经济，大力发展生产力。发展经济必须遵循

① 中共中央文献研究室编．十六大以来重要文献选编（上）［M］．北京：中央文献出版社，2005：144.

经济发展规律，不能主观地依靠群众运动的方式强行超越生产力发展阶段来建设社会主义。值得肯定的是，新中国成立后前30年，我国依靠人民的力量，自力更生，艰苦奋斗，在基本农田建设和水利兴修方面，取得了丰硕的成果。同时，工业科技、教育医疗等也取得了可喜成就。实践证明，只有建立健全社会主义民主政治制度和社会主义法治，依法行政，才能从根本上保证党始终是人民群众的工具，才能从根本上保证党的群众路线落到实处。正如邓小平同志所深刻指出的，“制度的改革和完善比解决个人的思想、作风、责任问题，更带有根本性、全局性、稳定性和长期性”①。

（三）改革开放实践极大地丰富了党的群众路线理论

改革开放是中国富国强兵、安邦定民的关键一招。中华民族自古就有开拓创新的民族基因，中国传统儒道释思想都饱含着开放、包容和仁和等重要思想。可以这么说，五千年华夏文明史就是一部革故鼎新、开拓进取的历史。只是近代以来，晚清政府腐朽没落、闭关锁国，没有赶上第一次科技革命的浪潮，而落后挨打，备受列强欺凌。新中国成立以后，由于当时所处的内外环境，加之“文化大革命”的冲击，中国的发展更是远远落后于西方。所以邓小平指出：“不坚持社会主义，不改革开放，不发展经济，不改善人民生活，只能是死路一条。”② 改革开放实践对群众路线理论的贡献主要表现在以下几方面。

1. 尊重人民群众历史主体地位和首创精神，解放发展生产力

人民群众是历史的主人，是推动社会历史发展、变革的决定力量，人民群众中蕴含着极大的创造热情和创造力量。解放思想，实事求是，就是要突破陈旧观念和思维模式的束缚，把思想认识从封闭、僵化的体制机制中解放出来。也就是说，新中国成立近30年，社会主义建设取得了伟大胜利，但由于人口多、底子薄、生产力落后，我国将长期处于社会主义初级阶段这一基本国情没有变。因此，党和国家的根本任务是解放生产力、发展生产力。至于怎样发展生产力，以邓小平同志为核心的党中央提出改革开放的基本国策。改革从农村开始，尊重农民的意愿和创造精神，充分调动农民群众生产

---

① 蒋照义，沙文金，李君如．论我国社会主义革命［M］．北京：红旗出版社，1983：125.

② 邓小平．邓小平文选：第三卷［M］．北京：人民出版社，1994：370.

积极性。改革的路径由农村到城市，改革的重点逐步由农业向工商业转变，体制改革逐步由计划经济向市场经济转变。开放则遵循着点线面逐步展开的渐进式的开放政策，形成全方位、多层次的立体式开放格局。通过改革开放实践，极大地推动了社会主义生产力的发展，充分体现了中国共产党相信群众、依靠群众、为了群众，从群众中来，到群众中去，摸着石头过河的探索创新精神。

2. 始终牢记为人民服务的根本宗旨，从严治党

进入改革开放新时期，我们开始发展社会主义市场经济，一些党员干部中却出现了严重损害党和群众关系的贪污受贿、以权谋私等不正之风。针对这些严重的问题，邓小平向全党指出："这股风来得很猛。如果我们党不严重注意，不坚决刹住这股风，那么，我们的党和国家确实要发生会不会'改变面貌'的问题。这不是危言耸听。"① 市场经济的优势是利用供求关系有效配置资源，最大限度地激发全社会的创造活力。但市场经济也有弊端，即带有明显的盲目性和滞后性，容易滋生拜金主义和腐败现象。邓小平严肃指出："常委同志要聚精会神地抓党的建设，这个党该抓了，不抓不行了。"②因此，江泽民从党的建设的高度思考"建设一个什么样的党，怎样建设党"这一时代命题，提出并系统阐述了"三个代表"重要思想。江泽民指出，"越是改革开放，越是发展社会主义市场经济，越要从严治党"③。他强调，"党内存在的一些消极腐败现象之所以屡禁不止，有的情况还日趋严重，有一个重要原因，就是相当一些地方和单位的党组织和领导者治党不严，对党员干部特别是领导干部疏于教育、疏于管理、疏于监督"④。也就是说，我们不遗余力地深化改革，扩大开放，发展社会主义市场经济，提高综合国力，弘扬先进文化，其最终目的就是满足人民群众日益增长的物质文化需要。所有这一切，都必须贯彻群众路线，紧紧依靠人民群众，用发展的办法解决前进中出现的问题，在改革开放伟大实践中解决群众的基本诉求。

---

① 邓小平．邓小平文选：第二卷［M］．北京：人民出版社，1994：403.

② 邓小平．邓小平文选：第三卷［M］．北京：人民出版社，1994：413.

③《江泽民执政党建设思想学习问答》编写组．江泽民执政党建设思想学习问答［M］．北京：人民出版社，2004：253.

④ 江泽民．江泽民文选：第二卷［M］．北京：人民出版社，2006：497.

3. 坚持以人为本的科学发展观，构建社会主义和谐社会

新中国成立前30年，尤其是改革开放以后，我国社会生产力和生产关系，从经济基础和上层建筑等各领域都发生了重大变化，中国特色社会主义现代化建设处于重要黄金发展期，既面临机遇，也面临着挑战。但“我国仍处于并将长期处于社会主义初级阶段的基本国情没有变，人民日益增长的物质文化需要同落后的社会生产之间的矛盾这一社会主要矛盾没有变。……长期形成的结构性矛盾和粗放型增长方式尚未根本改变，影响发展的体制机制障碍依然存在，城乡贫困人口和低收入人口还有相当数量，农业基础薄弱、农村发展滞后的局面尚未改变，缩小城乡、区域发展差距和促进经济社会协调发展任务艰巨，社会建设和管理面临诸多新课题，党和国家工作中还存在缺点和不足，人民群众还有不少不满意的地方”①。在关键时期，如果措施得当，就能促进经济社会健康平稳发展，反之，则导致经济低迷迂回、徘徊不前，甚至引发社会长期动荡不安。科学发展观的提出，适应了21世纪我国经济社会发展一系列新情况、新问题、新要求。科学发展观坚持以人民为中心，适应新的发展要求，旨在努力开创中国特色社会主义事业更加广阔的发展前景。这就要求我们党的一切工作以人民是否满意作为检验标准，必须转变工作作风，求真务实，以实现好、维护好、发展好最广大人民群众的根本利益。

（四）新时代新实践对贯彻群众路线提出新要求

进入新时代，面对云波诡谲的时代变局，以习近平同志为核心的党中央沉着冷静，从容应对，苦练内功，攻防自如，有所为有所不为，开辟了中国特色社会主义理论和实践发展新境界。中国共产党从自身所处的执政地位，以及其所面临的国际国内新情况、新问题出发，把党的群众路线教育实践活动内容简明扼要地概括为“为民、务实、清廉”。这“六字”概括，集中反映了新形势下贯彻党的群众路线的基本要求。正是在这一要求下，党中央决定在全党范围内，自上而下深入开展党的群众路线教育实践活动。活动的目的主要着眼于党员干部自我思想改造、自我净化、自我完善、自我革新、自

---

① 《深入学习胡锦涛同志在纪念党的十一届三中全会召开30周年大会上的重要讲话精神》编写组．深入学习胡锦涛同志在纪念党的十一届三中全会召开30周年大会上的重要讲话精神［M］．北京：人民出版社，2008：184.

我提高，以“照镜子、正衣冠、洗洗澡、治治病”的总要求，集中解决党内存在已久的“四风”问题，即形式主义、官僚主义、享乐主义和奢靡之风，使全党同志牢记并恪守全心全意为人民服务的根本宗旨，以优良的作风把全党、全国各族人民紧密凝聚在党中央周围，勠力同心，鼓足干劲，为实现党的十八大提出的目标任务而努力奋斗。通过党的群众路线教育实践活动自上而下有序开展，各级党组织面貌焕然一新，广大党员干部积极响应、踊跃参与，深受教育和洗礼，广大人民群众欢欣鼓舞、热情支持，整个活动历时一年半，取得了预期效果。要充分发挥高科技、新媒体与传统媒体的融合功能加强对广大党员干部的教育引领作用，把广大党员的先进性和纯洁性教育落到实处。具体地说，一是广大党员干部深受马克思主义群众观再教育，增强了践行党的群众路线理论的自觉性和坚定性；二是群众深恶痛绝的“四风”现象得到有效遏制，群众反映最强烈、最突出问题得到有效解决；三是党在长期实践中所形成的理论联系实际、密切联系群众、批评和自我批评“三大优良传统和作风”得到进一步发扬光大，严肃了党内政治生活；四是以作风建设为重点建构了完善的制度体系，党内制度法规逐步健全，制度约束力和执行力有效增强，使党员干部言行有章可循、有规可依；五是群众切身利益得到有效维护，获得感显著提高，党的执政基础更加广泛，执政地位更加牢固。

实践永无止境，理论创新亦永无止境。当代中国社会正处于深刻的社会变革和转型之中，中国特色社会主义体制和机制还有待进一步完善，中国特色社会主义实践还需要大胆探索，中国哲学社会科学话语体系亟待加快建立。要成就如此伟大的事业，全党同志必须以高度的政治责任感和历史使命感，积极主动地、有效地解决党政领导干部与人民群众关系中长期存在的突出矛盾和问题，自觉地走好新时期党的群众路线。当前，全党正在深入开展“不忘初心、牢记使命”主题教育，各级党委政府、广大党员干部要增强责任感、使命感和紧迫感，真学、善悟、做实，满腔热情、信心百倍地参与到“主题教育”活动中来，把学习贯彻群众路线活动作为一项重大政治任务抓紧、抓实、抓好，以实际行动密切党群干群关系，在全面建成小康社会的征程上取得群众满意的成效，为党和人民交上满意的答卷。

第二章　群众路线理论意蕴及其丰富发展

党的十一届六中全会通过的中共中央《关于建国以来党的若干历史问题的决议》中专门论述了毛泽东思想三个“活的灵魂”，即实事求是、群众路线和独立自主，并将党的群众路线的基本内容概括为“一切为了群众，一切依靠群众，从群众中来，到群众中去”。这四句话是一个不可分割的有机统一体，前两句阐述的是党的群众观点、价值取向、唯物史观，是党的群众路线的核心内容；后两句是党的群众观点的具体化，即如何把党的群众观点落实到日常实际工作中去。群众路线的内容体现了理论和实践、真理和价值、世界观和方法论的有机统一。由此可见，群众路线在毛泽东思想理论体系中具有十分突出的地位，是一个有着很强分量的问题。它是中国共产党在长期社会革命实践中总结出来的领导方法和工作方法，体现了党密切联系群众的优良传统和优良作风，是中国共产党战胜艰难险阻，克服一切困难的锐利武器。群众路线蕴含着深刻哲理和丰厚蕴意，折射出共产党人不变的初心和光荣使命，而共产党人的初心和使命也只有在践行群众路线的实践中，才能得到更好的诠释。

一、群众路线的理论意蕴

群众路线之所以是党永恒的生命线，是因为群众路线作为党的重要法宝，其蕴藏着十分丰富的营养和能量：坚持了历史唯物主义的群众观；表现出灵活的领导艺术和工作方法；坚持了一切为民的价值取向；贯穿着党密切联系群众的组织原则；体现着党的优良传统和作风。有无群众观点，是中国共产党同一切剥削阶级政党的本质区别。党的生命力只有在群众路线实践中才能得到更好的体现。

（一）群众路线蕴含着历史唯物主义的群众观

从世界观方面讲，“一切为了群众，一切依靠群众”解决并回答了无产阶级政党一切工作的出发点和落脚点是“为了谁”“依靠谁”的唯物史观基本问题，坚持了人民群众历史主体地位，丰富和发展了马克思主义群众史观，是马克思主义唯物史观在中国的具体应用和创新发展。唯物史观与唯心史观的根本区别之一，就在于它始终坚持人民群众是历史的创造者，认为“历史活动是群众的事业，随着历史活动的深入，必将是群众队伍的扩大”①。所以，决定社会历史发展方向的是“行动着的群众”。毛泽东同志指出，“群众观点是共产党员革命的出发点和归宿”，并向全党明确提出“全心全意为人民服务”的根本宗旨。“中国的命运已经操在人民自己的手里，中国就将如太阳升起在东方那样，以自己的辉煌的光焰普照大地。”② 正是因为中国共产党始终坚持“一切为了群众，一切依靠群众”这一正确人民立场和群众观点，才成功地领导人民夺取新民主主义革命的伟大胜利，实现民族独立和人民解放。十一届三中全会以后，我国社会主义现代化建设进入改革开放的新时期，江泽民同志指出：“我们想事情，做工作，想得对不对，做得好不好，要有一个根本的衡量尺度，这就是人民拥护不拥护、人民赞成不赞成、人民高兴不高兴、人民答应不答应。”③ 事实上，这也是我们党制定路线、方针、政策和作出重大决策的出发点和归宿点。党的一切工作得失成败，必须以最广大人民群众的根本利益为最高衡量标准，中国共产党要始终代表中国最广大人民的根本利益。党的十六大以后，以胡锦涛同志为总书记的党中央明确提出“以人为本”的科学发展观。强调要统筹发展、可持续发展、协调发展；强调发展为了人民，发展依靠人民，发展成果由人民共享等重要思想。在全面建成小康社会新的征程上，习近平总书记多次强调群众路线在本质上体现了人民群众是历史创造者这一历史唯物主义基本原理。只有坚持这一基本原理，按历史发展的客观规律办事，我们才能无往而不胜。中国梦归根到底是每一位中华儿女的梦，实现中国梦必须紧紧依靠全体中国人

---

① 中共中央马克思恩格斯列宁斯大林著作编译局．马克思恩格斯全集：第 2 卷［M］．北京：人民出版社，2003：104.

② 毛泽东．毛泽东选集：第四卷［M］．北京：人民出版社，1991：1467.

③ 江泽民．论党的建设［M］．北京：中央文献出版社，2001：193-194.

民来共同奋斗。一切为了人民，梦想才有无穷的力量；一切依靠人民，实现梦想便有牢固的根基。既然历史反复证明，人民群众是历史发展和社会进步的主体力量，那么，共产党人必须尊重人民群众的首创精神，最大限度地吸纳人民群众融入改革开放的大潮中，最大限度地激发、调动每个劳动者的积极性、进取心和创造热情，凝聚中国力量，复兴民族伟业。

（二）群众路线映射出的领导方法和工作方法

从方法论上讲，“从群众中来，到群众中去”主要体现为理论和实践、领导和群众、民主和集中、一般和个别相结合的辩证方法。具体而言，领导者要深入群众之中，充分发扬民主，调动群众的积极性，将群众在实践中收集来的个别的、分散的信息加以分析和综合，把其中合理的、正确的成分集中整合起来，转化为对现实社会情况一般性、规律性的认识，并据此制定党的路线、方针、政策。然后再回到实践中去宣传动员群众，使其转化为人民群众改造世界的强大物质力量。人民群众再通过实践去评判这些路线、方针、政策是否达到了预期效果，是否解决了他们所需要解决的实际问题。在革命、建设和改革的不同历史时期，我们党一切正确的路线、方针、政策，都是经过这个过程制定出来的，并不断汲取群众在实践中获得的新鲜经验加以丰富和发展。无论从认识论角度还是从方法论角度看，“从群众中来，到群众中去”的基础都是实践。因此，只有树立尊重群众、尊重实践的观念和思维方式，我们才能更准确地理解和践行群众路线。这里所说的实践的思维，就是真抓实干，力戒空谈；就是要求党员干部要实实在在地深入群众、深入基层、深入一线，同人民群众打成一片，从人民群众的伟大实践中汲取智慧和力量，用真抓实干的精神激励人民，用抓铁留痕、踏石留印的行动解决百姓最关心、最直接、最现实的利益问题。“空谈误国、实干兴邦。”喊破嗓子不如甩开膀子；纸上谈兵不如“撸起袖子加油干”，其道理正在于此。

现代社会是一个思想活跃、信息畅通、利益需求多元化的社会。在全面深化改革的新时代，特别要求广大党员干部亲历躬行、深入群众、深入基层、深入一线，到偏远贫困地区，体察民情，从人民群众的伟大实践中汲取智慧和力量。人民群众不仅是认识社会的主体，更是创造社会的主体。从群众中、实践中总结出来的经验，经过加工形成理论方针政策，必须再回到群众中去接受检验，看能否为群众所接受。“批判的武器不能代替武器的批判。

理论一旦被群众所掌握，就会变成强大的物质力量。"① 我们说一切依靠群众，就要宣传、组织、发动、引导群众，坚持不懈地向群众宣传党的理论、路线、方针、政策，用通俗的、大众化的语言宣传马克思主义中国化的理论成果，使群众坚定中国特色社会主义信念，增强中国特色社会主义道路自信，让一切创造智慧竞相涌流，从而为经济社会发展注入精神动力。

坚持群众路线，要自觉地接受群众的监督。"时代是出卷人，我们共产党是答卷人，人民群众是阅卷人。""我们党的宏伟奋斗目标，离开了人民支持就绝对无法实现。我们党的执政水平和执政成效都不是由自己说了算，必须而且只能由人民来评判。人民是我们党的工作的最高裁决者和最终评判者。"② 群众的意见、评语是一把最好的尺子，最能衡量我们工作的长短、高低和优劣。无论是制定政策、出台规定，还是评选评比、考核表彰，都要注重倾听群众的声音，增加群众话语权、评判权，不能关起门来搞自我评价、自我吹捧、彼此恭维、相互赞赏。要做到不唯心，只唯实。坚持群众标准，看群众高兴不高兴、认可不认可、答应不答应。不能搞形式主义，不能走过场，人民对党必须具有约束力。群众期盼什么就把什么做实、做好，群众反对什么就坚决彻底纠正，使我们的工作始终体现群众意愿，经得起群众实践的检验。

（三）群众路线坚持了一切为民的价值取向

任何一个政党都有"为谁请愿，为谁立命、为谁谋利"的政治目标和价值取向。中国共产党也不例外，坚持把一切为了人民的福祉，全心全意为人民服务作为自己最高的价值追求，把人民对美好生活的向往、对理想社会的憧憬作为自己孜孜不倦的奋斗目标，这是由党的性质、宗旨和根本价值观决定的。

"一切为了群众"是马克思主义政党的本质属性之所在。中国共产党是一个为人民谋福利、为民族谋复兴的政党，始终代表最广大人民群众的根本利益，否则，就背离了党的性质和宗旨。"一切为了群众"是党存在的价值，偏离了这个价值取向，党就会迷失奋斗目标和方向，就没有了检验和衡量的

---

① 中共中央马克思恩格斯列宁斯大林著作编译局．马克思恩格斯选集：第 1 卷［M］．北京：人民出版社，2012：9.

② 习近平．习近平谈治国理政［M］．北京：外文出版社，2014：28.

标准，从而失去存在和发展的价值和意义；“一切为了群众”是党的生命源泉之所在。中国共产党是工人阶级的先锋队，同时是中国人民和中华民族的先锋队。只有一切为了群众，群众才会支持党；只有一切为了人民，党的路线、方针和政策才会被人民群众所理解、支持，并内化于心，外化于行；只有从改善人民群众的福祉出发，党才能获得源源不断的智慧和动力，也才能永远为人民群众所景仰和追随。

坚持群众路线，关键是要以人民利益为最高价值取向，把宗旨意识深深融入解决群众最关心的切身利益。群众利益无小事，我们一切工作的出发点和落脚点是要解决群众的切身利益问题。社会主义初级阶段这个最大国情和最大实际，决定了任何时候、任何情况，我们都必须紧紧抓住经济建设这个中心，集中力量大力发展社会生产力，创造更加丰富的物质精神财富，以满足人民群众对美好生活的向往。尤其是欠发达的省区，一定不能放松发展步伐，不能有丝毫精神懈怠，更不能因为遇到一些阻力而丧失斗志，不敢大刀阔斧地去杀出一条血路，创造性地开展工作。只要牢记人民群众的利益高于一切，我们共产党人就没有过不去的坎。坚持群众路线，关键是对人民群众要有真心和真情，而不是仅仅停留在口头上，要与时俱进始终保持同人民群众的血肉联系。马克思主义政党的最大优势是联系群众，时刻保持与群众心灵相通、呼吸与共、肝胆相照。不能简单地把群众当“亲人”，嘘寒问暖，做表面文章，而是要设身处地去解决他们的衣食住行、子女入学或就业、健康医疗等实际问题，全心全意为人民搞服务，尽心竭力为群众谋福利。坚持群众路线，关键是要以人民群众为镜为鉴，以解决“四风”问题为突破口来加强改进党的作风建设。习近平在党的群众路线教育实践活动中提出的“照镜子、正衣冠、洗洗澡、治治病”的总要求，既形象生动、内涵丰富，又一语中的、切中要害。要真正贯彻好这个总要求，必须坚持理论联系实际的作风，以自我革命的精神和勇气开展批评和自我批评教育；要彻底打消怕抓辫子、怕扣帽子、怕丢面子、怕伤和气、怕穿小鞋、怕丢选票的思想顾虑，心无旁骛、专心致志地投入虚心向群众学习的实践改造中。

（四）群众路线体现了民主集中制的组织原则

坚持党的群众路线必须贯彻民主集中制的组织原则。民主集中制是无产阶级政党、社会主义国家机关、人民团体以及人民武装力量都必须遵循的根本组织原则。它规定了党的领导干部和人民群众（包括党员群众）、上级和下级、组织和个人之间的正确关系。贯彻民主集中制是顺利推进无产阶级革命和社会主义建设事业的重要保证。

民主集中制作为一种优良的组织原则和组织制度，是由列宁最早提出的。概括地说，就是民主基础上的集中和集中指导下的民主相结合。它既是党的根本组织原则，也是群众路线在党的现实组织生活中的具体运用。《中国共产党章程》明确规定了民主集中制的六条基本原则：1. 党员个人服从党的组织，少数服从多数，下级组织服从上级组织，全党各个组织和全体党员服从党的全国代表大会和中央委员会。2. 党的各级领导机关，除它们派出的代表机关和在非党组织中的党组外，都由选举产生。3. 党的最高领导机关，是党的全国代表大会和它所产生的中央委员会。党的地方各级领导机关，是党的地方各级代表大会和它们所产生的委员会。党的各级委员会向同级的代表大会负责并报告工作。4. 党的上级组织经常听取下级组织和党员群众的意见，及时解决他们提出的问题。党的下级组织既要向上级组织请示和报告工作，又要独立负责地解决自己职能范围的问题。上下级组织之间要互通情报、互相支持和互相监督。党的各级组织要按规定实行党务公开，使党员对党内事务有更多的了解和参与。5. 党的各级委员会实行集体领导和个人分工负责相结合的制度。凡属重大问题都要按照集体领导、民主集中、个别酝酿、会议决定的原则，由党的委员会集体讨论，作出决定；委员会成员要根据集体的决定和分工，切实履行自己的职责。6. 党禁止任何形式的个人崇拜。要保证党的领导人的活动处于党和人民的监督之下，同时维护一切代表党和人民利益的领导人的威信。①

真理性的认识，往往需要经过物质与精神、实践与认识之间的相互转换、多次反复才能实现；社会实践的永无止境性，决定了认识发展的无限性。因此，必须运用党的群众路线理论，即“从群众中来，到群众中去”的认识路线，逐步地由相对真理的认识达到对绝对真理的认识。当然，在这个认识过程中就需要充分贯彻民主集中制，从群众中发现丰富的感性认识材料，然后经过整理、分析、加工、综合，上升提炼出理性认识，再将理性认识放到群众的实践中去检验正确与否。这样在实际工作中，从群众中发现、

① 中国共产党章程［M］. 北京：人民出版社，2017：31-32.

收集感性材料，反映群众意愿的过程就充分体现了民主，而把分散的群众感性认识提炼成理性认识并上升为党的意志的过程则体现了集中。因此，民主集中制是马克思主义认识论和群众路线在党的组织生活中的集中运用和体现。

坚持群众路线必须大力推进协商民主制度化发展。社会主义事业是党领导下的人民的事业，保障人民当家作主不能只是一句口号或一句空话，必须落实到国家政治生活和社会生活的各个领域。“必须通过民主集中制的办法，广开言路，博采众谋，动员大家一起来想、一起来干。”正所谓“以天下之目视，则无不见也；以天下之耳听，则无不闻也；以天下之心虑，则无不知也。”① 所以，贯彻群众路线，就要有胸怀全局、统揽各方的雄才大略，充分调动各方面的积极因素，团结一切可以团结的力量，集思广益，群策群力，把党和人民的事业不断向前推进。

（五）群众路线发扬了党的优良传统和作风

密切联系群众是我们党的“三大优良作风”之一。党章总纲明确规定：“党在自己的工作中实行群众路线，一切为了群众，一切依靠群众，从群众中来，到群众中去，把党的正确主张变为群众的自觉行动。”② 毛泽东同志说：“我们共产党人好比种子，人民好比土地。我们到了一个地方，就要同那里的人民结合起来，在人民中生根、开花。”③ 因此，党员干部尤其是党的领导干部应该清醒认识到，尽管自己手中掌握着一定的权力，成为国家和社会治理的骨干，但不能错误地认为人民赋予的权力是自己长期奋斗、经营的结果，更不能投机专营，大搞权钱交换、权色交易，徇情枉法。仍然要常怀敬畏之心，虚心向人民群众学习，坚持做到从群众中来，到群众中去，自觉培养密切联系群众的工作作风、谨言慎行的生活作风、谦虚求真的勤学作风，杜绝游离于群众之外，或者凌驾于群众之上的官僚主义习气。

群众路线是我们党的生命线和根本工作路线，是保障党的各项事业不断取得胜利的定海神针。十八大以后，以习近平同志为核心的党中央之所以决定在全党范围内广泛开展党的群众路线教育实践活动，进而又在党的十九大

---

① 习近平．习近平谈治国理政：第二卷［M］．北京：外文出版社，2017：296.

② 中国共产党章程［M］．北京：人民出版社，2017：20.

③ 毛泽东．毛泽东选集：第四卷［M］．北京：人民出版社，1991：1162.

以后深入开展“不忘初心、牢记使命”的主题教育，就是因为这种方式对于教育引导广大党员干部牢固树立宗旨意识和马克思主义群众观点，切实改进工作作风，与人民同甘共苦，赢得人民群众的信任和拥护，夯实党的执政基础，巩固党的执政根基，都具有十分重大而深远的意义。坚持想问题、办事情从人民群众的切身利益出发，相信人民群众的勤劳智慧，虚心向人民群众学习，从人民群众中汲取谋事创业的营养和原动力，为人民群众做点实实在在的事情，谋点实实在在的利益，这就是党员干部真正的政绩，也是每个党员干部的根本职责之所在。然而，在现实工作、生产和生活实践中，一些干部没有摆正自己的位置，没有树立正确的群众观、利益观和政绩观，总是从一己私利、虚名出发，被浮云遮望眼，犯下了严重的形式主义、官僚主义错误。因此，广大党员干部要时刻警醒，扪心自问，是否真正把群众利益放在心上、抓在手上；既要身体力行，为广大群众办实事、做好事、解难事；又要切实解决好诸如教育、医疗、就业、社保、养老、安居、环保等方面的实际问题。从一点一滴的小事做起，帮助群众排忧解难，引导群众勤劳致富，让更多群众享受到改革开放带来的红利，得到更多的实惠。只有这样，干部履职尽责才算到位，党的路线、方针、政策才能赢得人民群众的衷心拥护和大力支持。

（六）群众路线彰显了共产党人旺盛的生命力

初心就是一个人最初的心志和信念。共产党人的初心，就是要牢记入党时面对党旗庄严宣誓时全心全意为人民服务的铮铮誓言。共产党人的初心和党的群众路线理论在本质上是一致的，是一个问题的两方面，是“源”与“流”的关系。也就是说，初心是共产党人的立党之本，回答了共产党人从哪里来、为谁请命的问题；而群众路线则回答的是共产党人到哪里去，怎么办的问题。

深入贯彻党的群众路线，要从理论上弄清楚我们党为什么如此重视群众路线理论的研究和实践教育的开展。群众路线理论的提出不是空穴来风、无中生有，它的形成和发展有着坚实的思想基础和丰厚的实践土壤。首先，马克思主义关于人民群众创造历史的唯物史观奠定了党群干群关系的思想基础。人民群众历史主体地位的唯物史观要求共产党人必须尊重人民群众、相信人民群众、依靠人民群众、学习人民群众，坚持“从群众中来，到群众中去”的思维方式和工作方法。其次，中国传统民本思想也时刻警示着中国共产党人牢记“水能载舟，亦能覆舟”的千古遗训，对人民群众要怀有敬畏之心、关爱之情。始终牢记全心全意为人民服务的宗旨。最后，西方人本主义思想和人文精神也为我们党的群众路线理论的发展和完善提供了有益的思想借鉴。这就说明了共产党人的立党初心是有着科学的思想理论依据，并符合历史发展趋势和时代进步潮流的。

深入贯彻党的群众路线，要求每个共产党员要深刻反思我们是否还能坚守与民甘苦同享、患难相依的初心。革命战争年代，艰苦的生活条件、恶劣的生存环境，决定了党与人民群众之间的关系是唇亡齿寒的依赖关系。中国共产党及其领导的人民军队面对中外反动势力的联合绞杀，没有广大人民群众的拥护和支持，是不可能存在、发展和逐步壮大的。今天，我们党的历史方位发生了根本变化，成为领导人民进行社会主义建设的执政党，人民群众大都过上了幸福美好的新生活。但是，越是艰苦的环境，人们越能保持清醒的头脑和昂扬的斗志；越是安逸的生活，越会使人精神萎靡，居安忘危。所以，广大党员干部要继续发扬艰苦奋斗的工作作风和勤俭节约的生活作风，旗帜鲜明地反对形式主义、官僚主义、享乐主义和奢靡之风，反对铺张浪费。把有限的资金用在脱贫攻坚、改善民生的刀刃上。

深入贯彻党的群众路线，关键在于言必信，行必果。言，就是能讲、会讲、善讲，能够把党的群众路线理论、党的路线方针政策、党的群众工作的经验和重要性讲得通俗易懂、接地气、深受群众喜爱。行，就是践行，要把党的群众路线理论内化于心，外化于行，切实转化为自我行动，能够经常深入群众，与民同吃、同住、同劳动，让自己融入群众，成为群众中的一员。有言而无行，夸夸其谈，则言而无信，即所谓政治上的“两面人”；言而有行，行而必果，必将取信于民，从而有利于党和人民事业的发展。

共产党人坚定理想信念的实质就是坚守初心。坚持不忘初心，就要牢记习近平总书记的殷切期望，牢记人民对美好生活的向往。共产党员践行党的群众路线，时刻不忘我们党来自人民、植根于人民，永不脱离群众、不轻视群众、不漠视群众。习近平总书记当过知青，当过农民，当过大队书记（村支部书记），也当过普通战士，他深知基层老百姓的疾苦，也深知民生的酸辣苦甜。因此，总书记是非常有人民情怀的领袖。他指出：“群众路线是我们党的生命线和根本工作路线，是我们党永葆青春活力和战斗力的重要传家宝。”① 坚持群众路线，最重要的就是要始终保持同人民群众的血肉联系，一刻也不脱离群众。为人民谋幸福，为民族谋复兴，就是中国共产党人的初心。当前，中国共产党人的最大“初心”就是以人民为中心。以人民为中心，人民至上，是习近平新时代中国特色社会主义思想的基本立场和核心理念。在网络信息技术高度发展的今天，党的群众路线也必须延伸到网络空间。在迈向网络强国的征程中，党的各级领导干部都要努力学习，刻苦钻研，力争走好网上群众路线，把网上群众工作这个新课题做实、做细、做好。这对密切联系广大网民，尤其是教育引导年轻网民，维护人民群众根本利益，巩固党的执政地位，扩大党的执政基础，具有重大现实意义。

得民心者得天下。坚持群众路线是党从胜利走向胜利的重要法宝。在新时代，必须坚持不懈地把践行党的群众路线摆在更加突出的位置，高度重视群众工作，认真改进群众工作，全面增强党的凝聚力和战斗力，全面激发广大人民群众的积极性、主动性和创造性，把全党全国人民的意志凝聚成为中华民族伟大复兴中国梦而奋斗的磅礴力量。

总之，党的群众路线理论既充分体现了党的先锋队性质和为民服务宗旨，又精练地概括了党投身群众实践、密切联系群众的领导方式和工作方法。所以，我们党只要始终遵循“一切为了群众，一切依靠群众，从群众中来，到群众中去”这条根本路线，就能带领人民群众，克服艰难险阻，在伟大实践中创造伟大业绩。全党同志只有深刻理解群众路线的基本意蕴，永葆初心，在实践中践行党的群众路线，才能更好地坚守“立党为公、执政为民”的初心，从而团结带领广大人民群众顺利完成“为人民谋幸福，为民族谋复兴”的历史使命。

历史、实践和现实反复告诫共产党人，“你把群众当亲人，群众就把你当恩人”；你脱离群众，群众最终将抛弃你。只要心中始终装着群众，党的工作就有了方向；凡事完全依靠群众，党的事业发展就有了力量。历史一再证明：人民群众才是创造世界历史的真正动力。只有深入贯彻党的群众路线，实现好、维护好、发展好人民群众的根本利益，党的事业才能如日中天，光芒万丈。

---

① 习近平．习近平谈治国理政［M］．北京：外文出版社，2014：27.

二、群众路线理论的形成与发展

群众路线是以毛泽东同志为代表的中国共产党人经过长期探索，在数十年革命和建设历程中逐步形成、发展和完善的。从对群众路线理论和实践相关资料的研究来看，群众路线理论和实践的源泉可以追溯到马克思列宁主义的群众观。中国共产党作为马克思主义政党，把马克思主义群众观与中国革命实践相结合，创造性地提出了群众路线这一制胜法宝。自中国共产党成立以来，党的群众路线理论和实践演进历程大致分为以下六阶段。

（一）马克思主义群众观在中国的传播

任何一种理论都不是无源之水、无本之木，群众路线理论也是这样，它的萌芽、形成与发展都有其必然的思想理论源头和丰厚的实践土壤。在国际共产主义运动史上，马克思、恩格斯和列宁等都极为重视无产阶级政党同人民群众的关系，重视群众工作。马克思、恩格斯在《共产党宣言》中宣告："无产阶级的运动是绝大多数人的、为绝大多数人谋利益的独立的运动。"列宁曾把人民比作大海，共产党人只是沧海一粟。斯大林也曾把人民群众比作大地母亲。这说明党群干群关系对党夺取政权、巩固政权、长期执政等具有决定意义。在人类历史发展的长河中，马克思列宁主义第一次打破宗教神学和英雄史观的思想禁锢，认识到并充分肯定了人民群众在社会历史发展中的地位和作用，认识到人类社会的全部财富——物质的、精神的，归根到底都是由人民群众创造的。"历史活动是群众的事业，随着历史活动的深入，必将是群众队伍的扩大。"① 但由于历史条件、各自国情和革命形势发展的情况，他们没有明确提出群众路线的概念。

（二）国民革命时期中国共产党已经认识到工农群众的革命要求

在马克思、恩格斯以及列宁的经典著作中，都能找到无产阶级政党要实现崇高的革命理想，必须投身轰轰烈烈的无产阶级革命实践，在实践斗争中密切党同群众的关系，研究和探索良好群众关系的实现形式方面的论述。

建党初期，由于受以苏联为首的第三国际影响，年幼的中国共产党无论

---

① 中共中央马克思恩格斯列宁斯大林著作编译局．列宁选集：第 1 卷［M］．北京：人民出版社，1972：145.

在理论建设上，还是对时局的判断上都存在不足和不明朗，带有明显的理想主义、经验主义和“本本”主义的盲从性，不能很好地把马克思列宁主义的群众理论运用于解决中国革命的实际问题。经过第一次国共合作大革命的洗礼，中国共产党虽然在一定程度上进行了反思，并认识到外来理论在解决中国革命问题上的不足，但没有能够认真地深入群众做大量周密细致的调查研究工作。因此，这一时期党对群众路线的认识还是带有明显的局限性，对工人、农民等广大群众仅仅以教育者的身份进行理论宣传和思想灌输，没有很好地发动群众、武装群众，开展群众运动和武装斗争。更没有充分认识到人民群众革命力量和革命意志的强大以及革命历史地位的重要性，缺乏向农民群众学习的思维和实践。

（三）土地革命战争时期党的工作重心转向农村

1. 群众路线概念的萌芽

在党的重要历史文献中，1928 年 6 月召开的中共六大提出把“争取群众的路线”作为党的总政治路线。并指出“明确的阶级路线与充分的群众工作”是我们党实现其价值理想和解决现实问题所遵循的基本路径。党的“六大”以后，“群众”一词使用极为频繁，在党的思想理论建设和实践方面引起高度重视，上升到党的政策和“路线”研究层面，并逐步实现了“群众”与“路线”的用语整合。但需要指出的是，这一时期群众路线的称谓得到广泛运用，说明中国共产党已经开始重视宣传发动群众，依靠群众来开展工作，但尚未形成“概念化”“理论化”的群众路线理论，还处于一种萌芽状态。

2. 群众路线的形成及其多重含义

1927 年，“四一二”“七一五”反革命政变的相继爆发，标志着第一次国共合作的破产和大革命失败。从此，中国共产党的工作重心由城市逐渐转向农村，即由在城市组织领导工人阶级的武装暴动转入到偏远农村领导农民开展土地革命战争。这一时期，国民党白色恐怖政策和严峻的革命形势，要求中国共产党必须更加密切地联系工农群众，尤其是广大的农民群众。这样，就形成了多重意义上的群众路线。第一，是指党的领导干部与广大党员群众之间的关系。建党以来，尽管中国共产党不断加强自身组织建设，但是党的建设依然面临诸多问题，如“左”倾思想的影响，党内的民主建设不完善等。第二，是指中国共产党与无产阶级群众之间的关系。党主要是组织工人罢工、开展城市暴动实现对无产阶级的领导，在武装暴动过程中宣传、组织、动员工人群众，不断充实和完善群众路线。第三，是中国共产党与农民群众之间的关系。随着农村革命根据地的逐步建立、发展壮大，党在农村土地革命的不断深入，党的工作重点更加转移到农民群众身上。从党的历史文献中可以发现，这一时期中国共产党特别注重加强同农民群众之间的联系，并将农民群众作为红色政权继续存在和发展壮大的基础力量。至此，党的群众路线概念也就形成了，这正是构成后来毛泽东思想中关于群众路线理论的主客体关系的基本内容。

（四）抗日战争和解放战争时期群众路线理论的成熟与完善

1931 年至 1945 年的十四年抗战，可以说是中国革命最艰苦的时期。这一时期中国共产党面临着内忧外患，生存条件极为恶劣。正是在这样极端恶劣的环境中，中国共产党群众路线理论也逐渐趋于成熟。1943 年，毛泽东同志在他给党中央起草的《关于领导方法的若干问题》的文件中写道："在我党的一切实际工作中，凡属正确的领导，必须是从群众中来，到群众中去。"① 这里，毛泽东用朴素辩证的语言，对群众路线所饱含的哲理和具体工作方法、路径作了通俗而精练的描述，被认为是群众路线理论成熟的标志。从 1943 年 6 月 1 日党的群众路线概念形成至今，这一表述几乎没有变化。正是因为始终坚持了"从群众中来，到群众中去"这一根本政治路线、组织路线和工作方法，不仅中国共产党自身内部实现了团结、统一和发展，而且更好地动员、争取了农民群众，赢得了广大农民群众的衷心拥护，促进了农村革命根据地建设，巩固了中华苏维埃政权，为夺取抗日战争最后胜利积累了宝贵经验，奠定了坚实的阶级基础，进而大大加速了解放战争胜利进程。"兵民是胜利之本""战争之伟力最深厚的基础存在于人民群众之中。"② 时任华东野战军司令员兼政委的陈毅同志曾满怀激情地说："淮海战役的胜利，是人民群众用小车推出来的。……可以说，在历次革命战争中，广大人民群众是我军的'大后勤部'。"③ 这充分说明人民群众对中国革命的巨大贡献，

---

① 张如心．论共产党的群众路线［M］．北京：人民出版社，1957：17.

② 毛泽东．毛泽东选集：第二卷［M］．北京：人民出版社，1991：509-211.

③ 安作璋．山东通史·现代卷：上册［M］．济南：山东人民出版社，2009：327.

是社会变革的决定性力量。

（五）社会主义革命和建设时期群众路线的延续

新中国成立以后，党的历史方位发生了根本性变化，中国共产党以执政党的身份领导人民进行国家建设，党的任务由砸碎一个旧世界转变为建设一个新世界。随着这种地位和角色的转变，党所面临的国际国内环境发生了变化。同时，贯彻党的群众路线所需要解决的问题也发生了根本性变化。党的群众工作方式方法不再是组织群众运动和开展武装斗争，而是组织领导群众大力发展经济，建设美好家园。这一时期，尤其是“文化大革命”期间，在“以阶级斗争为纲”的“左”的政治路线影响下，党的集中统一领导受到一定的削弱。这在一定程度上对党的群众路线的贯彻造成很大影响。

总的来看，这一时期，尽管党在认识和执行群众路线的过程中存在一定的认识误区和偏差，但群众路线在党所领导的国家关键领域的建设中发挥了重要作用，工业化道路和科技领域的成就还是值得肯定的，这也被历史和相关史料所证实。

（六）改革开放时期群众路线理论的继续发展

改革开放以来，以邓小平、江泽民、胡锦涛和习近平等为核心的历届中央领导集体对党的群众路线进行了丰富发展和继承创新。党的群众路线理论与实践不断创新发展，对巩固党的执政地位，夯实党的执政基础，推进社会治理体系和治理能力现代化建设都具有重大而深远的意义。

邓小平同志始终坚持和弘扬党的群众路线，并在改革开放和现代化建设实践中，赋予其新的时代内涵。其一，坚持实事求是的思想路线，深入贯彻党的群众路线。他指出，“按照实际情况决定工作方针，这是一切共产党员所必须牢牢记住的最基本的思想方法、工作方法”①。他还强调，党员干部要认真总结群众经验，善于集中群众智慧，“以身作则，深入部队，调查研究，从实际出发，分析问题，解决问题”②。领导干部要“紧紧地依靠群众，密切地联系群众，随时听取群众的呼声，了解群众的情绪，代表群众的利益”③。为密切党群干群关系，最大限度地组织动员广大人民群众为建设社会

---

① 邓小平．邓小平文选：第二卷［M］．北京：人民出版社，1994：346.
② 邓小平．邓小平文选：第二卷［M］．北京：人民出版社，1994：124.
③ 邓小平．邓小平文选：第二卷［M］．北京：人民出版社，1994：342.

主义现代化强国做出贡献。其二，坚持人民群众主体地位，尊重人民首创精神。他认为，我国社会主义现代化建设事业是一项崭新的事业，犹如“一场伟大的试验”，处于探索时期。既然是“试验”，那么就难免犯错，就一定会遇到艰难险阻。搞改革开放，同样是一场“试验”，是艰辛的“探索”。所以，在探索改革开放道路的进程中，胆子大一点、敢想敢为，不要瞻前顾后、前怕狼后怕虎。正是基于邓小平的正确决策和引导，安徽小岗村首创的家庭联产承包责任制解放了生产力，调动了农民的生产积极性，促进了农村经济的发展。随后，带动了农村相关产业的发展，乡镇企业异军突起。邓小平同志在社会主义现代化建设进程中，极其重视坚持群众路线，将发挥人民群众的主观能动性与尊重客观规律相结合，体现了解放思想和实事求是的务实创新精神。他在总结历史经验的基础上，赋予了群众路线以新的时代内涵。其三，把人民群众的根本利益作为衡量一切工作成败得失的出发点和落脚点。邓小平从人民利益的角度出发，提出判断改革开放过程中各项工作得失的标准应主要看是否“有利于发展社会主义社会的生产力，是否有利于增强社会主义国家的综合国力，是否有利于提高人民的生活水平”①。与此同时，他把人民利益作为衡量一切工作的出发点和落脚点。正如江泽民所说，邓小平“尊重群众，热爱人民，总是时刻关注最广大人民的利益和愿望”，把“人民拥护不拥护，人民赞成不赞成，人民高兴不高兴，人民答应不答应”② 作为制定各项方针政策的出发点和归宿。这是邓小平对党的群众路线理论的高度概括和创新发展。

以江泽民同志为核心的党中央汲取东欧剧变的深刻教训，在继承前人思想理论成果的前提下，根据形势变化和发展要求，赋予党的群众路线理论以新的时代内涵，进一步丰富和发展了群众路线理论。具体地说，一是明确了党群干群关系的重要性。1990 年召开的十三届六中全会通过的《中共中央关于加强党同人民群众联系的决定》指出：“人民群众是我们党的力量源泉和胜利之本。……能否始终保持和发展同人民群众的血肉联系，直接关系到党和国家的盛衰兴亡。”③ “干部的权力是人民赋予的，要真心实意为群众办实

① 邓小平．邓小平文选：第三卷［M］．北京：人民出版社，1993：372.

② 中共中央文献研究室．十四大以来重要文献选编：上［M］．北京：人民出版社，1996：450-451.

③ 中共中央关于加强党同人民群众联系的决定［M］．北京：人民出版社，1990：4.

事、办好事。”① 这就进一步明确了领导干部要为群众办实事、解难事的具体要求。此外，江泽民还强调，领导干部要树立终身学习的理念，提高自身各方面的素质，增强为人民服务的本领。二是加强社会主义法治建设，密切党群干群关系。中国特色社会主义的本质特征是党的领导、人民当家作主和依法治国的有机统一。把党群干群关系与依法治国有机统一起来，这是江泽民同志在群众路线理论和实践方面的一大贡献。要切实贯彻好群众路线，第一，要建立健全科学决策机制，完善执行程序。党委政府在决策之前（事前），“要做周密的调查研究，反复比较鉴别，科学论证”。在决策过程中（事中），要坚持民主集中制，“要保证人民代表大会对重大决策的选择权，有关国家事务的重大决策，要经过人大和政府通过法律程序变为国家意志”②。决策的执行（事后）也要坚持“从群众中来，到群众中去”的工作方法，不断地循环往复，一直到决策的顺利实施。第二，要建立健全党内外的监督制度，使党内监督、人大监督、民主党派监督、人民群众监督、舆论监督等形成监督合力。英国剑桥大学历史系教授，历史学家、理论政治家阿克顿勋爵（Lord Acton，1834—1902）指出：“权力导致腐败，绝对的权力导致绝对的腐败。”③ 而“不受限制和约束的权力会异化为特权，从为公众提供公共产品转变为牟取个人私利的工具”④。因此，权力的使用必须接受人民群众和其他监督机构的有效监督。第三，依靠人民群众的力量来消除腐败。1991 年 7 月 1 日，江泽民在《在庆祝中国共产党成立七十周年大会上的讲话》中指出：“党只有坚决清除消极腐败现象，才能在新的历史条件下，进一步密切同人民群众的联系。”⑤ 1994 年 2 月，江泽民在中纪委三次全会上强调，坚决相信和依靠人民群众，把群众举报、媒体曝光和纪委、监察、检察机关依法查处结合起来。在党风廉政建设上，动员人民群众积极发挥监督

---

① 张远新．试论江泽民对党的群众路线的坚持和发展［J］．理论探讨，1998（5）：23-26.

② 胡锦涛．坚定不移沿着中国特色社会主义道路前进　为全面建成小康社会而奋斗——在中国共产党第十八次全国代表大会上的报告［M］．北京：人民出版社，2012：49.

③ 阿克顿．自由与权力：阿克顿勋爵论说文集［M］．北京：商务印书馆，2006：342.

④ 马用浩．反对特权思想须树立正确权力观［J］．党政干部学刊，2014（6）：26-28.

⑤ 周惠．论第三代领导集体关于中国特色社会主义若干思想［M］．北京：人民出版社，2001：33.

作用，举报党员干部各种违法乱纪的现象，保证国家和人民的利益免受侵害。

21 世纪伊始，以胡锦涛同志为总书记的党中央，结合 21 世纪面临的新形势、新情况、新问题、新挑战，指出要坚持以人为本，让人民群众共享改革发展带来的成果，从而进一步丰富和发展了党的群众路线。面对中国特色社会主义现代化建设的新形势、新任务、新要求，胡锦涛强调，新时期党面临“四大考验”，即执政考验、改革开放考验、市场经济考验、外部环境考验。这些考验是长期的、复杂的、严峻的。同时，党也面临“四大危险”，即精神懈怠危险、能力不足危险、脱离群众危险和消极腐败危险。这些危险也更加尖锐地摆在全党面前。纵观国内，面对市场经济带来的拜金主义、享乐主义和极端个人主义的冲击，腐败现象与日俱增，滋长党员干部脱离群众的危险；放眼世界，霸权主义、强权政治、新干涉主义有所上升，全球问题依旧突出，西方敌对势力想方设法在我国推行和平演变。所以，密切党同人民群众的血肉联系非常迫切，人民群众是党的事业的坚强后盾。所以，胡锦涛强调指出，必须切实维护人民群众自身权益，让群众共享发展的成果，这样一来，群众才会心甘情愿地听党话、跟党走。

为了把党的群众路线抓牢抓实，胡锦涛强调“两手抓”，既抓经济建设，又抓党的建设。一方面，要满足人民群众日益增长的物质文化需要，另一方面，要坚持把人民的利益作为衡量一切工作的最高标准。因为，人民群众是历史的创造者，是我国现代化建设的依靠力量。此外，“要坚持贯彻党的群众路线，坚持人民主体地位，发挥人民首创精神”①。胡锦涛强调，“围绕经济建设这个中心，把反腐败同改革、发展、稳定有机结合起来，依靠党的自身力量和人民群众的参与，有效开展反腐败斗争”②。这就要求党员干部科学用权，廉洁自律，秉公执法，同时也需要广大人民群众积极参与，从而有效地防止腐败的滋生和蔓延。

党的十八大以来，以习近平同志为核心的党中央坚持和发扬马克思主义群众观，进一步充实了群众路线的内在意蕴，深入开展党的群众路线教育实

---

① 胡锦涛在省部级主要领导干部社会管理及其创新专题研讨班上的讲话［N］. 人民日报，2011-02-20.

② 高利平，汪大军. 浅论以胡锦涛为总书记的党中央丰富和发展党的群众路线的历史贡献［J］. 延边党校学报，2013，29（5）：23-26.

践活动和“不忘初心、牢记使命”主题教育，开创了党的群众路线教育新局面。他指出，“开展党的群众路线教育实践活动，就是要把为民务实清廉的价值追求深深植根于全党同志的思想和行动中，夯实党的执政基础，巩固党的执政地位，增强党的创造力凝聚力战斗力”①。“为民”回答的是“为了谁”的问题，这是群众路线理论结构中最核心的问题；“务实”指出了贯彻群众路线应该怎么做的问题；“清廉”要求党员干部要严于律己、克己奉公，杜绝“以权谋私”“权钱交易”的发生，指明了新形势下开展党的群众路线教育实践活动的目标与方略。“不忘初心、牢记使命”同样提醒广大党员干部，牢记“你是谁”“你从哪里来”“要到哪里去”。告诫党员干部当好人民的公仆，不忘来路，努力走好新时代的“长征路”，使他们清醒地认识到中华民族伟大复兴，不是敲锣打鼓，轻轻松松就能实现的。

贯彻党的群众路线，就要旗帜鲜明、一如既往地反对“四风”。“四风”问题严重损害了党的先进性和纯洁性形象，背离了全心全意为人民服务的党的宗旨，污染了党风、政风和社会风气，破坏了党群干群关系，导致党员和群众貌合神离，使我们党的形象和各项事业遭受重大损失。解决“四风”问题的关键是克服官僚主义，惩治官僚腐败是人心所向、大势所趋。这就要求党员领导干部应着眼于提高自我修养，培养自我净化、自我完善、自我革新、自我提高的能力，始终保持同人民群众的血肉联系，切实解决好党群干群关系。习近平指出：“保持党同人民群众的血肉联系是一个永恒课题，作风问题具有反复性和顽固性，必须经常抓、长期抓，特别是要建立健全促进党员干部坚持为民务实清廉的长效机制。”② 这表明了党中央已经清醒地认识到解决党群干群关系的关键所在。这就为保持党同人民群众的血肉联系，凝聚民众力量为实现民族复兴的中国梦提供了重要动力。

三、群众路线理论的丰富与完善

群众路线作为党的优良传统和政治优势，在改革开放的伟大进程中发挥了巨大作用，使党和人民的事业焕发出勃勃生机。同时，在改革开放的伟大

① 习近平在党的群众路线教育实践活动工作会议上的讲话 [N]. 人民日报，2013-06-18.

② 习近平在党的群众路线教育实践活动工作会议上的讲话 [N]. 人民日报，2013-06-18.

实践中不断得到丰富发展和创新完善。具体表现在以下六方面。

（一）高度重视群众路线对党建的引领推动作用

改革开放以来，党在制定正确的政治路线、思想路线、组织路线的同时，时刻不忘群众路线的重要性，将群众路线作为保障党的政治路线、思想路线和组织路线的根本工作路线，并在改革开放的伟大实践中实现群众路线与“三大路线”的良性互动。

1. 把群众路线与政治路线紧密地联系起来

改革开放之初，人们在思想认识上存在很大的迷茫与混乱。中国社会向何处走？红色人民江山会不会变色？尤其面对东欧剧变、苏联解体、南斯拉夫分崩离析，以及在世界社会主义运动遭遇重大挫折的历史背景下，邓小平不顾年迈体弱，于1992年春先后视察武昌、深圳、珠海和上海，发表了著名的“南方谈话”，提出“三个有利于”标准，作为衡量各项工作成败得失的依据。邓小平“尊重群众，热爱人民，总是时刻关注最广大人民的利益和愿望”，把“人民拥护不拥护，人民赞成不赞成，人民高兴不高兴，人民答应不答应”作为制定各项方针政策的出发点和归宿”①。

以江泽民同志为核心的党的第三代中央领导集体继承并发展了邓小平这一思想，他从党和国家的前途命运、世界文明变迁和政党兴衰成败、党执政的现实状况和面临的风险考验等方面谈到了党与人民群众之间的关系，提出党群干群关系问题是党的建设最根本问题，也是严肃的政治问题，并将“三个代表”重要思想与党的群众路线融会贯通。他指出：“从根本上说，政治问题主要是对人民的态度问题、同人民群众的关系问题。”②

党的十六大以来，以胡锦涛同志为总书记的党中央要求全党牢固树立马克思主义群众观，在党的先进性教育中告诫全党，尤其党的领导干部务必牢记党的宗旨，做到“权为民所用，情为民所系，利为民所谋”，始终把人民群众放在心中最高位置。在庆祝建党90周年大会上的讲话中，胡锦涛把“脱离群众”的危险再次提到全党面前，《讲话》通篇多次提到“人民”二

① 中共中央文献研究室．十四大以来重要文献选编：上［M］．北京：人民出版社，1996：450.

② 中共中央文献研究室．十四大以来重要文献选编：中［M］．北京：人民出版社，1997：1799.

字，强调“90年来党的发展历程告诉我们，来自人民、植根人民、服务人民，是我们党永远立于不败之地的根本”①。始终坚持“以人为本”的执政理念，把“立党为公、执政为民”作为新时期贯彻党的群众路线的根本方针。

党的十八大以来，以习近平同志为核心的党中央上任伊始就鲜明地指出：“检验我们一切工作的成效，最终都要看人民是否真正得到了实惠，人民生活是否真正得到了改善，这是坚持立党为公、执政为民的本质要求，是党和人民事业不断发展的重要保证。”② 习近平“人民中心思想”是贯穿新时代党的路线方针政策及各项工作的一条红线，诠释了中国共产党人永不褪色的为民初心和高度自信的使命担当。

2. 贯彻群众路线实质上就是坚持实事求是的思想路线

1977年7月，邓小平正式复出，他在党的十届三中全会上提出“群众路线和实事求是这两条是最根本的东西”。它们不仅“特别重要”，而且紧密相连。群众路线作为党的根本工作路线，它同党的实事求是的思想路线在本质要求上是完全一致的。坚持群众路线是坚持实事求是的实践基础（从群众中来）和理论基础（到群众中去）的有机统一；而坚持实事求是原则是正确贯彻群众路线的思想保证。正如江泽民指出的，“真正掌握和实践了群众观点、群众路线，也就能真正掌握和实践历史唯物主义和党的实事求是的思想路线，也就从根本上懂得了政治”③。胡锦涛指出：“要实事求是，按客观规律办事，坚持讲真话，办实事，求实效，不盲目攀比；要深入实际，深入群众，脚踏实地，艰苦奋斗，不搞花架子；要顾全大局、统筹兼顾，立足当前、着眼长远，不急功近利。一切工作都要经得起实践、群众和历史的检验……”④ 习近平强调指出：“人心向背关系党的生死存亡。党只有始终与

---

① 胡锦涛. 在庆祝中国共产党成立90周年大会上的讲话［M］. 北京：人民出版社，2011：14.

② 中共中央文献研究室. 论群众路线：重要论述摘编［M］. 北京：中央文献出版社，2013：117.

③ 江泽民论讲学习讲政治讲正气（专题摘编）［M］. 北京：中央文献出版社，1999：94.

④ 中共中央文献研究室. 十六大以来重要文献选编［M］. 北京：中央文献出版社，2005：510-511.

人民心连心、同呼吸、共命运，始终依靠人民推动历史前进，才能做到坚如磐石。”① “我们要把坚持实事求是的思想路线与坚持从群众中来、到群众中去的根本工作路线紧密结合和统一起来，把对上级负责与对群众负责紧密结合和统一起来，坚持一切从人民根本利益出发，深入基层了解情况，深入群众听取意见，使各项决策和各方面工作符合实际情况、符合客观规律、符合人民意愿。这样，我们的工作，党和人民事业，就会无往而不胜。”② 如此一系列论述，强调了党的群众路线与实事求是思想路线的内在同一性。

3. 做好党的组织工作要坚定不移地走好群众路线

邓小平早在党的八大时就指出，“群众路线是我们党的组织工作中的根本问题，是党章中的根本问题，是需要在党内反复进行教育的”③。改革开放以后，他更加强调做好群众工作对于考核领导干部工作能力和工作成绩的重要性，把能不能始终坚持全心全意为人民服务的根本宗旨，作为检验领导干部党性是否坚强、作风是否优良的重要标准；把是否重视群众工作，是否善于做群众工作，作为衡量领导干部政治上是否合格、工作上是否称职的一个基本标准。同时，在选人用人、干部考核提拔中，要把上级领导考评与群众评议结合起来，不能完全搞委任制，更不能搞“一言堂”，用人唯亲。要坚持德才兼备、以德为先，五湖四海、用人唯贤的组织原则。

总之，群众路线是中国共产党人把马克思主义群众史观与中国革命、建设和改革实践相结合的产物，是中国化的马克思主义，是我们党保持同人民群众血肉联系的根本指针，是党领导人民夺取胜利的思想武器和组织保障。党的群众路线、政治路线、思想路线和组织路线，四者相互联系，互相促进，共同汇聚成推进改革开放伟大事业的时代洪流。

（二）坚持以人民为中心的发展理念，深化对群众路线的认识

“鱼儿离不开水，瓜儿离不开秧，人民群众离不开共产党。”这句歌词唱出了广大人民群众对党的肺腑深情。群众路线不仅是中国革命、社会主义建设时期党的重要法宝，同时也是十一届三中全会以来，历届党的中央

---

① 习近平在党的群众路线教育实践活动工作会议上的讲话［N］. 人民日报，2013-06-18.

② 习近平 . 坚持实事求是的思想路线［N］. 学习时报，2012-05-28.

③ 邓小平 . 邓小平文选：第一卷［M］. 北京：人民出版社，1994：216.

领导集体都极其重视并始终坚持的根本路线。把群众路线作为指导改革开放实践的根本指针，把不断增进人民福祉作为一切工作的出发点和落脚点，这种理念已经成为中国共产党人的普遍共识，并深深地融入共产党人血脉之中。

人民群众是实现社会变革的决定力量，是推动历史进步的真正英雄，是中国共产党力量之源、胜利之本。中国特色社会主义事业说到底就是人民群众的事业，离不开人民群众的参与，人民群众既是建设者，又是受益者。改革开放开创了中国特色社会主义新局面，同时也是吐故纳新、继往开来的艰巨事业。改革开放事业成功与否就看党能不能真正代表人民群众的利益，能在多大程度上凝聚民心，顺应民意。因此，要相信人民群众、依靠人民群众、尊重人民群众，充分调动人民群众生产生活的积极性，维护大多数人的利益，保障改善民生，协调好各方面利益关系、化解利益矛盾，开创新形势下安定、祥和的社会管理新局面。可以这么说，一部改革开放的历史，就是一部党团结带领人民群众战天斗地、百折不挠、所向披靡的辉煌史。无论是轰轰烈烈的农村土地改革，还是社会主义市场经济体制的确立、发展与完善，抑或是民主政治、文化教育、社会管理以及其他各项事业的体制机制改革，都是在充分尊重人民群众主体性和首创精神，充分调动人民群众的积极性、主动性的前提下取得成功的。1987 年，邓小平在会见外宾时指出："农村改革中，我们完全没有预料到的最大收获，就是乡镇企业发展起来了，突然冒出搞多种行业，搞商品经济，搞各种小型企业，异军突起。""我们改革开放的成功，不是靠本本，而是靠实践，靠实事求是，农村搞家庭联产承包，这个发明权是农民的，农村改革中的好多东西，都是基层创造出来的，我们把它拿来加工提高作为全国的指导。"① 随后他又说，我们的功劳是把群众创造出来的东西加以消化和整理，然后进行理论概括。这就充分肯定了农民在农业、农村改革中的决定性作用。

继邓小平之后，江泽民首次提出"以人民群众为本"的观点，将始终代表最广大人民的根本利益，作为我们全部工作的根本出发点和落脚点。党的十六大以后，以胡锦涛为总书记的党中央提出了"以人为本，全面、协调、可持续的科学发展观"，在理论上倡导坚持"以人为本"、发挥"人民主体作

---

① 马京波．重读邓小平：下卷［M］．北京：人民出版社，2004：527.

用”、强调“发展为了人民，发展依靠人民，发展成果由人民共享”等重要思想。在深入开展共产党员“先进性”教育中，胡锦涛始终把保持党同人民群众的血肉联系，作为马克思主义政党保持先进性和纯洁性的根本要求；把实现好、维护好、发展好最广大人民的根本利益，作为推动各项事业顺利前进的根本保证。党的十八大刚刚闭幕，以习近平同志为核心的党中央高瞻远瞩，提出了中华民族伟大复兴的中国梦。2012 年 11 月 29 日，习近平在国家博物馆参观“复兴之路”展览时，第一次阐释了中国梦的概念。他说：“大家都在讨论中国梦。我认为，实现中华民族伟大复兴，就是中华民族近代以来最伟大的梦想。”① 并指出“中国梦归根到底是人民的梦，必须紧紧依靠人民来实现，必须不断为人民造福”②。“人民对美好生活的向往，就是我们的奋斗目标。”③ 这些铿锵有力、掷地有声的话语，表达了中国共产党对人民群众的无比尊重与信任和重托与厚爱。

总而言之，贯彻党的群众路线，要求我们党始终坚持“以人民为中心”的发展理念，坚持全心全意为人民服务的根本宗旨；尊重人民群众的主体地位和首创精神，保持与人民群众的密切联系。唯有如是，才能落实“立党为公，执政为民”的誓言；才能紧密党群、干群关系；才能使党和人民的事业兴盛、繁荣。

（三）高度警惕执政条件下脱离群众的危险性

国民党丧失政权，除了军心涣散、指挥不当外，最主要的是国民党党、政、军官员严重脱离群众，与民争利，疯狂收敛钱财，导致其丧失民心，违背民意，最终被人民群众所唾弃。中国共产党之所以战无不胜、所向披靡，就是因为我们党最大的政治优势就是密切联系群众。在艰难困苦的革命战争年代，因为群众路线得到了很好的贯彻，才使我们党渡过千难万险，转危为安。但是执政后，由于党的历史方位的变化，党面临脱离群众的危险也在增大。古人云：“生于忧患，死于安乐”，就是这个道理。毛泽东同志曾经指出：“共产党员是一种特别的人，他们完全不谋私利，而只为民族与人民求

① 中央电视台《复兴之路》节目组，人民出版社《复兴之路》编写组．复兴之路［M］．北京：人民出版社，2013：463.

② 冯国权，任立亚．美丽中国梦［M］．北京：人民出版社，2013：171.

③ 中央电视台《复兴之路》节目组，人民出版社《复兴之路》编写组．复兴之路［M］．北京：人民出版社，2013：441.

福利。他们生根于人民之中，他们是人民的儿子，又是人民的教师，他们每时每刻地总是警戒着不要脱离群众，他们不论遇着何事，总是以群众的利益为考虑问题的出发点，因此他们就能获得广大人民群众的衷心拥护，这就是他们的事业必然获得胜利的根据。”① 早在西柏坡时的中共七届二中全会上，毛泽东就告诫全党在胜利面前要保持清醒头脑，在夺取全国政权后要经受住执政的考验，尤其是要经受住脱离群众的考验。因此，“务必使同志们继续地保持谦虚、谨慎、不骄、不躁的作风，务必使同志们继续地保持艰苦奋斗的作风”②。继续保持党与人民群众的最亲密关系，继续依靠人民的力量完成党未竟的事业。

邓小平同志反复强调，我们党大多来自劳动人民，所以必须依靠劳动人民，为劳动人民谋幸福。因此，为人民服务，一切以人民利益为中心，是作为一个合格党员的最高标准。他认为紧密地联系群众是党的生命之所在，共产党人必须经常警示自己脱离人民群众的危险性，党员干部必须耐心倾听群众呼声，关心群众疾苦，一刻也不能脱离群众，这是党的作风建设的核心问题。2002 年 12 月，胡锦涛在红色革命圣地西柏坡考察学习时发表重要讲话，他要求全党同志一定要牢记毛泽东同志当年所倡导的“两个务必”，继续保持并发扬艰苦奋斗、谦虚谨慎、不骄不躁的工作作风。他深刻地指出，我们党是靠艰苦奋斗起家的，也是靠艰苦奋斗发展壮大、成就伟业的。“一个没有艰苦奋斗精神作支撑的民族，是难以自立自强的；一个没有艰苦奋斗精神作支撑的国家，是难以发展进步的；一个没有艰苦奋斗精神作支撑的政党，是难以兴旺发达的。”③ 艰苦奋斗作为我们党在长期革命斗争中所形成的优良传统和作风，是我们马克思主义政党的朴素的政治本色，是凝聚党心民心，激励全党和全国各族人民为实现国家富强、人民幸福、民族振兴而共同奋斗的强大精神动力，是我们党保持同人民群众血肉联系的一个重要法宝。在庆祝中国共产党成立 90 周年大会上，胡锦涛更是以居安思危的强烈忧患意识告诫全党：“全党必须清醒地看到，在世情、国情、党情发生深刻变化的新形势下，提高党的领导水平和执政水平、提高拒腐防变和抵御风险能力，加

---

① 中共中央文献研究室．毛泽东文集：第三卷［M］．北京：人民出版社，1996：47.
② 毛泽东．毛泽东选集：第三卷［M］．北京：人民出版社，1991：47.
③ 中共中央文献研究室．十六大以来重要文献选编：上［M］．北京：中央文献出版社，2005：81.

强党的执政能力建设和先进性建设，面临许多前所未有的新情况新问题新挑战，执政考验、改革开放考验、市场经济考验、外部环境考验是长期的、复杂的、严峻的。……精神懈怠的危险、能力不足的危险、脱离群众的危险和消极腐败的危险，更加尖锐地摆在全党面前。"①

2013 年 7 月 11 日，习近平总书记瞻仰西柏坡红色遗址，缅怀老一辈无产阶级革命家的丰功伟绩，并发表重要讲话，再次强调"两个务必"。习近平语重心长地说，领导干部要接地气，多接地气，才能培养热爱人民群众的深厚感情。不带着深厚感情去联系群众，就可能是"作秀"。如果这样做，老百姓心里是很清楚的，最终会产生厌恶心理。

结合国际国内、历史和现实正反两方面的经验，我们不难看出，"人心向背"是决定政党兴衰、国家存亡的关键。中国共产党执政所面临脱离群众的危险同样值得我们高度重视，这种危险主要表现在以下几方面：第一，从外部客观环境发展变化来看，党经历了革命战争年代腥风血雨和艰难困苦的恶劣环境的考验，到新中国成立后受到帝国主义近 30 年经济封锁、政治孤立和军事包围封锁以及计划经济条件下初步掌握政权，毫无执政经验，再到新时期改革开放和在社会主义市场经济条件下长期执政，党的历史方位发生了深刻变化，党面临着执政、改革开放、市场经济、外部环境等多重挑战。在这种情况下，部分党员尤其是党的领导干部脱离群众的危险比以往任何时候都更加严重。第二，从党自身发展的主观因素来看，党的基层组织数量和覆盖面不断扩大，党员队伍逐渐壮大，党的干部队伍整体素质也有明显提高。但是，党员来源多样化，党员流动经常化，党员队伍结构复杂化，一些年轻党员干部没有经历过革命战争年代那种艰难困苦生活和环境的洗礼，理想信念缺失、宗旨意识淡薄，面对群众工作经常出现迷茫困惑和本领恐慌。党的干部队伍新老交替，年青一代党员干部价值观、生活方式、工作方式等与战争年代老一辈党的干部相比也有很大变化。一些青年领导干部不食人间烟火、不问群众冷暖、不察民情民意、不解民忧民愿，联系群众、宣传群众、组织群众、发动群众的能力有所下降。第三，从广大人民群众的现状来看，群众社会阶层和自我意识都发生了全面而深刻的变化。主要表现在利益

① 中共中央文献研究室．十七大以来重要文献选编：下［M］．北京：中央文献出版社，2013：750.

格局的多元化、利益诉求碎片化；自主意识、维权意识、民主意识、法治意识有很大增强；世界观、人生观、价值观呈多元化发展趋势；等等。这样一来，就使党的群众工作、党群干群关系面临严峻考验，凸显新时期坚持群众路线，创新群众工作方式方法的必要性和重要性，同时，严峻的形势也增加了群众工作的复杂性和艰巨性。

由以上论述可见，中国共产党之所以反复强调，在执政条件下要高度警惕脱离群众的危险，是因为世界无产阶级政党已有深刻的历史教训，中国共产党也面临紧迫的现实危险。一方面，从东欧剧变，苏联解体的历史悲剧和我们党历史上所经受的一些挫折来看，任何一个政党如果严重脱离群众，官僚主义盛行，形成既得利益链条，迷途不知悔改，那就必然丧失力量源泉，就注定会失败，最终将被人民所抛弃，这是中国共产党必须汲取的历史教训；另一方面，改革开放事业已推进到新的历史时期，进入关键时刻，我们党更要扎实走好群众路线，团结一切可以团结的力量，动员广大人民群众一道，众志成城，万众一心，向着既定的目标奋勇前进。这是我们党的优良传统和作风，也是我们党的政治优势，更是宝贵的历史经验总结。

（四）把作风建设作为贯彻群众路线的关键抓手

党的作风建设历来都是党的建设的重要内容和工作抓手。党员干部作风的好坏，直接影响党的形象，是反映党群干群关系的晴雨表。作风建设抓得好，有利于密切党同群众的血肉联系、夯实执政根基、巩固执政地位。党风问题是关乎党生死存亡的重大问题，这不仅是历史经验的总结，也是应对现实风险的考验。无论是战火纷飞的峥嵘岁月，还是热血沸腾的建设年代，抑或是激情澎湃的改革开放新时代，我们党始终高度重视作风建设，这就是我们党和人民的事业不断取得胜利的法宝。

关于作风建设，早在1927年9月毛泽东领导秋收起义时，就要求官兵对待人民群众说话要和气、买卖要公平、不拉夫、不打人、不骂人。1928年4月3日，毛泽东率部到达湖南省桂东县沙田村时，向全体官兵正式宣布了"三大纪律六项注意"（三大纪律：行动听指挥，不拿工人农民一点东西，打土豪要归公；六项注意：上门板，捆铺草，说话和气，买卖公平，借东西要还，损坏东西要赔），从而奠定了红军严肃而统一的纪律基础。经过1942年的延安整风运动，全党形成了理论联系实际、密切联系群众和批评与自我批评的“三大作风”。1947 年 10 月 10 日，毛泽东起草了《中国人民解放军总部关于重新颁布三大纪律八项注意的训令》，又称“双十训令”。从此，“三大纪律八项注意”的内容就以统一命令的形式固定下来，成为全党全军作风建设的铁律，它对于严格贯彻党的群众路线，密切党群关系，维护广大人民群众利益，加强党和军队思想作风建设，统一全党意志和行动，具有重要的历史意义。

改革开放伊始，以邓小平同志为核心的党中央提出通过改善党的领导来加强党的领导，对端正党风有十分重大的意义。邓小平强调指出，“执政党的党风问题是有关党的生死存亡的问题，给全党敲起了警钟”①。他告诫全党，要把反腐败工作贯穿于改革开放的全过程；坚持“两手抓，两手都要硬”的方针；反腐败一要靠制度，二要靠法治，搞法治靠得住些；反腐败要从党内抓起，从高级领导干部抓起，从具体事件抓起；党要自觉接受各方面监督，要有专门机构铁面无私的监督检查；严格维护党的纪律，对违纪违法案件不管牵涉谁，都要按照党纪国法查处；等等。邓小平强调：“在整个改革开放过程中都要反对腐败”，就是说明了反腐斗争、廉政建设的复杂性、艰巨性和长期性。

20 世纪 80 年代末 90 年代初发生的东欧剧变，给处于改革起始阶段的中国共产党敲响了警钟。以江泽民同志为核心的党中央对党风廉政建设和反腐败斗争进行了深入思考，指出反腐败斗争关系到党心民心、人心向背，决定着政党执政成效和政权的兴衰存亡。现实生活中出现的一系列腐败问题实质上是腐朽没落思想的沉渣泛起，这些腐朽思想反映到实际工作生活领域，就明显地表现为党政干部的作风问题。因此，各级领导干部要树立正确的权力观、地位观、荣辱观、利益观；要身正垂范，“讲学习、讲政治、讲正气”；要始终代表最广大人民的根本利益，永葆党的先进性和纯洁性。他强调指出：“加强和改进党的作风建设，核心问题是保持党同人民群众的血肉联系。”②“是心系群众、服务人民，还是高高在上、脱离群众，是衡量领导干

---

① 邓颖超，黄克成．关于党风问题的讲话［M］．北京：人民出版社，1981：34.

② 中共中央关于加强和改进党的作风建设的决定［M］．单行本．北京：人民出版社，2001.

部作风是否端正的试金石。”①

党的十六大以后，党中央高度重视作风建设问题。胡锦涛同志强调，加强作风建设，弘扬党的优良传统，保持党同人民群众的血肉联系，要做到为民、务实、清廉；要大兴密切联系群众之风、大兴求真务实之风、大兴艰苦奋斗之风、大兴批评与自我批评之风，使党的建设方向更明确、思路更清晰、措施更有力。进入21世纪，面临新形势，中国改革开放的内外环境和党员干部的状况都发生了深刻变化，领导干部遭受的诱惑和腐蚀的危险性逐渐增大。如果不加强作风建设，轻则影响党的形象，重则亡党亡国。

党的十八大以来，面对群众反映最为突出的“四风”问题，以习近平同志为核心的新一届中央领导集体率先垂范，深入开展党的群众路线教育实践活动，把作风建设作为贯彻群众路线的着力点，下大力气纠正脱离群众的不正之风。具体说来，第一，反对形式主义，求真务实。中国共产党唯有坚持求真务实的作风，才能拆除横亘于党和群众之间的无“形”之“墙”。第二，破除官僚主义，敬民爱民。官僚主义侵蚀着党的肌体，疏远党同群众之间的关系。官僚主义屡禁不止，在部分地区和部门甚至愈演愈烈。其根源在于群众观念淡漠、为民宗旨缺失、执政理念守旧。在一些地方，县长、县委书记就如同一方诸侯，高高坐在公堂之上，官僚主义甚浓，根本没有深入实际，深入群众，大兴调查研究的务实之风。因此，破除官僚主义的要害在于肃清“官本位”思想流毒，树立“以民为本、清正廉洁”的重民思想，始终与人民心连心、同呼吸、共命运，真正同人民群众吃在一起、睡在一起、干在一起、累在一起、苦在一起、乐在一起。第三，摈弃享乐主义，发扬艰苦奋斗的优良传统。近些年来，一些党员干部，尤其中青年党员干部滋生享乐主义倾向，完全忘记当初入党时宣誓的“吃苦在前、享受在后”的誓言，忘掉了牢记“两个务必”的谆谆教诲。习近平一针见血地指出：“反对享乐主义，要着重克服及时行乐思想和特权现象。”② 这就抓住了享乐主义的病根。只有摈弃享乐主义，艰苦奋斗，才能赢得人民的信任和支持，才能不断推进我们

① 中共中央文献研究室．十六大以来重要文献选编：下［M］．北京：中央文献出版社，2008：873.

② 《新思想 新观点 新论断 新要求》编写组．新思想 新观点 新论断 新要求［M］．北京：中共中央党校出版社，2014：185.

伟大的事业。第四，狠刹奢靡之风，崇尚清正廉洁。“奢靡之始，危亡之渐”，这是历代王朝兴衰之规律。如果奢靡之风蔓延，我们党就会为人民群众所不齿，就会失去执政合法性的根基。社会需要真善美的东西，需要催人奋进的正能量。因此，狠刹奢靡之风是一项长期的、艰巨的任务，要想取得成效，既要靠教育，更要靠法制。

（五）在贯彻群众路线的实践中教育广大党员干部

在党性教育中，把经常性教育与集中性教育结合起来，把理论教育与实践教育结合起来是我们党的干部教育政策的常态化模式，也是我们党加强自我教育、自我修正、自我建设的一条重要经验。延安整风运动时期就开启了全党范围内历时 3 年多的思想教育活动。通过整风教育，全党确立了一条实事求是的辩证唯物主义思想路线，使党的中高层领导干部在思想理论上大大地提高了一步，在革命实践中更加从容自如。同时，这次教育使全党在思想和行动上达到了空前的统一和团结，极大地推动了马克思主义中国化的历史进程，对中国革命和后来的社会主义建设事业产生了深远的影响。

十一届三中全会以后，比较集中的整风教育运动共有五次，即 1983 年至 1987 年的全面整党；1998 年至 2000 年在县处级以上党政领导干部中深入进行的“三讲”党性党风教育；以践行“三个代表”重要思想为主要内容的党的先进性教育活动；2013 年 6 月开始，在全党范围开展的群众路线教育实践活动；以及 2019 年 6 月开始，在全党范围内开展的“不忘初心、牢记使命”的主题教育等。这些全党范围的集中教育活动都在一定历史条件下，一定时期，不同程度地解决了党内存在的一些突出问题，维护了党的先进性和纯洁性，巩固了党的执政基础和执政地位。

21 世纪第二个十年，也就是到 2020 年年底，中国共产党成立 100 周年前夕，为实现党的十八大确定的全面建成小康社会的奋斗目标，我们党紧紧依靠人民，充分调动人民群众的积极性、主动性、创造性，在全党范围内深入开展党的群众路线教育实践活动，突出强调中央政治局领导成员要起模范带头作用，以上率下，自觉做贯彻群众路线的表率。之所以做出这样规定，是因为以习近平同志为核心的党中央深刻地认识到“我们党要充分发挥密切联系人民群众这个最大优势，有效防止脱离人民群众这个最大危险，关键在领导干部"①。强调各级领导干部既是教育实践活动的组织者、推进者、监督者，更是活动的参与者和受教育者。中央政治局领导身先士卒、率先垂范、认真学习、廉洁自律、狠抓整改，在很大程度上带动了党风政风的净化好转。所谓"己不正焉能正人""其身正，不令而行；其身不正，虽令不从"②"照镜子、正衣冠、洗洗澡、治治病"，一再强调党员干部，特别是中高级领导干部都应该以身作则，率先垂范，充分发挥先锋模范作用。

在中国特色社会主义事业发展进入"第三步走"的关键时期，以习近平同志为核心的党中央深入开展党的群众路线教育实践活动和"不忘初心、牢记使命"的主题教育，就是要使全党同志坚守初心，牢记全心全意为人民服务的宗旨，以先进纯洁的党性取信于民，鼓舞民众；以优良的作风凝聚民心，齐心协力，为实现中华民族伟大复兴而团结奋斗。

（六）加强制度建设，创建群众工作新机制

关于制度建设问题，邓小平同志在《党和国家领导制度的改革》中深刻指出："我们过去发生的各种错误，固然与某些领导人的思想、作风有关，但是组织制度、工作制度方面的问题更重要。……这些方面的制度好可以使坏人无法任意横行，制度不好可以使好人无法充分做好事，甚至会走向反面。……即使像毛泽东同志这样伟大的人物，也受到一些不好的制度的严重影响，以至对党对国家对他个人都造成很大的不幸……不是说个人没有责任，而是说领导制度、组织制度问题更带有根本性、全局性、稳定性和长期性。"③ 改革开放以来，党中央总结新中国成立以来，尤其是"文化大革命"时期群众工作的经验教训，明确宣布加强民主法治建设，努力实现各项工作的制度化和法治化。强调坚持群众路线，解决党内存在的作风问题，一要依靠政策，二要靠法律和制度，最主要的是靠法律和制度。

江泽民同志指出："推进政治体制改革，要从我国国情出发，坚定不移地走自己的政治发展道路，坚持社会主义政治制度的自我完善和发展。我们要发展的是中国特色社会主义民主政治，决不照搬西方政治制度模式。要着

---

① 中共中央文献研究室．十六大以来重要文献选编：下［M］．北京：中央文献出版社，2008：873.

② 罗国杰．马克思主义伦理学［M］．北京：人民出版社，1982：409.

③ 中共中央文献研究室．十一届三中全会以来重要文献选读：上册［M］．北京：人民出版社，1987：217.

重加强社会主义民主政治制度建设，实现社会主义民主政治的制度化、规范化、程序化。”① 在这里，江泽民所谈到的制度建设是就政治体制改革而言的。事实上制度建设涉及人们日常生活的各个领域。为了进一步加强制度建设，党和政府作出了巨大而艰辛的努力。

2011 年 7 月 1 日，胡锦涛在庆祝中国共产党成立 90 周年大会上指出，“全体中共党员都要牢固树立法律面前人人平等、制度面前没有特权、制度约束没有例外的观念，认真学习制度，严格执行制度，自觉维护制度。各级干部都要自重、自省、自警、自励，讲党性、重品行、做表率，做到立身不忘做人之本、为政不移公仆之心、用权不谋一己之私，永葆共产党人政治本色”②。他强调指出，“90 年来中共的发展历程告诉我们，建设好、管理好一个有几千万党员的大党，制度更带有根本性、全局性、稳定性、长期性。必须始终把制度建设贯穿党的思想建设、组织建设、作风建设和反腐倡廉建设之中，坚持突出重点、整体推进，继承传统、大胆创新，构建内容协调、程序严密、配套完备、有效管用的制度体系”③。这说明，加强制度建设，必须坚持以党章为根本遵循，改革和完善党的领导方式和执政方式；贯彻民主集中制，发展党内民主，坚决克服个人独断专行、软弱涣散等违反民主集中制原则的现象；积极推进党务公开、政务公开，切实保障广大党员和人民群众知情权和民主权；完善党代表大会制度、人民代表大会制度、党内选举制度、党内民主决策机制等。所有这些举措对于保障党的团结和集中统一领导，增强党的凝聚力和创造力，具有重要的理论和实践价值。

习近平充分肯定制度建设对改进工作作风具有关键性作用：“党的规矩、制度的建立和执行，有力推动了党的作风和纪律建设。”④ 贯彻党的群众路线，制度建设是有力抓手，必须建立系统完善的群众工作制度。2017 年，中共中央印发的《关于加强党内法规制度建设的意见》提出新形势下党内法规制度建设的总目标是，“到建党 100 周年时，形成比较完善的党内法规制度

---

① 江泽民 . 在中央党校省部级干部进修班毕业典礼上的讲话［N］. 人民日报，2002-06-01.

② 胡锦涛 . 制度面前没有特权 制度约束没有例外［EB/OL］. 中国新闻网，2011-07-01.

③ 胡锦涛 . 制度面前没有特权 制度约束没有例外［EB/OL］. 中国新闻网，2011-07-01.

④《深入开展“三严三实”专题教育》编写组 . 深入开展“三严三实”专题教育［M］. 北京：人民出版社，2015：214.

体系、高效的党内法规制度实施体系、有力的党内法规制度建设保障体系，党依据党内法规管党治党的能力和水平显著提高”①。

通过开展党的群众路线教育实践活动的效果可以看出，光有制度建设还是不够的，还要建立健全密切联系群众实践机制，以及实现好、维护好、发展好最广大人民群众根本利益的长效机制，为制度的贯彻、落实、执行提供规范、持久的保障。因此，必须建立健全党员干部任用、培养、考核、选拔、问责等机制。讲务实、看成绩、重成效，旗帜鲜明地反对形式主义；讲为民、重躬亲、看政德，不屈不挠反对官僚主义；讲奋斗、重实干、看行动，以身作则反对享乐主义；讲清廉、重勤俭、看民意，群策群力反对奢靡之风。只有建立健全具有约束性、长效性的体制机制，才能保证法规制度的刚性。群众路线的长效机制如群众利益诉求的表达机制、党群干群工作的协商机制、群众的组织动员机制、群众对干部的评价机制、选人用人工作中的民主机制、服务群众工作的社群机制、定期接访走访的信访机制、群众利益保障的引导机制、群众意见建议的反馈机制等。

作风问题具有很强的隐蔽性、反复性、顽固性，通常表现出“一抓就好、一放就乱”的现象。作风问题之所以屡禁不止，就是因为缺乏有效的制度制约，所以加强制度建设是践行群众路线的根本保证。当前，贯彻群众路线亟待解决的深层次问题，就是群众工作制度不健全、不系统、不协调、不持续等问题。这不仅说明了制度建设的缺失，更体现了制度设计不够科学。因此，要真正走好群众路线、做好群众工作，既要治标，又要治本。只有创新群众工作的方式方法和制度机制，从制度层面解决脱离群众的作风问题，才能为贯彻群众路线提供根本的、长期的、稳定的制度保障。比如，要完善人民代表制度，使其能够真正反映选民意志。同时，要大力推进基层选举制度改革，调动广大人民群众参与政治的积极性，不能让基层选举流于形式，让选民真正选出自己满意的、能够代表广大选民利益的代表，把基层群众的声音如实传递到中央，以利于党中央的正确决策。促使各级人大代表和政府把对上负责与对下负责结合起来，自觉地接受来自上下级的监督，最主要的是来自基层人民群众的监督。

---

① 武汉大学党内法规研究中心．中国共产党党内法规制度建设年度报告［M］．北京：人民出版社，2017：86.

毋庸置疑，改革开放以来，在建设中国特色社会主义的伟大实践中，群众路线确实得到了丰富和发展，但仍有一些新情况、新问题值得我们深入研究和探索。譬如，党的优良传统和作风如何在市场经济环境下找到新的生长点；如何正确运用批评和自我批评这个锐利思想武器解决好新时代党内诸多矛盾；等等。这些不仅是党的思想建设上的重大课题，也是贯彻群众路线的实践教育活动中需要及时探讨和解决的问题。

第三章　群众路线在建构和巩固国家政权中的作用

“群众”一词从一般意义上讲和“人民”的语义大致相同，久而久之也就生成了“人民群众”一词。在马克思主义中国化语境中，“人民”和“群众”一般而言是可以相互替代使用的。但实际上人民的范围受特定历史阶段的制约，随着特定历史任务的变化而发生相应的变化。而“群众”指的是大多数人，在一定历史时期群众的外延是相对稳定的，群众的范围不会发生太大的变化。我们通常所说的推动历史进步的人，实际上就是“人民”和“群众”二者结合而成的“人民群众”。这样解释的目的是承认大多数人对社会发展和历史进步所起的推动作用。政党政治是现代社会的显著特征之一。任何国家的治理都离不开政党，而政党治理更离不开人民群众或公民大众。因此，深入研究群众路线以及其在国家政权建构和巩固中的作用，是学界绕不开的重要环节。同时，研究群众路线与国家政权体系之间的关系，有助于我们对群众路线理论和实践的整体性、系统性把握，进一步深化对马克思主义群众史观、毛泽东人民本位思想以及习近平人民中心思想的认识，有助于改进和完善中国特色社会主义国家政权结构体系。

一、国外党民关系在国家政权建设中的经验教训

在西方话语体系中，政党、公民和公民社会是贯穿于政治学、法学和社会学三大人文社会科学领域的重要概念，也是近年来中国哲学社会科学研究的热点问题之一。从国外关于公民社会已有的一些研究成果来看，大多把公民社会置于执政党、国家权力机关、行政机关和司法机关的相对面进行研究。

实际上，在宪政国家中，政党与公民社会之间的关系是极其重要的。一

般认为，政党主要从事政治领域的活动，主要发挥社会阶层、集团、组织的利益整合功能。而公民社会则更多地表现为阶层式的、碎片化的群体利益诉求。政党往往具有严密的组织系统、明确的章程和严格的纪律。而公民社会组织则相对松散，在组织建设和意识形态方面往往缺乏建树。在国外政党政治中，政党与公民社会之间的区别逐渐缩小，它们都高度重视自身在民众中的影响力，并竭尽全力争取民众的信任和支持。本小节本着实事求是的态度，主要尝试着从以下几方面探讨国外党民关系的经验教训。

（一）高度重视和发展良好的党民关系

党民关系对于一个政党的生存发展至关重要。党民关系的融洽程度主要取决于政党如何看待民众在国家建设和社会发展中的作用，并把民众放在什么样的地位。美国共和党、日本自民党、德国基民盟等西方发达国家政党普遍认为，政党只有更加贴近民众，了解民众，帮助民众排忧解难，才能弥合政党与公民社会之间的鸿沟。越南、古巴、老挝等社会主义国家的执政党总结苏联解体教训时，提出密切联系群众是保持党生命力旺盛的不竭之源。要做到密切联系群众，必须坚决地反对官僚主义作风和脱离群众的危险倾向。越共“九大”提出了“源于人民、属于人民、为了人民”的群众路线；古巴共产党提出“四个一切”原则，即一切立足于群众，一切依靠群众，一切重大决定要广泛听取群众意见，一切活动要有群众参与配合。这些都说明了保持良好的党民关系对巩固政权稳定性和可持续性的重要作用。在发展经济，处理国家、集体和个人利益的关系时，不以牺牲人民群众利益为代价，这也是古巴共产党执政经验中最为突出的方面，即使在经济最困难、最萧条时期，古共也没有仿效苏东国家实行休克疗法，这样做虽然在短期内不利于集中力量发展国家经济，但是保护了群众利益，奠定了坚实的群众基础，维护了社会稳定。同时，古巴共产党十分重视分配公平问题，并取得了良好的社会效应。例如，一方面，在实行全民免费教育、医疗、均衡工资制度和住房方面，古巴政府收取很低的房租和其他公共事业的费用；另一方面，在对待贫困人口生活保障方面，国家对城市居民的基本消费实行评价定量供应；等等。

（二）注重制度创新与完善

一个政党要长期执政，就必须建立一套密切联系群众的健全的制度和机制体系，构建优化党民关系的长效性机制，并随着群众实践的发展而不断创新、发展、完善这种体制机制。法共、老挝人民革命党等通过党章、文件或决议等方式规定党员联系选民的责任和义务，要求各级党组织和党员干部重视联系民众，积极参与民众的工作，关心他们的生活，洞悉他们的冷暖。西班牙工社党在有关政治决议中专章专节设置“与民众社会关系及其动员”，明确党进行民众工作的方式、方法和渠道。古巴共产党“五大”通过的党章规定，基层党组织必须同劳动者、社区民众保持经常性联系，了解他们的疾苦，倾听他们的意见，向他们学习。

为了防止党民工作流于形式，国外一些政党明确了党民工作主体责任，严格工作流程，设定目标任务和具体工作时间表。古共中央政治局规定，每个政治局委员每年至少6次到基层视察。老挝人民革命党政治局规定，各级党委书记、副书记、党委委员每年至少有一半时间下基层。此外，一些国家还建立了专门的党民联系机构。日本自民党建立的“中央对策本部”，党总裁亲自挂帅，专门了解民意，联系民众，争取选民。南非非国大的“民众对话”机制就是由姆贝基总统倡导并亲自参与落实执行的。祖马当选总统后，同样投入了大量精力，为底层黑人贫困民众谋福利，免费提供住房和水电。他还多次深入偏远贫困地区，实地体察民情，受到下层人民群众的热烈欢迎。祖马也很重视与民众对话机制，专门开通“总统热线”，亲自回复解答普通民众生产生活的基本诉求。在经济领域加强政府干预，积极应对世界金融危机，加大基础设施建设，尤其重视农业、矿业、制造业，大力发展绿色经济，充分挖掘旅游、服务业潜力，促进民众就业，这为南非走出金融危机阴影奠定了较好的基础。2010年开始，南非陆续加入金砖国家机制等多边国际组织，从而进一步提升了南非的国际影响力。在祖马的领导下，南非非国大执政地位空前巩固，政局总体稳定，经济稳步增长，祖马及其领导的非国大赢得了民众的拥护、支持和爱戴。

（三）注重领导方式方法的创新

西方国家大多实行的是两党制或多党制，由于党际竞争日趋激烈，民众对政党的要求越来越高，所以，各政党为了赢得民心，争取选票，总是想方设法在“新”上下功夫。

1. 为民众做实事，打造服务型政党。土耳其正义与发展党在县以下基层党部为每个选区配备9名党务干部，要求他们不定期造访选民家庭，体察民情，了解民意，倾听民众诉求、意见和建议。欧洲各政党则采取“门诊”式服务，根据选民诉求的轻重缓急，按顺序接待选民，根据情况分别予以处理。

2. 畅通信息化舆情联通渠道，探索新型党民互动机制。随着社会建设信息化的飞速发展，民众的信息获取量不断增多，速度更加快捷，公民社会信息传输和储存体量逐渐增大，民众诉求日益增多并呈现多元化的发展趋势。例如，把政党领导干部视为新闻宣传报道的对象，转变为政党是影响民众的主体。通过建立政党网站、政党个人博客、微博等与民众平等、亲密、便捷的沟通等。

（四）积极鼓励公众的政治参与

现代社会信息传播异常迅速，而且信息体量庞大且鱼龙混杂，因此，第一时间满足群众的知情权尤为重要。只有不断完善民众民主参与制度，扩大民众直接政治参与程度，才能调动民众对政治的兴趣，才能保持政党与民众良性互动、和谐畅通的党民关系。西方国家的执政党都很重视与社会团体和特殊利益集团或利益群体之间的关系，主动将非政府组织纳入自己的势力范围，引导其为自己的党派竞选和执政服务。同时，鼓励自己的党员积极投身于各社会团体，影响并争取各社会团体的支持。法国和意大利就设立联系各社会团体的专门机构，加强政党与这些社会团体之间的交流互动。

国外政党都很注重社会建设，一般都设有自己的工会、青年和妇女等基本的社群组织，如法国社会党的青年社会主义运动、日本公明党的创价协会（内部设青年组织和妇女组织）、古巴共产党的中央工会和妇女联合会、统一俄罗斯党的“统一俄罗斯青年近卫军”以及秘鲁阿普拉党的青年团和少年团等。各政党通过政治上的支持、经济上的投入、培训方面的选拔等方式提高这些组织的行动能力，为政党争取群众支持发挥了重大的积极作用。

（五）国外政党处理党民关系的教训

纵观世界政党发展史，我们不难看出，凡是丧失执政地位、政息党亡的政党都是严重脱离民众的。

腐败是国家和社会有机体的蛀虫。权力产生腐败，有权力的地方腐败会不同程度地存在。政党执掌着国家政权，垄断着国家资源，决定着国家资源的分配。如果执政者没有良好的道德素养，或者没有制定一套行之有效的制度，那么腐败就不可避免，很多情况下会愈演愈烈。一旦腐败肆意蔓延，奢靡成风，那么党民关系就会受到严重影响，政党的执政根基就会动摇乃至坍塌。

17世纪是全球化的起步时期，这一时期中国的明王朝逐渐淡出世界历史舞台，而在后来的两个世纪中，英、美等国相继崛起。经济崛起的标志就是基础设施和交通网络的成熟和完善，商业贸易形成海、陆、空立体化发展的态势，这样极大地促进了人员和物质流通。经济的繁荣发展和市场竞争必然助推腐败高发，久而久之贫富两极分化不可避免，社会阶层之间的矛盾鸿沟越来越大。所以说，18—19世纪英、美两国在崛起的过程中，腐败高发如影随形。在腐败高发、泛化的背景下，公共服务不完善、发展机遇不均等、社会福利不均衡，其结果是“无官不贪，无事不腐”，贫富悬殊，社会风气糜烂，整个社会充斥着拜金主义、享乐主义、利己主义思想。钱权交易使政客们为了攫取权力而不择手段。法律变成为有钱人服务的工具，穷人则变成法律的牺牲品；富人体面、高雅，生活有情调，穷人为了生存而挣扎，甚至有些人不得不走上犯罪道路。社会负面情绪增加，社会关系扭曲，党民关系紧张并且随时可能断裂。但英、美经过长期阵痛之后，通过福利制度和顶层设计的温和自救，渐渐走出腐败高发期，使党民紧张关系在一定程度上趋于缓和。然而，只要有资本主义私有制的存在，这种党民关系的缓和也只是暂时的。

20世纪后期，在世界范围内一些长期执政的大党、老党，如日本自民党、印度国大党、印尼专业集团党、墨西哥革命党以及苏联东欧国家共产党等，纷纷失去执政地位，其深层次原因就是党内专制、缺乏民主、贪污腐败、脱离群众，使人民群众怨声载道。尤其是苏共在戈尔巴乔夫宣布解散的时候，作为世界上第一大党居然没有共产党员竭力抗争、誓死捍卫，人民群众态度冷漠，可见党群干群关系恶化到什么程度。这些惨痛教训值得我们党反复研究和时刻警醒。

二、以人民为本位建构我国人民民主专政的国体

以人民为本、为人民服务可以说是毛泽东同志的毕生追求。青少年时期的毛泽东就表现出扶贫济困的爱民敬民思想，以及远出乡关，探寻真理，欲

拯救民族于危亡之中的远大抱负。“学不成名誓不还”“问苍茫大地，谁主沉浮?”等豪言壮语诠释了毛泽东的拳拳报国之心。新中国成立之日，毛泽东向全世界高呼“人民万岁!”，并将“人民”一词写进了国家名称、国家宪法以及机构的名称中。其中，中华人民共和国国体就是人民民主专政制度，全国人民代表大会是最高国家权力机关。

（一）毛泽东的人民本位思想

1. 毛泽东关于“人民”概念的科学内涵

“人民”一词是毛泽东一生中使用最多的政治概念，也是毛泽东思想理论体系的核心内容，人民群众是中国革命和建设取得成功的深厚基础和动力源泉。从毛泽东一系列著作中可以看出，毛泽东对“人民”概念的使用没有统一确定的严格界定，人民主要泛指统治阶级治下的受剥削、受压迫的老百姓以及追求正义的进步人士。在中国革命和建设的不同时期，作为政治概念的“人民”，其内涵也不尽相同，但他始终坚持着“人民本位思想”，并深受人民群众的衷心拥护和爱戴。“人民本位思想”在中国共产党领导的伟大实践中不断得到发扬光大，始终闪耀着真理的智慧和光芒。

毛泽东对“人民”的研究始于他1925年12月发表的一篇著名文章《中国社会各阶级的分析》一文。他在文章开篇就强调“谁是我们的敌人？谁是我们的朋友？这个问题是革命的首要问题”①。在这里，毛泽东把明确分清“敌”和“友”作为解决中国革命最主要的问题，即同盟军问题。正是在此基础上，逐步形成了“人民”的概念，并随着革命形势的发展而不断地扩大其外延。1935年12月，毛泽东在瓦窑堡会议上作了《论反对日本帝国主义的策略》的政治报告。在报告中，他系统地分析了中国革命形势的变化，提出建立抗日民族统一战线问题，强调要把“工农共和国”的口号改为“人民共和国”，旨在争取和团结一切可以团结的力量，建立最广泛的抗日民族统一战线，打败日本侵略者。他说：“我们过去的政府是工人、农民和城市小资产阶级联盟的政府，那么，从现在起，应当改变为除了工人、农民和城市小资产阶级以外，还要加上一切其他阶级中愿意参加民族革命的分子。”②1942年5月，毛泽东的《在延安文艺座谈会上的讲话》一文再次明确指出：

---

① 毛泽东．毛泽东选集：第一卷［M］．北京：人民出版社，1991：3.

② 毛泽东．毛泽东选集：第一卷［M］．北京：人民出版社，1991：156.

“什么是人民大众呢？最广大的人民，占全国人口90%以上的人民，是工人、农民、兵士和城市小资产阶级。”① 1948年4月，他在《在晋绥干部会议上的讲话》一文中又指出：“由参加这个革命的人们所组成的统一战线是十分广大的，这里包括了工人、农民、独立劳动者、自由职业者、知识分子、民族资产阶级以及从地主阶级分裂出来的一部分开明绅士，这就是我们所说的人民大众。”② 1949年6月30日，毛泽东在《论人民民主专政》一文中再次强调：“什么是人民？在中国，在现阶段，是工人阶级、农民阶级、城市小资产阶级和民族资产阶级。”③ 在毛泽东一系列论著中，科学、明确、系统地论述“人民”本质内涵和外延的是1957年2月他所作的《关于正确处理人民内部矛盾的问题》的报告。他指出：“为了正确地认识敌我之间和人民内部这两类不同性质的矛盾，应该首先弄清楚什么是人民，什么是敌人。人民这个概念在不同的国家和各个国家的不同历史时期，有着不同的内容。拿我国的情况来说，在抗日战争时期，一切抗日的阶级、阶层和社会集团都属于人民的范围；日本帝国主义、汉奸、亲日派都是人民的敌人。在解放战争时期，美帝国主义和他的走狗即官僚资产阶级、地主阶级以及代表这些阶级的国民党反动派，都是人民的敌人；一切反对这些敌人的阶级、阶层和社会集团，都属于人民的范围。在现阶段，在建设社会主义的时期，一切赞成、拥护和参加社会主义建设事业的阶级、阶层和社会集团，都属于人民的范围；一切反抗社会主义革命和敌视、破坏社会主义建设的社会势力和社会集团，都是人民的敌人。”④ 由此可以看出，这是毛泽东第一次明确而系统地把“人民”和“敌人”结合起来，从外延上分别加以界定，从而使“人民”和“敌人”的科学内涵得到更完美的诠释。

综上所述，毛泽东关于“人民”的概念是一个内容十分丰富的政治概念。从内涵上讲，人民泛指一切有助于推进革命发展和社会进步的正义力量。从外延上讲，占人口绝大多数的工人阶级（包括知识分子）和农民阶级是人民的主体，小资产阶级和民族资产阶级在一定的历史阶段也属于人民的范畴。

---

① 毛泽东．毛泽东选集：第三卷［M］．北京：人民出版社，1991：855.

② 毛泽东．毛泽东选集：第四卷［M］．北京：人民出版社，1991：1313.

③ 毛泽东．毛泽东选集：第四卷［M］．北京：人民出版社，1991：1475.

④ 中共中央文献研究室．毛泽东文集：第七卷［M］．北京：人民出版社，1999：205.

2. 毛泽东人民本位思想的理论基础

毛泽东“人民本位思想”和其他理论一样，不是空穴来风、随意杜撰的，它有丰厚的实践土壤和科学的理论基础。就实践土壤而言，显而易见，就是中国革命和建设的客观现实环境。而其理论基础则来源于马克思唯物主义群众史观、中国传统民本思想以及孙中山的“三民主义”思想。

（1）马克思主义的群众史观。群众史观是历史唯物主义的根本观点，是马克思主义理论的核心观点，是马克思、恩格斯建构他们理论体系的出发点和落脚点。马克思、恩格斯在创立唯物史观的开始就指出，人民群众是历史的主人。1844 年，马克思在《神圣家族》一文中指出：“历史上的活动和思想都是‘群众’的思想和活动。”“历史活动是群众的事业，随着历史活动的深入，必将是群众队伍的扩大。”① 1845 年，马克思、恩格斯又在《德意志意识形态》一书中指出：“我们首先应当确定一切人类生存的第一个前提，也就是一切历史的第一个前提，这个前提是：人们为了能够‘创造历史’必须能够生活。但是为了生活，首先就需要吃喝住穿以及其他一些东西。因此第一个历史活动就是生产满足这些需要的资料，即生产物质生活本身，而且，是人们从几千年前直到今天单是为了维持生活就必须每日每时从事的历史活动，这是一切历史的基本条件。”② 这就第一次明确提出了人民群众的实践活动创造了人类历史的群众观，进而得出结论：人民群众不仅是物质财富的创造者，而且是精神财富的创造者，是社会变革的决定力量，是社会历史的主体。作为马克思主义群众观的践行者，列宁也非常重视人民群众在社会变革中的重要作用。他认为“历史是由千百万人独立创造的”③。在群众史观问题上，毛泽东强调指出：“具有优秀精神品质的是少数人，而决定历史结局的却是广大群众，如果这些少数人不适应群众，群众有时会对他们大不客气。”④ 随着人们创造历史活动的逐步扩大和深入，作为直接从事历史活动

---

① 中共中央马克思恩格斯列宁斯大林著作编译局．马克思恩格斯文集：第 1 卷［M］．北京：人民出版社，2009：287.

② 中共中央马克思恩格斯列宁斯大林著作编译局．马克思恩格斯选集：第 1 卷［M］．北京：人民出版社，2012：158.

③ 中共中央马克思恩格斯列宁斯大林著作编译局．列宁全集：第 4 卷［M］．北京：人民出版社，1991：1475.

④ 毛泽东．毛泽东选集：第四卷［M］．北京：人民出版社，1991：1475.

的对象，人民群众在数量上必然会越来越多。同样，斯大林也认为“社会发展史同时也是物质资料生产者本身的历史，即作为生产过程的基本力量、生产社会生存所需要的物质资料的劳动群众的历史”①。

在如何正确对待马克思主义群众史观的问题上，毛泽东有自己独到而明确的见解。“这个历史家与哲学史家争论不休的问题，即通常所说的，是英雄创造历史，还是奴隶们创造历史，人的知识（才能也属于知识范畴）是先天就有的，还是后天才有的，是唯心论的先验论，还是唯物论的反映论，我们只能站在马列主义的立场上。”同时，“教科书把群众的战斗只看作重要条件之一的说法，违背了人民群众是历史创造者这个马克思主义的原理。无论如何，不能认为历史是计划工作人员创造的，而不是人民群众创造的”。显而易见，毛泽东坚定地坚持马克思主义群众史观，即人民群众，只有人民群众，才是创造世界历史的真正动力。

（2）中国传统民本思想。作为中华优秀传统文化的民本思想源远流长，它萌芽于夏商周时期，春秋战国时期得到较快发展。汉代以后，虽经几度演变，但其主旨思想始终没有变化。民本思想对中华文明的传承与发展具有重要作用。毛泽东思想观点的形成、理论学说的建构，大量吸收和借鉴了中国传统文化中的合理因素。坚信中国传统的“民为邦本”“得民心者得天下”的观点。他的“人民本位”思想深深植根于几千年中国传统民本思想。

《尚书·五子之歌》记述大禹之训诫：“民惟邦本，本固邦宁。予视天下愚夫愚妇一能胜予，一人三失，怨岂在明，不见是图。予临兆民，懔乎若朽索之驭六马，为人上者，奈何不敬?”意指人民即国家稳定之基石，根基牢，国方安；天下百姓具有丰富经验，比我强。如果一个人多次犯错误，不应等到民怨沸腾才察觉、反省，凡事应当防患于未然。我面对黎民苍生，惶恐不安，像用腐朽的绳索驾驭六匹马，作为君主，怎能不敬畏？这里，大禹不仅首次提出了民本思想，并励精图治，“三过家门而不入”，躬亲践行了他所秉持的民本思想。

春秋战国时期是一个思想活跃、百家争鸣的时期，其中君臣如何对待民众是一个重要议题。儒家圣人孔子、孟子、荀子提出了一系列民本思想，如

---

① 中共中央马克思恩格斯列宁斯大林著作编译局．斯大林选集：下卷［M］．北京：人民出版社，1979：443.

"安民利民""民贵君轻""平政爱民""顺从民意"等。他们认为统治者只有爱民、顺民、安民、利民，才能赢民心，得天下。先秦时期的民本思想与古希腊时代的人本主义思想是相通的，都重视人的价值。不同的是，古希腊从苏格拉底开始，所谓的"人"并不包括奴隶，"人民"的范围是极其有限的。中国古代民本思想比西方人本主义思想更具体生动，更具浓厚的现实主义色彩，也更具人情味。

到了西汉时期，贾谊在总结先秦儒家民本思想成就的基础上，形成了系统完备的民本思想体系。他深入阐述了人民的重要性，指出人民是国家兴衰成败的根本。唐代柳宗元提倡"民为本""吏为民役"的思想观点，他主张为官者是人民的仆役，是为老百姓办事的，这一官民地位尊卑认知的转换将中国古代民本思想发展至顶峰。

中国古代民本思想经过历代开明封建君主的吏治实践，一般具体化为以下 10 方面：畏民（要敬畏百姓）；重民（要重视老百姓）；得民（要赢得民心）；知民（要体察民情）；宽民（要体恤老百姓）；爱民（要爱护民众）；教民（要教化民众）；忧民（要关心百姓疾苦）；利民（要施政惠民）；富民（要使百姓富足）。由以上我们可以看出，我国传统民本思想大致可以归纳为三方面：一是民与国家的关系，主张民为国之根基，国因民而生，民为国家创造财富，国家的兴衰安危取决于民心是否安定，民基是否牢固。二是民与君的关系，认为民为贵，君为轻，君则养民安民也；君应忧民之所忧，乐民之所乐；亲民重民，爱民利民。三是民与社会历史的关系，社会发展规律和趋势要求统治者顺天应人，尊重民众的生存权，天下方可太平。

毛泽东成长于中国传统文化的沃土，自然受传统文化的熏陶和影响。他从历史中总结经验，吸取教训，认识到了农民在中国历史上的巨大作用。他对中国传统文化的态度是批判地继承。在现实生活中，毛泽东看到了贫苦民众所受到的剥削与奴役，也看到了反动统治者对人民群众反抗的恐惧。由此可见，毛泽东人民本位思想是对中国传统民本思想进行扬弃的结果。

（3）孙中山的"三民主义"思想。"三民主义"是孙中山创立的革命学说，也是国民党的核心意识形态和主要指导思想。孙中山曾指出："我们三民主义的意思，就是民有、民治、民享。这个民有、民治、民享的意思，就是国家是人民所共有，政治是人民所共管，利益是人民所共享。”① 毛泽东多次强调坚持三民主义旗帜的重要性，指出，“三民主义”是一个原则性问题，一定要坚持下去。“将来我们的力量越大，我们就越要孙中山，就越有好处，没有坏处。我们应该有清醒的头脑来举起孙中山这面旗帜。”② 可见，毛泽东不仅亲自践行三民主义，还号召全党高举三民主义的旗帜。不过，以毛泽东为代表的共产党人所认同的三民主义是民族独立、民权自由、民生幸福，区别于国民党的民族独立、民权平等、民生自由的“正统”解释。随着革命形势的发展，孙中山把旧三民主义做了新的阐释。由于孙中山的新三民主义与中国共产党在民主革命时期的纲领基本一致，从而成为第一次国共合作的政治基础。也正因为如此，毛泽东提出：中国共产党必须有严肃对待三民主义的态度，不仅要理论上承认它，而且要实践上实行它。因此，三民主义是毛泽东人民本位思想的重要理论来源之一。

抗战前夕，毛泽东表示：“现在的任务是必须为真正实现革命的三民主义而奋斗，这就是说，以对外抗战求得中国独立解放的民族主义，以对内民主自由求得建立普选国会制、民主共和的民权主义，以改善人民生活求得解除大多数人民痛苦的民生主义。这样的三民主义与我们的现时政纲，并无不合，我们正在向国民党要求这些东西。”③ 抗战期间，毛泽东一再重申：为三民主义在中国的彻底实现而奋斗。共产党的历史重任和最大责任，就是大声疾呼地向国民党和全国人民反复地、不知疲倦地解释和说服，一定要使真正革命的三民主义、三大政策及孙中山先生的遗嘱，全部地、彻底地在全国范围内实行起来，甚至在中华人民共和国成立后，毛泽东坦言，“不但过去和现在已经证明，而且将来还要证明：中国共产党人是革命三民主义的最忠诚最彻底的实现者”④。毛泽东作为孙中山先生未竟革命事业的忠实继承者，他在《青年运动的方向》一文中根据孙中山的遗训，明确指出这位老先生从事

---

① 孙中山．孙中山全集：第九卷［M］．北京：中华书局，1986：394.

② 中共中央文献研究室．毛泽东在七大的政治报告和讲话集［M］．北京：中央文献出版社，1995：100.

③ 中共中央文献研究室．毛泽东文集：第一卷［M］．北京：人民出版社，1993：491-492.

④ 中共中央文献研究室．毛泽东在七大的政治报告和讲话集［M］．北京：中央文献出版社，1995：56.

50年革命的经验教训就是：根本“唤起民众”这一条道理。在《论人民民主专政》中，他强调了在国内外“唤起民众”的重要经验。为此，他还提出：如“有敢违背遗嘱，不务唤起民众而反践踏民众者，处以背叛孙总理之罪”①。斥责那些“不是唤起民众，而是压迫民众”“背叛孙先生的不肖子孙”②。由此，我们不难得出结论：毛泽东人民本位思想是借鉴和吸收了孙中山先生“三民主义”中对人民群众及其权益极端重视的合理思想。

3. 毛泽东人民本位思想的基本内容

毛泽东人民本位思想蕴含着丰富的哲理和深厚的文化思想，是来源于人民群众的伟大实践，并经过实践检验的科学的理论体系，是马克思主义人学思想在中国的具体运用、丰富与发展。他坚持了科学的世界观和方法论，是引导中国革命、建设和改革事业不断取得胜利的指南。它的基本内容归纳起来有以下几方面。

（1）人民主体论思想

人民主体思想，是马克思主义人民群众历史主体观在中国的具体运用，在实践中表现为群众路线，是毛泽东思想活的灵魂、哲学基础之一和重要组成部分。在中国革命和社会主义建设伟大征程中，毛泽东人民主体思想不断得到丰富发展和弘扬光大。

毛泽东承认领袖或杰出人物在推动历史发展进程中的特殊作用，但他同时认为领袖是群众选出来的，是为群众服务的工具，群众才是创造历史的真正英雄。领袖和英雄人物的进步作用，离不开群众的伟大实践。人民群众的历史主体地位，首先表现为他们创造了社会的物质财富和精神财富，尤其在社会历史剧烈变动时期，人民群众的主体作用表现得更为明显和突出。

中华人民共和国成立后，中国共产党及其领导下的人民大众历史方位发生了很大变化，人民由以前受剥削受压迫的被统治地位一跃成为新国家、新社会的主人。1954年制定的我国第一部社会主义宪法，明确规定了国家的一切权力属于人民，人民行使国家权力的机关是全国人民代表大会和地方各级

---

① 毛泽东．毛泽东选集：第二卷［M］．北京：人民出版社，1991：725.

② 中共中央文献研究室．毛泽东在七大的政治报告和讲话集［M］．北京：中央文献出版社，1995：56.

人民代表大会。

毛泽东一再强调，中国共产党作为执政党，只有深刻认识到我们的权力是人民赋予的，永远牢记人民的嘱托，毫不懈怠，才不会把人民赋予的神圣权力变为私自谋利的工具。

按照毛泽东同志的提议，新中国权力机关、政治协商机关、司法机关、军队以及各级政府及其所属部门，前面都加上“人民”两个字。经常提醒广大党员，尤其是党员领导干部，既然权力来自人民，必然要对人民负责，主动接受人民监督。自古以来得民心者得天下，人心向背决定着一个政权的兴衰成败。因此，必须将权力运行置于人民群众的切实监督之下。

事实上，在中央苏区时，毛泽东就十分重视人民群众的监督主体作用，严防官僚主义的存在，把旧式官僚主义分子清理出去。新中国成立前夕，毛泽东在党的七届二中全会上，对全党尖锐地提出“赶考”要求，指出夺取全国胜利之后，我们的同志不要被“糖衣炮弹”所侵袭，“务必使同志们继续地保持谦虚、谨慎、不骄、不躁的作风，务必使同志们继续地保持艰苦奋斗的作风”。“两个务必”的提出，不仅仅是党的执政理念和工作作风的要求，其根本意义在于，告诫我们党要自觉接受人民的监督，精神饱满地、满怀信心地迎接人民的“考试”，防止人民公仆变为人民的主人。为了防止这些危险的出现，很重要的一条就是将人民群众的监督常态化、具体化，让权力在人民监督的阳光下运行。

（2）人民权利论思想

马克思列宁主义的基本原则，就是要使群众认识自己的权益，并且团结起来，自觉地为自己的权益而奋斗。共产党人的重要责任之一，就是要唤起民众维护自身权益的主体自觉性，团结起来为争取共同的权益而奋斗。

在民主革命的不同时期，中国共产党领导群众打土豪、分田地，实行减租减息政策，目的是满足农民群众对基本生产资料的追求，从根本上保障人民的根本利益。在严酷的战争环境下，尽可能地关心和改善人民群众的生活，使人民群众切身感受到自己实际利益的存在，死心塌地跟党走，真心实意干革命，从而充分发挥历史主体的积极性。1942 年 12 月，毛泽东在《经济问题与财政问题》一文中指出：“一切空话都是无用的，必须给人民以看得见的物质福利。……这是我们党的根本路线、根本政策，每个同志（军队的同志也在内）都要好好地去研究。”① 给人民以看得见的物质福利，要防止党的领导干部做出损害人民群众利益的行为；给人民以看得见的物质福利，要落实到改善民生、增加收入、提高物质文化生活水平上。“共产党人的一切言论行动，必须以合乎最广大人民群众的最大利益，为最广大人民群众所拥护为最高标准。”② 我们每一个共产党员都应该树立和践行这一价值目标。

新中国的成立，使人民利益主体地位得以真正实现，主人翁地位成为现实。社会主义革命和建设时期，人民群众的物质文化生活不断得到满足。人民权利表现在许多方面和诸多领域。毛泽东倾其一生，殚精竭虑，呕心沥血为群众争取民权，谋福利。主要包括：社会经济权利（土地权利、财产权利、生产发展权利）；政治管理权利（选举和被选举权利、参与决策权利、管理国家事务权利、民主监督权力）；社会保障权利（社会优抚权利、社会保险权利、社会救济权利、社会福利权利）；自由权利（言论出版集会结社权利、宗教信仰权利、人身自由权利）；文化教育权利（精神文化生活权利、受教育权利）；等等。只有充分保障人民群众的各项基本权利，才能更好地贯彻党的群众路线，实现党的宗旨。

（3）人民民主论思想

“民主”是一个古老的概念，古往今来一直是人们孜孜追求的目标。尽管不同文明、不同民族或不同种族的人们对它有不同的解读，但它始终引领着时代潮流。“民主”一词最初诞生于古希腊，19 世纪末，由古希腊历史学家希罗多德把“人民”和“权利”结合起来组成“民主”，继而传入中国。在中国长达数千年的君主专制社会里，人民是没有什么民主可言的。近现代意义上的“民主”是与“专制”相对立的，并在反对封建专制的斗争中生长起来的。辛亥革命以后，为了开启民智，探索救国救民的方案和道路，中国先进知识分子才大力宣传西方的民主思想，教育广大民众自己解放自己，向封建反动势力及其帮凶帝国主义宣战，从而争取自己的民主。毛泽东的民主思想正是在这样的背景下萌芽、形成和发展的。

---

① 中共中央文献研究室．毛泽东文集：第二卷［M］．北京：人民出版社，1993：467-468.

② 毛泽东．毛泽东选集：第三卷［M］．北京：人民出版社，1991：1096.

"民主这个东西，有时看来似乎是目的，实际上，只是一种手段。"① 毛泽东说，"民主是一个方法，看用在谁人身上，看干什么事情。我们是爱好大民主的。我们爱好的是无产阶级领导下的大民主"。他解释说，"民主的方法"对敌人和对人民是截然不同的。对于人民内部，就是"团结—批评—团结"的方法。而对敌人，则只能实行专政的方法。至于游行、请愿、罢工等之类的诉求，毛泽东称为"大民主"，是有别于资产阶级的"小民主"的。

毛泽东终其一生，都是在为争取人民民主而战斗。他的民主意识、民主观念、民主事业始终都是以人民为本位的。大革命时期，他就注意到农民的革命能量，并发现迅猛的、暴风骤雨般的"民主新秩序"；土地革命战争时期，他开始强调民主的极端重要性，尤其是强调军队中的民主主义，认为军队内部的民主是凝聚军心的重大因素；在延安时期，回首革命历程时，他提出了"新民主"的概念，将党所领导的事业称为"新民主主义"；在构想新生的共和国蓝图时，他将未来的新政权定性为"人民民主专政"，并将新民主主义社会与社会主义社会统称为"民主社会"。

1945 年，著名民主人士黄炎培先生到访延安，在窑洞里会见毛泽东时，他希望中共治国理政能找出一条新路，跳出"其兴也勃焉，其亡也忽焉"历史周期律的支配。毛泽东爽快地回答："我们已经找到新路，我们能跳出这周期率。这条新路，就是民主。只有让人民来监督政府，政府才不敢松懈。只有人人起来负责，才不会人亡政息。"② 也许是出于对民主制度的追求，在毛泽东同志领导下，新中国成立后很快就制定了第一部宪法，该宪法明文规定了艺术创作和科学研究的自由，还规定了言论自由、信仰自由、出版自由和结社自由等。1957 年 2 月，毛泽东在《关于正确处理人民内部矛盾的问题》的报告中，系统而完整地表达了他对民主的看法："在人民内部，民主是相对集中而言的，不可以没有民主，也不可以没有集中，是民主基础上的集中和集中指导下的民主的统一，就是我们的民主集中制。"

毛泽东所秉持的"以民为本"的民主思想及其领导下的波澜壮阔的新民主主义革命和社会主义建设实践，闪耀着灿烂的光芒。尤其是他的人民民主

---

① 中共中央文献研究室．毛泽东文集：第七卷［M］．北京：人民出版社，1999：209.

② 中共中央文献研究室．毛泽东年谱（1893—1949）：中卷［M］．北京：中央文献出版社，2005：609-610.

专政理论和正确处理人民内部矛盾的理论，已经是被实践证明了的正确的理论原则和经验总结，成为毛泽东思想的重要组成部分，具有重要的理论研究和现实指导意义。

（4）全心全意为人民服务思想

在中国共产党的革命实践和理论建设过程中，毛泽东根据马克思列宁主义的建党学说，创造性地提出并发展了“全心全意为人民服务”的思想。这一思想已经深深植根于全体党员和广大民众的心灵深处，从而形成共产党员高尚的政治品格和坚定的行为准则，这对于党建设伟大工程无疑起到了巨大推动作用。

“全心全意为人民服务”的思想渊源主要来自三方面：第一，马克思、列宁关于“为人民服务”的思想。马克思说过，“无产阶级的运动是绝大多数人的、为绝大多数人谋利益的独立的运动”。这就揭示了无产阶级革命的实质问题，即“为人类服务”“为人民服务”。《共产党宣言》庄严宣誓，“共产党人同其他无产阶级政党不同的地方只是：在无产者不同的民族的斗争中，共产党人强调和坚持整个无产阶级共同的、不分民族的利益；另一方面，在无产阶级和资产阶级的斗争所经历的各个发展阶段上，共产党人始终代表整个运动的利益”。同样，列宁在《党的组织和党的出版物》一文中提出，党的宣传工作、党的文学要“为千千万万劳动人民服务”。由此可见，“全心全意为人民服务”思想，是毛泽东同志对马克思列宁主义“为人民服务”思想的继承、发展和创新。第二，我国古代的民本思想。一部中国古代史，“民”字是永恒的主题，它成为历代政治家、哲学家和思想家思考和探讨的对象，并形成了源远流长的、宝贵的“民本思想”文化遗产。夏禹倡导“政在养民”，周公主张“敬德保民”，《尚书》则认为“民惟邦本，本固邦宁”，孟子宣扬“民为贵，社稷次之，君为轻”。毛泽东同志认为，我国古代“民本”思想的本质是为统治阶级的统治服务的，但对我们有重大的借鉴意义。他曾引用“水能载舟，亦能覆舟”的古训，告诫党顺民则昌，逆民则亡。“全心全意为人民服务”的思想，正是批判地继承我国古代民本思想的结果。第三，我国劳动人民的传统美德。中华民族是勤劳勇敢的民族。中国古代劳动人民在改造自然、革新社会的过程中，形成了仁爱孝悌、谦和礼让、乐善好施、扶困济贫、诚信知报、精忠报国、克己奉公、修身慎独、笃实宽厚、果敢勇毅等传统美德。这些美德代代相传，凝聚成中华民族的巨大精神力量，自然也深深地影响了毛泽东。所以，“全心全意为人民服务”的思想不但是对我国劳动人民传统美德的继承，更是对它的价值的提炼、升华。

(5) 正确处理人民内部矛盾思想

新中国成立以后，党的历史地位的变化，要求党必须提高发展经济和管理社会的能力。发展经济就要充分调动人民群众的生产积极性；社会管理主要是做好群众工作。而群众工作的核心就是正确处理人民内部矛盾。正确处理人民内部矛盾，是我们党始终保持与人民群众血肉联系的全局性和基础性工作。

毛泽东通过长期革命斗争实践，明确提出矛盾是长期的、复杂的和普遍存在的，社会主义社会同样充满着矛盾。正是这些矛盾的不断运动，推动着社会主义社会向前发展，并且强调正确处理人民内部矛盾是国家政治生活的主题。他指出：“许多人不敢公开承认我国人民内部还存在着矛盾，但正是这些矛盾推动着我们的社会向前发展；许多人不承认社会主义社会还有矛盾，因而使得他们在社会矛盾面前缩手缩脚，处于被动地位；不懂得在不断地正确处理和解决矛盾的过程中，将会使社会主义社会内部的统一和团结日益巩固。”① 毛泽东提出了“敌我矛盾”和“人民内部矛盾”的概念，强调两类不同性质的矛盾在一定条件下会相互转化，要创造条件促使矛盾向有利的方面转化。毛泽东始终把群众路线作为解决矛盾的方法和原则，强调“调动一切积极因素，团结一切可能团结的人，并且尽可能地将消极因素转变为积极因素，为建设社会主义社会这个伟大的事业服务”。② 为此，第一，坚持用不同的方法来解决不同性质的矛盾，“我们的方针是统筹兼顾，适当安排”；在思想和意识形态领域提出了“百花齐放、百家争鸣”的基本方针；在处理党际关系方面，提出了“长期共存、互相监督”的重要方针；就处理民族关系而言，提出了“民族平等、民族团结、各民族共同繁荣”的重大原则等。第二，坚持利益导向，从源头上化解人民内部矛盾。大量的人民内部矛盾主要是人民群众利益诉求得不到满足导致的。解决这种矛盾的最好办法就是发展经济，满足人民群众的需求。第三，加强法治建设，依法处理人民

① 毛泽东．关于正确处理人民内部矛盾的问题［M］．北京：人民出版社，1957：10.

② 毛泽东．关于正确处理人民内部矛盾的问题［M］．北京：人民出版社，1964：24.

内部矛盾。毛泽东强调，在社会主义社会，依然存在少数危害公共利益、蛮横无理、违法乱纪的人。“对于这种人，我们并不赞成放纵他们。相反，必须给予必要的法律的制裁。”人民内部矛盾必要时需要用法治来解决，按照法律的要求规范人们的行为，引导群众善于用法律解决问题、化解矛盾。要努力做到有法可依、有法必依、执法必严、违法必究。第四，坚持用民主的方法来处理人民内部矛盾。毛泽东强调，凡属于人民内部矛盾，“只能用民主的方法去解决，只能用讨论的方法、批评的方法、说服教育的方法去解决”。民主，归根结底就是让人民当家作主。第五，加强党的建设，正确处理人民内部矛盾。毛泽东指出，群众闹事是坏事，“但是这种事件发生以后，又可以促使我们接受教训，克服官僚主义，教育干部和群众。从这一点上说来，坏事也可以转变成为好事”①。正确处理人民内部矛盾，关键在党，特别是要不断加强党的自身建设，增强政治敏锐性和工作实效性；要切实转变作风，切实克服官僚主义的倾向，始终保持与人民群众的血肉联系；要积极参政议政，献言献策；要以身作则，率先垂范，用党的先进性和纯洁性来赢得人民群众的支持。

（二）构建人民民主专政的国体必须坚持人民本位思想

国体，就是国家的性质，亦即国家的阶级本质。具体来说，是指社会各阶级、阶层在国家中所处的地位及其相互关系所反映出来的国家的根本属性。统治阶级的阶级性质决定着国家的性质。我国宪法明文规定：中华人民共和国是工人阶级领导的、以工农联盟为基础的人民民主专政的社会主义国家。这就以根本大法的形式把新中国的国家根本性质（国体）确定下来。这一规定表明，“人民民主专政的基础是工人阶级、农民阶级和城市小资产阶级的联盟，而主要是工人和农民的联盟，因为这两个阶级占了中国人口的百分之八十到九十。推翻帝国主义和国民党反动派，主要是依靠这两个阶级的力量。由新民主主义到社会主义，主要依靠这两个阶级的联盟”②。

1. 无产阶级的领导地位

宪法的这一规定，强调了人民民主专政的国家必须由工人阶级领导，这

① 中共中央文献研究室．毛泽东著作专题摘编：上［M］．北京：中央文献出版社，2003：1046.

② 毛泽东．毛泽东选集：第四卷［M］．北京：人民出版社，1991：1478，1479.

是由工人阶级的性质决定的。那就是，工人阶级和最先进的生产力联系在一起，最有远见，大公无私，最富于革命的彻底性。历史和实践证明，没有工人阶级的领导，革命就要失败，有了工人阶级的领导，革命就胜利了。在帝国主义时代，在中国近代历史上，在半殖民地半封建的社会里，“任何国家任何别的阶级，都不能领导任何真正的革命达到胜利。中国的小资产阶级和民族资产阶级曾多次领导过革命，都失败了，就是证明”①。

2. 重视“工农联盟”基础

早在大革命时期，毛泽东在其思想理论体系的奠基作《中国社会各阶级的分析》一文的开篇就指出：“谁是我们的敌人？谁是我们的朋友？这个问题是革命的首要问题。”在半殖民地半封建社会的中国，农民占人口绝大多数，自古以来具有强烈的反抗精神。他们长期生活在帝国主义、封建主义和官僚资本主义三重剥削和压迫之下，过着极端贫困的生活，因此，农民问题是中国革命首要的基本问题，农民力量是中国革命的主要力量。中国民族资本主义起步较晚，发展较慢，力量脆弱。而工人阶级大多来自农民。所以，农民阶级是无产阶级天然的、最可靠的同盟军，是中国革命的主要动力之一。事实上，无产阶级领导权的中心问题就是对农民的领导。中国民主革命如果没有农民的参加，是绝不能成功的。

3. 正确看待小资产阶级的历史作用

小资产阶级是介于资产阶级和无产阶级之间的一小部分群体，主要包括广大知识分子、手工业者、小商人、自由职业者等。他们占有少量生产资料或财产，靠自我劳动谋生。他们既不剥削人，亦不受别人剥削。作为普通劳动者，小资产阶级在思想上倾向于无产阶级。但作为自私自利的小私有者，又倾向于为资产阶级服务，很容易受到资产阶级思想的影响。因此，他们具有反封建的革命性、政治上的动摇性、斗争中的软弱性和不彻底性。

小资产阶级是在资本主义和封建主义斗争的夹缝中成长起来的，他们主张通过社会改良保障劳动人民的政治权利，以此来提高他们的经济地位，改善他们的生活状况。在一定时期特定条件下，小资产阶级也会起来反对大资产阶级的压迫。然而，他们的私利一旦得到满足，就会放弃革命，甚至是叛变革命，走向革命的对立面。小资产阶级的经济地位极不稳定，经常处于变

① 毛泽东．毛泽东选集：第四卷［M］．北京：人民出版社，1991：1479.

动分化之中，主要是因为受大资产阶级的压迫而趋于贫困甚至破产，沦为半无产阶级或者无产阶级。其中，很小一部分通过勤劳致富转变为民族资产阶级。小资产阶级由于其革命的动摇性和不彻底性，在无产阶级革命中经常扮演“两面性”角色。当受到大资产阶级的压迫时，会倒向无产阶级。但是当无产阶级革命取得胜利后，担心无产阶级的统治会威胁到自身利益，又不会心甘情愿地为无产阶级效力，甚至重新倒向大资产阶级。

总而言之，小资产阶级是资产阶级中最下层的一小部分群体。面对半殖民地半封建社会里异常强大的反革命势力，小资产阶级仍然是革命的基本动力，是革命的可靠同盟军。

4. 中产阶级的地位和作用

马克思是最早用阶级分析法论述阶级及阶级社会分层的经典作家之一。马克思主义经典作家曾经使用过“中产阶级”、“中间阶级”和“中间阶层”等概念，这与西方资产阶级学者使用的“中产阶级”概念又有一定的区别。马克思认为，资本主义“整个社会日益分裂为两大敌对的阵营，分裂为两大相互直接对立的阶级：资产阶级和无产阶级”。①

按照马克思的预测，工业化之前，欧美老式中产阶级，包括自由农场主、店主和小企业主，曾占到总人口的80%。因为工业化之前缺乏一个掠夺剥削社会财富的上层资产阶级。但是进入工业化早期，一方面，由于新兴资产阶级中一部分中产阶级的加入，另一方面，由于部分农民和大量小资产者的破产，工人阶级逐渐成为人口的大多数。因此，工业化早期中产阶级分化的历史，在一定程度上验证了马克思关于早期资本主义社会日益分裂为工人阶级和资本家阶级两大对抗阶级的看法。

在现代化文明进程中，阶级阶层的变动愈加频繁，尤其是中产阶级的兴起和壮大势不可当，且具有普遍意义。无论是19世纪欧美社会，还是20世纪包括中国在内亚非拉独立、发展中的国家，中产阶级的崛起已经成为后现代语境中的世界性话题。

谁是中国的中产阶级？中国的中产阶级产生于19世纪末，20世纪上半叶有了一定程度的发展，主要来源：乡村士绅，外企文职雇员，民企管理

① 王伟光．效率·公平·和谐：论新时期人民内部矛盾与社会主义和谐社会［M］．北京：人民出版社，2006：286.

者，政府职员，大学教授，以及律师、作家和艺术家等自由职业者。中产阶级人数不多，但对新思想、新文化在中国社会的广泛传播起到了重要推动作用。新中国成立以后，随着社会主义制度的确立，中产阶级失去了滋生的政治土壤。尽管他们没有遭遇像地主阶级和官僚资产阶级那样的急风暴雨式的革命，但在一系列政治运动和经济改造之后，实际上已经不复存在。因为新中国成立后近30年的毛泽东时代，不仅生产资料归国有或集体所有，包括房屋在内的财产严格意义上说都是公有财产，人民群众只有使用权或经营权，而没有所有权。社会各阶级阶层的政治经济地位大致处于一个相当的层面。

由此可见，在中国近现代社会里，中产阶级还是处于党的争取和保护范围之内，他们在特定的时期和环境下对革命和建设起到一定的促进作用。

从上述分析可以看出，特殊的近代中国社会现实，以及所面对的强大的国内外反革命势力，决定了中国革命必然是一场艰辛的反帝反封建的全民族的战争。革命要取得成功，必须团结一切可以团结的力量。但在马克思列宁主义无产阶级理论中，革命主体是不包括资产阶级的，资产阶级是无产阶级专政的对象。然而，中国民族资产阶级具有特殊性，它虽具有“两面性”的特征，但当革命有需要时，他们也能够积极投身新民主主义革命，与中国共产党团结合作，因而也成为人民民主专政的主体之一。在社会主义革命和建设时期，中国共产党非常重视同民族资产阶级或各民主党派建立广泛的统一战线。这就使得人民民主专政始终保持着两个联盟，即工人阶级、农民阶级和城市小资产阶级联盟，工人阶级同民族资产阶级联盟，从而扩大了人民民主的主题范围。但实际上，人民民主专政本质上还是无产阶级专政，是以毛泽东为核心的中国共产党人对马克思列宁主义无产阶级专政理论的继承和发展。新中国人民民主专政根本政治制度的确立，是历史的选择、人民的选择。我们党制定的路线方针政策，我们所从事的一切事业，都必须体现“以人民为本位”的核心思想和价值理念。

三、以人民代表大会制度为核心建构中国特色国家机构体系

政体，是指国家政权组织形式。一个国家采取什么样的政体，与该国社会各阶级阶层在国家社会生活中的地位有着密切关系，同时也受该国内部自然环境、历史文化传统、民族构成状况等因素制约。在世界范围内，政体一

般分为三类：封建制、君主立宪制、共和制。我国属于共和制政体，其基本政权组织形式是人民代表大会制度。

（一）中华人民共和国的国家政体是人民代表大会制度

1954年9月，第一届全国人民代表大会成功召开，标志着人民代表大会制度在全国范围内确立起来，这是党和国家政治生活中的一件大事，是人民群众翻身得解放，成为新国家、新社会主人的一个历史性的伟大巨变，是中国共产党把马克思主义普遍原理同中国革命具体实际相结合的伟大创造。

在中国这样一个国土面积幅员辽阔，封建制度历史漫长，封建思想根深蒂固，缺乏民主法治传统的多民族国家，实行人民代表大会制度并不是一件简单的事，更不可能一帆风顺。回顾新中国成立以来人民代表大会制度的发展历程，大致经历了以下四个阶段。

1. 过渡阶段

新中国成立初期，百废待兴，通过普选产生各级人民代表大会的条件尚不成熟，只能采取过渡性的办法。在中央，由中国人民政治协商会议第一届全体会议代行全国人民代表大会职权，选举产生中央人民政府委员会，并赋予其行使国家权力的职能。在地方，以人民代表会议的形式行使人民代表大会职权，协商产生本级人民政府。以毛泽东同志为首的党中央非常重视人民代表会议工作，要求地方各级党委团结带领各界人士把人民代表会议工作"当作一件大事去办"，并认为这是"党和政权的领导机关联系群众的最好组织形式"①。1951年2月，刘少奇同志在北京市人民代表会议上系统地阐述了人民代表大会制度的性质和功效，提出民主化和工业化的基本口号。由此可见，新中国成立初期我国人民民主政治建设进程开局良好，人民代表会议在宣传贯彻党的路线、方针、政策，团结和带领人民群众完成镇压反革命、土地改革、发展生产、恢复国民经济、民主法治建设等方面发挥了极为重要的作用。

2. 全面确立和曲折发展阶段

从1953年下半年开始，我国第一次进行了全国范围的普遍选举，自下而上由人民选出自己的代表，逐级召开人民代表大会。1954年9月，第一届全

---

① 中共中央文献研究室．建党以来重要文献选编（一九二一——一九四九）：第二十五册［M］．北京：中央文献出版社，2011：670.

国人民代表大会第一次会议召开，标志着我国人民代表大会制度从地方到中央系统地建立起来。这次大会通过了新中国第一部宪法，该宪法对人民代表大会制度作出了一系列具体的规定，并按照这些规定选举产生了全国人大常委会、国家主席、最高人民法院院长和最高人民检察院检察长，决定了国务院总理和其他组成人员人选。第一届全国人民代表大会第一次会议的胜利召开和新中国第一部宪法的制定，是我国民主和法治建设的里程碑。此后的三年，是我国人民代表大会工作非常活跃的三年，是新中国成立以来人大工作最好的时期之一。从 1957 年下半年到 1966 年近 10 年时间里，由于后来极左思想的影响，民主集中制受到破坏，人大及其常委会的工作难以正常开展。

3. 恢复和完善阶段

粉碎“四人帮”后，全国人大及其常委会恢复了活动，地方各级人民代表大会也陆续召开。1978 年 12 月召开的党的十一届三中全会，总结了历史的经验，特别是“文化大革命”的沉痛教训，在作出把党和国家的工作重点转到社会主义现代化建设上来的重大决策的同时，提出了发展社会主义民主、健全社会主义法治，使民主制度化、法律化的任务。这次会议开辟了改革开放和集中力量进行社会主义现代化建设的历史新时期，人民代表大会制度建设和人大工作也进入了一个新的发展阶段，尤其是为立法工作开创了新局面。邓小平同志高度评价说：“全国人民都看到了严格实行社会主义法制的希望。这不是一件小事情啊！”①

1982 年 12 月，第五届全国人民代表大会五次会议通过了新宪法，对我国新时期党和国家的根本任务，以及政治、经济、文化等方面的制度作出了一系列重大规定。尤其是关于人民代表大会制度方面一些新的重要规定，对于完善人民代表大会制度、充分发挥国家权力机关的作用，具有重要的现实意义和深远的历史影响。随着我国政治、经济和社会生活的不断发展，特别是社会主义市场经济体制改革目标的确立，党中央又及时提出了“依法治国、建设社会主义法治国家”的战略方针。党的十五大郑重地把这一方针肯定下来：“依法治国，是党领导人民治理国家的基本方略。”“中国共产党执政就是领导和支持人民掌握管理国家的权力，实行民主选举、民主决策、民主管

① 中共中央文献研究室．三中全会以来重要文献选编：上［M］．北京：中央文献出版社，1982：310.

理和民主监督，保证人民依法享有广泛的权利和自由，尊重和保障人权。”① 改革开放四十年来，各级人大及其常委会在党的领导下，认真履行宪法和法律赋予的职责，积极探索，勇于实践，在各方面工作取得了较大进展。总的来说，改革开放四十年是我国人民代表大会工作恢复、发展和不断完善的四十年。

（二）构建中国特色国家机构体系必须坚持以人民为中心

《中华人民共和国宪法》第二条规定：“中华人民共和国的一切权力属于人民。人民行使国家权力的机关是全国人民代表大会和地方各级人民代表大会。人民依照法律规定，通过各种途径和形式，管理国家事务，管理经济和文化事业，管理社会事务。”② 这就以根本大法的形式，庄严而神圣地宣誓了人民的权力，以及行使这种权力的方式。

我国实行人民代表大会制度，具有无比的优越性，因为这种政治制度最符合我国国情，符合全国各族人民意愿。人民代表大会制度就其实质而言，它能够使国家权力更有效地掌握在人民手中。在我国，坚持以人民代表大会制度为核心有着其深刻的历史和现实背景，体现着中国共产党执政为民的治国理念，是保障人民当家作主的有效途径。

1. 我国实行人民代表大会制度有着深刻的历史和现实背景

中国革命历史就其本质而言，是中国共产党领导下，各革命阶级、阶层共同反对帝国主义、封建主义和官僚资本主义的斗争史。中国社会的复杂性和革命任务的艰巨性决定了革命胜利后所建立的政权既不可能是资产阶级政权，也不可能是无产阶级一个阶级的专政，而只能是各革命阶级的联合专政，也就是人民民主专政。因此，与这一政权相适应的政权组织形式，既不是资产阶级的议会制，也不能照搬俄国的苏维埃代表大会制，而只能在革命统一战线内，各革命阶级、各民主党派选出代表人物共同参政议政，协商建国，因而也就构成了人民代表大会制度和地方各级人民代表会议，在此基础上，最后形成自下而上的各级人民代表大会制度。只有这样的制度，才具有最广泛的代表性和坚实的群众基础，才能充分反映各方面的意志和要求，才

① 中国社会科学院民主问题研究中心．马克思恩格斯列宁毛泽东邓小平江泽民论民主［M］．北京：中央文献出版社，2002：442.

② 中华人民共和国宪法［M］．北京：人民出版社，2018：28.

能最大限度地唤起全国各族各地人民的民主意识和革命热情，也才能调动一切积极因素去完成社会主义革命和建设的各项任务。

从1840年起到新中国成立的一百多年时间里，中国社会各阶级、阶层中的精英分子和有识之士围绕着中国道路究竟该怎么走，应该建立什么样的政治制度，采取什么样的政权组织形式等问题，展开了长期争论，并进行了艰苦卓绝的实践探索。严酷的现实告诉我们，中国人民要摆脱受剥削、受压迫的悲惨命运，推翻压在自己头上的“三座大山”，只能走中国共产党领导下的新民主主义农村包围城市的革命道路，夺取政权，建立新兴民主国家，进而走上人民当家作主的社会主义道路，而无其他道路可选择，走其他道路只能是死路一条。同时，中国的国情决定了照搬西方多党制、三权分立、两院制的政治模式不符合中国国情，是注定要失败的，只能采取人民代表大会这一种政权组织形式。邓小平同志指出：“我们评价一个国家的政治体制、政治结构和政策是否正确，关键看三条，第一是看国家的政局是否稳定；第二是看能否增进人民的团结，改善人民的生活；第三是看生产力能否得到持续发展。”① 他还说：“民主只能逐步地发展，不能搬用西方的那一套，要搬那一套，非乱不可。”②

我国是一个幅员辽阔，拥有14亿人口和56个民族的多民族国家。要管理好这样一个大国，必须有一个适合本国国情的、科学民主的政权组织形式，那就是人民代表大会制度。全国人民代表大会是最高国家权力机关，地方各级人民代表大会是地方最高权力机关，各级人大都由民主选举产生，对人民负责，受人民监督；政府、法院、检察院、监察委员会都由人大产生、对人大负责、受人大监督。人民代表大会制度的建立，便于人民群众行使管理国家事务、管理经济和文化事业、管理社会事务的各项权力。坚持按照人民代表大会制度的章程和规章办事，就能有效地维护人民的根本利益，就能够使我们国家经得起各种风险考验，克服一切困难，确保国家长治久安。

2. 人民代表大会制度最能体现中国共产党民主执政理念

以毛泽东为首的中国共产党人把马克思主义基本原理运用于中国实际，

① 邓小平．邓小平文选：第三卷［M］．北京：人民出版社，1993：213.

② 中共中央文献研究室．十二大以来重要文献选编：下［M］．北京：中央文献出版社，1988：1217.

借鉴巴黎公社和俄国革命的经验，领导人民经过28年的浴血奋战，推翻了压在中国人民头上的“三座大山”。同时，建立了新型人民政权及其组织形式并进行了长期的探索和实践。早在国民革命和土地革命战争时期，我们党就在城市成立了罢工工人代表大会，在农村成立农民协会，以及在革命根据地成立工农兵代表苏维埃。抗日战争和解放战争时期，又先后建立了各阶级、阶层代表人士参加的参议会和各族各界人民代表会议。在为实现人民民主不懈奋斗的革命历程中，中国共产党深刻总结近代中国政治发展历程和建立新型人民民主政权的实践，得出了一个重要的历史性结论，这就是：新民主主义革命的前途只能是工人阶级领导的、以工农联盟为基础的人民民主专政。同这一国体相适应的政权组织形式，也只能是坚持民主集中组织制原则的人民代表大会制度。

无论是革命年代的浴血奋战，还是新中国成立后的大规模社会主义建设，抑或是改革开放时期的现代化建设，归根到底，都是为了实现好、维护好、发展好最广大人民群众的根本利益。党执政的实质，就是保证人民当家作主，动员和组织人民依法管理国家事务，管理经济、文化以及各项社会事业，最大限度地实现人民群众的利益。实践证明，人民代表大会制度能够把党的领导和人民当家作主有机地结合起来，把尊重社会发展规律和尊重人民群众主体地位有机地结合起来，把为崇高理想而奋斗和为最广大人民谋利益有机地结合起来。

人民代表大会制度作为我国的根本政治制度，具有巨大的优越性。坚持这一根本政治制度，可以使广大党员干部牢固树立“立党为公、执政为民”的政治理念，确保人民当家作主，齐心协力推动我国经济社会又好又快发展，保持社会稳定和国家长治久安，从而彰显社会主义制度的优越性，对于加快中华民族伟大复兴的进程，意义重大而深远。

3. 人民代表大会制度最能保证人民当家作主

唯物辩证法认为，任何事物都是内容和形式的具体的统一，内容决定形式，形式为内容服务，两者是辩证统一的关系。内容和形式的关系，表现在国家政权方面，就是国体和政体的关系。任何国家政权，都是国体和政体的具体统一。我国是社会主义国家，社会主义国家政权要求人民当家作主。我们国家的政权性质是工人阶级领导的、以工农联盟为基础的人民民主专政。与之相适应，国家的政体必须最大限度地保障最广大人民群众的根本利益，同时最能反映全国各族人民的共同意志，最便于人民群众自主管理国家和社会事务。一句话，必须是最能保证人民当家作主的政体。

我国人民在中国共产党的领导下，在认真总结根据地时期人民政权建设经验教训的基础上，从我国具体国情和实际出发，根据形势发展要求，循序渐进，最终确定了人民代表大会制作为我国的政体，这是非常正确的。我国人民代表大会制度明确规定：中华人民共和国的一切权力属于人民，人民行使国家权力的机关是全国人民代表大会和地方各级人民代表大会；国家机构实行民主集中制原则，全国人民代表大会和地方各级人民代表大会都由选民或选举单位民主选举产生，对人民负责、受人民监督；国家行政机关、审判机关、检察机关，都由人民代表大会产生，对它负责、受它监督；人民代表大会及其常委会决定重大问题必须经过充分讨论，然后付诸表决，按少数服从多数的原则作出决定；人民代表大会代表具有广泛的代表性，除被剥夺政治权利者外，中华人民共和国年满 18 周岁的公民，不分民族、种族、性别、职业、家庭出身、宗教信仰、教育程度、财产状况、居住期限，都有选举权和被选举权；人民代表大会代表除具有与会权、审议权、表决权、选举权等基本权利之外，还具有提名权、建议批评权、询问权、质询权、视察权；人民代表大会代表在人民代表大会各种会议上的发言和表决，不受法律追究，县级以上各级人民代表大会代表，在人民代表大会开会期间，非经本级人民代表大会主席团许可，在本级人民代表大会闭会期间非经本级人民代表大会常务委员会许可，不受逮捕或刑事审判；人民代表大会代表必须按照宪法和法律的要求，认真履行应尽的责任和义务，依法认真行使职权，必须与选民或选举单位保持密切联系，并自觉接受选民和原选举单位的监督。

4. 我国现行国家机构体系设置及其运行特征

（1）我国国家机构体系设置。国家机构体系是国家为实现其管理职能而建立起来的一整套国家机关的有机统一体。《中华人民共和国宪法》第三章明文规定，中华人民共和国国家机构由全国人民代表大会、中华人民共和国主席、中华人民共和国国务院、中华人民共和国中央军事委员会、地方各级人民代表大会和地方各级人民政府、民族自治地方的自治机关、特别行政区的国家机关、人民法院、人民检察院和监察委员会（2018 年 3 月 11 日，第十三届全国人民代表大会第一次会议通过了宪法修正案，在“国家机构”一章中专节设置“国家监察委员会”，共五条）组成。从权力本质属性上看，分为权力机关、行政机关和司法机关；从权力地域范围上看，分为中央国家机关和地方国家机关。

中央国家机构是我国国家机构中的重要组成部分。现阶段，中央国家机构由全国人民代表大会及其常务委员会、中华人民共和国主席、中华人民共和国国务院、中华人民共和国中央军事委员会、最高人民法院、最高人民检察院和中央监察委员会组成。地方国家机构相对中央国家机构而言，是指设在省、自治区、直辖市、特别行政区、自治州、市、市辖区、县、自治县、乡、民族乡、镇的国家机构。国家机构的组织和活动原则有：民主集中制原则；社会主义法制原则；民族平等和民族团结原则；责任制原则；精简、效率、服务、廉洁原则；联系群众，为人民服务原则；党的领导原则。

（2）我国国家机构的设置和运行以人民代表大会制为核心。我国宪法规定，全国人民代表大会，是中华人民共和国最高权力机关，其拥有最高的立法权、决定权、任免权和监督权。全国人民代表大会行使下列职权：“（一）修改宪法；（二）监督宪法的实施；（三）制定和修改刑事、民事、国家机构的和其他的基本法律；（四）选举中华人民共和国主席、副主席；（五）根据中华人民共和国主席的提名，决定国务院总理的人选；根据国务院总理的提名，决定国务院副总理、国务委员、各部部长、各委员会主任、审计长、秘书长的人选；（六）选举中央军事委员会主席；根据中央军事委员会主席的提名，决定中央军事委员会其他组成人员的人选；（七）选举国家监察委员会主任；（八）选举最高人民法院院长；（九）选举最高人民检察院检察长；（十）审查和批准国民经济和社会发展计划和计划执行情况的报告；（十一）审查和批准国家的预算和预算执行情况的报告；（十二）改变或者撤销全国人民代表大会常务委员会不适当的决定；（十三）批准省、自治区和直辖市的建置；（十四）决定特别行政区的设立及其制度；（十五）决定战争和和平的问题；（十六）应当由最高国家权力机关行使的其他职权。”① 由此可见，全国人民代表大会作为国家最高权力机关，在国家机构体系中处于至高无上的核心地位。其他国家机关由其依法产生，对其负责、受其监督。人民的权力至高无上，也是党的群众路线理论应有之义。

综上所述，我国人民代表大会制度是最符合我国国情、最具广泛代表

① 中华人民共和国宪法［M］. 北京：人民出版社，2018：28.

性、最能体现人民民主专政本质特征、最科学合理的政权组织形式。坚持以人民为中心的制度设计理念，能够确保国家权力掌握在人民手中，这符合党的性质和宗旨要求，也最能保证人民群众当家作主。可以说我国实行人民代表大会制度，是历史的选择、人民的选择、时代的选择。

（三）完善人民当家作主的中国特色社会主义政治制度

中国共产党领导人民在长期革命、建设和改革实践中逐渐形成了一些独具中国特色的政治制度，这些政治制度的形成及其彰显出来的显著优势集中体现了中国共产党坚持和贯彻群众路线的政治智慧。

1. 政治协商制度

政治协商制度是新中国一项基本政治制度，是比较成熟的、制度化的民主实践，是在中国长期的革命、建设、改革实践中形成和发展起来的、适合中国国情的一项基本政治制度，是中国特色社会主义民主政治制度的重要组成部分。政党包括中国共产党和民主党派。民主党派有八个，即中国国民党革命委员会、中国民主同盟、中国民主建国会、中国民主促进会、中国农工民主党、中国致公党、九三学社和台湾民主自治同盟。各民主党派汇聚了一大批优秀的党员群众，他们在中国革命、建设和改革中发挥着不可替代的作用。因此，中国人民政治协商会议是中国共产党领导下的、各民主党派参政议政的重要政治协商机构。

中国共产党和各民主党派良好关系的建立经历了历史和实践的考验，是在政局动荡、战乱频发、社会混乱的特殊环境中诞生和发展起来的。中国共产党在新民主主义革命时期处于领导核心地位，各民主党派和无党派人士经过反复比较最终选择了中国共产党的领导。1949 年 9 月，中国人民政治协商会议在北平隆重召开，标志着中国共产党领导的多党合作和政治协商制度正式确立。新中国成立以后，中国共产党进一步加强同各民主党派团结合作，不断推进政治协商制度理论创新和实践发展。社会主义改造基本完成后，中国共产党提出了“长期共存、互相监督”的八字方针，明确共产党和民主党派可以互相监督，共同发展进步，中国人民政治协商制度基本格局由此确立。

改革开放以后，根据形势发展和任务变化，中国共产党确立了中国共产党与各民主党派“长期共存、互相监督、肝胆相照、荣辱与共”的十六字方针，指出坚持和完善中国人民政治协商制度是中国特色社会主义理论和实践的重要组成部分。1989 年，中国共产党制定了《关于坚持和完善中国共产党领导的多党合作和政治协商制度的意见》，从此，中国政治协商制度的发展走上了制度化轨道。1993 年八届全国人大一次会议，将“中国共产党领导的多党合作和政治协商制度将长期存在和发展”载入宪法。党的十六大以后，中国共产党先后制定了《中共中央关于进一步加强中国共产党领导的多党合作和政治协商制度建设的意见》和《中共中央关于加强人民政协工作的意见》，使中国人民政治协商制度进一步规范化和程序化。

总之，新中国成立以来，中国人民政治协商制度得到不断巩固和发展，在国家政治和社会生活中彰显出独特的政治优势和强大的生命力，体现了中国共产党深入贯彻群众路线，充分调动各方积极性，在改革开放和社会主义现代化建设中发挥了重要作用。

2. 统一战线

广义的统一战线是指在一定历史条件下，不同社会政治力量为了共同目标而建立起来的政治联盟或联合；狭义的统一战线则指无产阶级政党的战略策略，即无产阶级政党所领导的社会各阶级内部团结和同盟军问题。在中国革命、建设和改革的不同历史时期，统一战线都是中国共产党的一大重要法宝。

统一战线的概念最早是由恩格斯提出来的，列宁对统一战线的概念和内涵作了进一步阐释和发展。统一战线在中国革命、建设和改革实践中不断得到丰富和发展。在《共产党人》发刊词中，毛泽东指出，“十八年的经验，已使我们懂得：统一战线，武装斗争，党的建设，是中国共产党在中国革命中战胜敌人的三个法宝，三个主要的法宝。这是中国共产党的伟大成绩，也是中国革命的伟大成绩”①。

统一战线的实质是指不同阶级、阶层、政党、集团为了实现共同目标，在共同利益基础之上形成的一种松散的联合。无产阶级政党领导和组织的统一战线，就是为了实现自己的历史使命，团结本阶级各个阶层和其他政治派别，团结一切可能团结的力量，为了共同的目标而结成统一的政治大联盟，这个大联盟包括拥护社会主义的联盟和拥护祖国统一的联盟。有了这个群众

---

① 毛泽东．毛泽东选集：第二卷［M］．北京：人民出版社，1991：606.

大联盟，中国人民和中华民族将所向披靡、战无不胜。

统一战线从字面上看好像与群众路线没有什么关联，但是各界人民群众的大团结、大联合是统一战线工作的根本宗旨和永恒的主题，也是统一战线工作的力量之基和生命之源。周恩来曾说："要使全党同志了解，团结、带动非党群众同我们党一起前进，是统一战线的基本任务。"① 统一战线和群众路线同为党领导人民进行伟大实践斗争的重要法宝，在党进行革命、建设和改革事业中发挥着重大作用。回顾党的发展历程和党的事业所取得的极大成就，都离不开人民群众的智慧和力量。统战部门是联结党和非党各界群众的桥梁和纽带，也就是说，我们党的一切组织和团体的全部工作都是为了加强和扩大党和群众的联系。统一战线的对象是广大党外人士，党外人士当然是人民群众的范畴。所以，群众路线与统一战线有着必然的内在联系和历史的统一性。

党赋予统一战线的基本任务是围绕中心、服务大局。统一战线工作要求始终贯彻党的群众路线，随着实践和时代发展与时俱进地发挥优势和作用，从而为建设中国特色社会主义事业贡献力量。党的十八大以来，党中央对统一战线工作作出了新的战略定位，要求统战工作必须进一步贯彻群众路线，依靠广大人民群众的拥护和支持来巩固和壮大自己。只有这样，党才能统领全局，协调各方，全面、顺利地完成时代赋予中国共产党的历史使命。

3. 民族区域自治

马克思主义认为：人类文明是世界各民族人民共同创造的，民族不论大小、先进与落后一律平等。各民族在平等的基础上团结互助，努力实现各民族共同发展、繁荣和进步。我国民族区域自治制度是植根于中国历史文化土壤、具有中华民族特色的政治制度。分分合合、合合分分的中国数千年历史，演绎出中华民族"大杂居、小聚居"的绚烂版图，形成团结统一、平等互助的多民族国家。自 1840 年鸦片战争以来，中国各族人民为争取民族独立、人民解放和祖国统一的美好前景进行了艰苦卓绝、不屈不挠的斗争。共同的苦难遭遇和前途命运把各族人民紧紧地团结在一起。尤其是在抗日战争时期，各民族同仇敌忾、共御外侮，建立了最广泛的抗日民族统一战线，涌

① 周恩来. 发挥人民民主统一战线积极作用的几个问题 [M]. 北京：人民出版社，1984：12.

现出内蒙古抗日游击队、回民支队等少数民族抗日力量，为夺取抗日战争的胜利谱写了可歌可泣的历史篇章。在维护国家统一的斗争中，中华民族认同感得到进一步升华。各族人民充分认识到只有国家统一和领土完整，才能实现真正的自由平等和发展进步。我国民族区域自治制度的建立，正是顺应这种单一制政治传统的必然抉择。

新中国成立以后，毛泽东经过长期深入思考，根据中国历史和国情，在总结中国共产党的民族工作经验的基础上，决定新中国实行民族区域自治制度，这也是毛泽东和中国共产党关于民族理论和民族实践的独特创造。在起草《中国人民政治协商会议共同纲领》时，考虑到我国汉族占人口的绝大多数，各民族呈现出“大杂居、小聚居”的特点，中共中央决定在我国实行民族区域自治制度。1955 年 10 月 1 日，新疆维吾尔自治区率先建立。截至 1965 年，全国建立了包括内蒙古自治区在内的五个民族自治区。在统一的民族大家庭内，民族区域自治制度成为新中国一项基本政治制度。

改革开放以后，尤其是进入 21 世纪后，经济全球化深入发展，西方势力的乘势而入，使我国的民族问题和民族矛盾更加趋于复杂化，给我国民族工作带来了严峻挑战，同时对我国民族地区现代化建设产生了一定的负面影响。如西藏“3·14”事件和新疆“7·5”事件，既有内在深层次原因，也有外部反华势力的阴谋策划和煽动。最根本的原因是民族区域自治机关在行政、执法层面上没有认真贯彻宪法所确立的民族区域自治制度，没有走好群众路线。更为严重的是，新中国确立的“平等团结互助和谐”的社会主义新型民族关系受到一定程度的破坏，各民族之间不信任、民族歧视潜滋暗长，这样一来，对我国各民族之间关系的发展就产生了严重的负面影响。

进入新时代，以习近平同志为核心的党中央统揽全局，审时度势，在脱贫攻坚，推进民族事务治理能力现代化方面采取了一系列行之有效的举措。“全面实现小康，少数民族一个都不能少，一个都不能掉队，要以时不我待的担当精神，创新工作的思路，加大扶持力度，因地制宜，精准发力，确保如期啃下少数民族脱贫这块‘硬骨头’，确保各族群众如期实现全面小康。”① 事实上，我国民族区域自治制度虽然在实践中经历了曲折发展，受到

① 习近平总书记在国家民委一份简报上批示，2015 年 1 月 29 日。

不同程度的影响和挑战，但总的来说，改革开放以来，这一独具中国特色的政治制度与时俱进地获得了发展。

总之，纵观我国民族区域自治制度的形成与发展过程，它根植于中国政治、历史和文化传统，是中华政治文明演进和中国共产党深入贯彻群众路线的结果。进入新时代，贯彻民族区域自治制度必须坚定“四个自信”，努力使我国民族区域自治制度焕发出新的生命力和巨大优势。民族问题不仅仅是民族关系问题，也是社会革命总问题的一部分，正如李维汉所指出的：“首先经过彻底的民族民主革命，然后进行彻底的社会主义革命，完成社会主义建设，过渡到共产主义社会，进而逐步地互相融合为一体，走向世界大同。”①

4. 基层群众自治

基层群众自治制度是指依照宪法和法律，由居民（村民）选举的成员组成居民（村民）委员会，实行自我管理、自我教育、自我服务、自我监督的制度。基层群众自治制度的实践起源于城市社区，并随着实践的发展逐步在全国城乡推广实施。党的十七大报告首次将基层群众自治制度与人民代表大会制度、中国共产党领导的多党合作和政治协商制度、民族区域自治制度一起纳入了中国特色政治制度范畴。胡锦涛指出：“人民代表大会制度是根本政治制度，中国共产党领导的多党合作和政治协商制度、民族区域自治制度以及基层群众自治制度等是基本政治制度。”② 基层群众自治制度作为我国一项基本政治制度，必然具有中国特色的制度优势。

第一，基层群众自治制度必须坚持党的领导和政府主导，坚持中国特色社会主义的政治方向。我国基层群众自治制度是在党的领导和政府主导下，在社会主义政治建设实践中逐步摸索出来的，这是我国社会主义人民民主政治建设的一大特点，也是发展社会主义民主政治的一大政治优势。党的领导，为基层群众自治制度建设提供了坚强的政治保障，指明了正确的政治方向。政府主导可以保障基层群众自治制度有组织、有计划、有步骤、稳定有序地发展。实践证明，基层群众自治制度体现了我们党相信人民群众自己解

---

① 《李维汉选集》编辑组．李维汉选集［M］．北京：人民出版社，1987：542.

② 胡锦涛．在庆祝中国共产党成立 90 周年大会上的讲话［M］．北京：人民出版社，2011.

放自己，依靠人民群众实现自我管理，充分调动亿万人民群众积极性，使他们广泛参与民主政治建设，成为推动社会进步的巨大力量。

第二，基层群众自治制度必须贯彻党的群众路线，维护人民群众的切身利益，反映人民群众的利益诉求。基层群众自治的内容涉及群众生产生活的方方面面，关乎群众的切身利益。要让人民群众能够享受到看得见和摸得着的实实在在的利益，能够自由表达自己的利益诉求，能够充分保护自己的合法权利不受侵犯。要充分保障人民群众在自己生活的社区内，通过选举、决策、管理和监督，行使民主权利，直接参与管理基层公共事务和公益事业，使他们的民主政治参与更具直接性和有效性。这样，有利于调动人民群众民主政治参与的积极性和主动性；有利于增强人民民主的广泛性和真实性；有利于培养基层民众现代公民意识。

第三，基层群众自治制度必须与当地经济社会发展状况相适应。党和国家决定实行基层群众自治制度，最根本的目的是调动基层群众积极性，以促进地方经济社会发展，让人民群众心情愉悦地过上好日子。具体地说，在工作部署上要始终坚持在保障党和国家中心工作的前提下，使地方经济社会发展与国家整体经济社会发展相适应。比如，城市社区居民自治制度是为了适应城市社区社会管理和城市居民生活需要而产生的，在解决城市街道社区社会发展中的矛盾和问题方面发挥了重要作用；而农村村民自治制度则是为了适应农村联产承包责任制改革需要而产生的，对化解农村诸多矛盾、化解农业面临的突出问题、提高村两委管理水平和农民素质等都起到了重要作用。在基层群众自治制度的实践上，主要是围绕人民群众最直接、最关心、最现实的利益问题开展民主协商、民主决策和民主管理，实行村务公开等。既尊重了群众的主体地位，调动了群众积极性，又锻炼了群众的议事能力，维护了群众的切身利益，体现了基层群众自治制度目的性与手段性的有机统一。

第四，基层群众自治制度建设必须经历一个循序渐进、逐步发展和逐步完善的过程。我国是一个具有悠久历史文化传统的多民族国家，地大物博、人口众多，且分布不均，各民族之间经济社会发展水平也存在很大差异。因此，健全和发展基层群众自治制度要充分考虑各地具体条件，因地制宜地建立和发展符合当地实际的基层群众自治制度。具体地说，一是地方党委政府要与时俱进地深化对发展基层群众自治制度的认识；二是不可照抄照搬其他地方自治模式，坚持由点到面、由浅入深地逐步推进；三是逐步探索规范、建立健全与地方基层群众自治适应的规章制度，逐步实现基层群众自治的制度化；四是党和政府要加强对青年农民的培训，培养出一大批“三位一体”的、新型的实用人才，提高农民适应现代市场经济发展的能力。改革开放以来，我国把基层群众自治作为社会主义民主政治建设的基础，从广大人民群众最关心的事情入手，稳步推进。广大人民群众通过基层民主自治锻炼，逐步提高参政议政能力，学会依法依规、理性地行使民主权利，这种渐进式的发展，避免了盲目的、不切实际的极端冒进，降低了影响经济社会发展的风险和成本，使得党和国家能够集中精力和力量解决事关国计民生的重大项目和重大事件。同时，也使亿万人民群众在稳定有序的基层民主自治实践中逐步提高自身素质。新中国人民民主实践证明，没有渐进的基层群众自治制度建设，就没有真正的社会主义民主制度。

总之，我国的基层群众自治制度是党切实贯彻群众路线，充分发挥国家主导作用与人民群众主体作用有机统一的民主自治之路，在长期的社会主义探索、建设和改革实践中，我们党在大力发展社会主义民主政治基础上，逐步把我国基层群众自治制度上升为中国特色社会主义政治制度的一项基本内容，既顺应了时代潮流，符合党心民意，也必将对实现国家治理体系和治理能力现代化目标产生深远影响。

四、以人民为中心和以资本为中心制度设计比较研究

现代国家制度普遍实行政党政治制度，政党制度就其阶级性而言，一般分为两大类：无产阶级政党和资产阶级政党。无产阶级政党代表绝大多数人民群众的根本利益，坚持以人民为中心的发展理念进行国家制度设计；而资产阶级政党代表极少数资产者的利益，为资产阶级利益集团服务，其国家制度设计往往以资本为轴心。政党执政理念和制度设计价值取向不同，政党政治生命力和执政根基的稳固性也会截然不同。

（一）“人民”和“资本”概念的界定

1. 关于“人民”概念的理解

在中西方的古代典籍中，“人民”这一概念都曾使用，但语义迥异。中国古代的“人民”，一般泛指人生、平民、庶民、百姓等，是相对于君臣而言的，处于社会的下层。甲骨文中的“呷”意之谓“民”，像被用一刃刺瞎

眼睛的人，或者卑躬屈膝、低眉顺眼的人，即“盲其一目以为奴征”。“民”就是奴隶，被认为是蒙昧无知、不曾开化、毫无道德可言的群氓。春秋战国时期以后，“民”逐渐成为一个与帝王将相、群臣百官相对应的文字。在欧洲文明的发祥地古希腊和古罗马，在柏拉图、亚里士多德、西塞罗等哲学家的著作中也使用过“人民”的概念，但在宗教神学的统治之下等级观念森严，“人民”则特指奴隶主和自由民，不包括占人口绝大多数的奴隶。奴隶的来源一般是破产的自由民和战争俘虏，他们只不过是奴隶主的财产和工具。古希腊“城邦”（polis）是政治（politics）的词根，也就是说古代西方公民（politest）形成于城邦的政治生活中。城邦的人不包括妇女、侨民和奴隶。只有城邦公民才有权参加议事和审判。公民是城邦权力的主体，城邦属于全体公民所有。由此可见，古代的“人民”毫无人身自由，根本没有什么地位可言。所以，即使是在后来的封建社会里，人民也处于一种半自由的状态，不得不依附于封建贵族和封建地主阶级。

进入近代社会以后，“人民”的概念被广泛使用，但往往与公民、国民等词语混用，泛指社会全体成员。当然，人民这一概念的语义还是比较模糊的，在何种情况下使用，完全取决于当权者根据形势发展的需要来确定其概念的外延。一般来说，人民是区别于敌人的政治概念。在人民主权理念里，人民就是国家和社会的主人。一方面，人民是集合名词，包括选举人和被选举人。另一方面，人民是参加政治活动的公民群体或社会人群，它一般分为统治阶层和非统治阶层。

在我国，人民的概念主要是和公民的概念相比较而言的。按照《现代汉语词典》，公民是指具有一定国家的国籍，依据法律规定享有政治权利和承担义务的人。人民和公民的区别有四方面。（1）范畴不同：公民是与外国人、无国籍人相对应的法律概念，人民是在不同历史时期有着不同内容的政治概念。现阶段，人民是指全体社会主义劳动者，拥护社会主义的爱国者和拥护祖国统一的爱国者。（2）范围不同：公民的范围比人民的范围更广泛一些。（3）后果不同：公民中间的人民享有宪法和法律规定的所有权利并履行规定之义务；公民中间的少数敌对分子并不享有所有权利，也不能履行某些特定义务。（4）概念阈限不同：公民一般表达的是个体概念，人民所表达的是群体概念；公民是指取得一国国籍，并依法享有权利和承担义务的人。人民是指以劳动群众为主体的广大民众。

总之，人民是个政治概念，强调群体；而公民是法律概念，强调个体。国家的一切权力属于人民、人民群众是历史的创造者等，都是从群体角度来说的。公民比人民范围大，公民包括全体社会成员，人民不包括依法被剥夺政治权利的人和敌对分子。

2. 关于“资本”概念的界定

“资本”是政治经济学或经济学经常使用的概念。从一般意义上讲，资本是人类创造物质财富和精神财富等各种社会经济资源的总称。而广义上的资本，泛指具有经济价值的物质财富、精神财富以及生产过程中形成的社会关系。根据西方经济学理论，资本是与劳务、土地等并列的生产投入。当今主流宏观经济学认为，资本包括物质资本、自然资源、金融资本、人力资本和技术知识等。资本也是一种运动形态的价值。资本的运动经过购买、生产和销售三个阶段，依次采取货币资本、生产资本和商品资本三种职能形式。在资本主义社会中，资本按照其职能和在生产过程中的作用分为：不变资本和可变资本；固定资本和流动资本；产业资本、商业资本、借贷资本和银行资本等。

在实际生活中，资本表现为一定的物，如货币、机器、设备、厂房、原料、商品等，但就其本质而言，资本不是物，而是体现在物上的生产关系。资本的运动表现为阶级关系，是一种处于运动中的生产关系。在资产阶级经济学家那里，他们把资本描述为静止的物，马克思则把资本描述为运动着的阶级关系。如果资本停止了运动，也就丧失了生命力。资本只有通过不断运动，资本家才能不断地榨取剩余价值，从而实现对工人阶级的剥削，进而实现资本增殖。由此可见，资本的增殖过程，不仅是资本家剥削雇佣劳动的阶级关系，而且它还是一种运动过程，是经过购买、生产、销售三个不同阶段的循环过程，是生产和流通相统一的过程，是三种形式、三个阶段有机联系、周而复始运动的过程。因此，资本只能辩证地理解为永恒的运动过程，而不能片面地理解为孤立静止的物。马克思说：“资本不是物，而是一定的、社会的，属于一定历史社会形态的生产关系，并赋予这个物以独特的社会性质。”

（二）以人民为中心思想的理论蕴意和实践逻辑

评价一个国家政治制度是否优越、是否民主、是否有效率，主要看这个国家的人民能否依法管理国家事务和社会公共事务，是否积极有效地参与国家政治生活，充分自由地表达自己正当的利益诉求，维护自身合法权益。党的十九大报告明确指出："必须坚持以人民为中心的发展思想，不断促进人的全面发展、全体人民共同富裕。"这一论断表明了鲜明的人民立场，蕴含着深厚的人本思想、民本情怀和人文关爱，彰显出新时期共产党人高尚的为民情怀和勇于担当的时代精神。坚持以人民为中心的发展思想是贯穿习近平新时代中国特色社会主义思想的核心与灵魂，也是新时代对党的性质和宗旨的新认识、新发展。

1. 以人民为中心的理论蕴意

在纪念马克思诞辰200周年大会的讲话中，习近平总书记指出，"马克思主义是人民的理论"，"学习马克思，就要学习和实践马克思主义关于坚守人民立场的思想"。① 以人民为中心的发展思想在习近平新时代中国特色社会主义思想体系中居于核心地位，贯穿于其他各方面。这一思想理论体系自身也饱含着丰富而深刻的科学内涵。

一是坚持人民根本立场。人民和人民群众是推动社会历史发展进步的决定性力量，是社会物质和精神财富的创造者，是社会变革的主力军，这是历史唯物主义的基本原理。坚持人民根本立场就要切实保障人民当家作主，保障人民享有参与政治建设、国家和社会治理的权利。保证人民当家作主是马克思主义解放学说思想的内在要求，也是中国特色社会主义事业的必然选择。习近平总书记指出，"尊重人民主体地位，保证人民当家作主，是我们党的一贯主张"②。"人民群众反对什么、痛恨什么，我们就要坚决防范和纠正什么。"同时，坚持人民根本立场必须在坚持中国共产党的领导下才具有现实意义，因为"坚持党的领导、人民当家作主、依法治国有机统一是社会主义政治发展的必然要求"③，"中国共产党所做的一切，就是为中国人民谋幸福、为中华民族谋复兴、为人类谋和平与发展"④。

---

① 习近平．在纪念马克思诞辰200周年大会上的讲话［M］．北京：人民出版社，2018：5.

② 习近平．在庆祝中国共产党成立95周年大会上的讲话［M］．北京：人民出版社，2016：19.

③ 本书编写组．中国共产党第十九次全国代表大会文件汇编［M］．北京：人民出版社，2017：18.

④ 习近平．携手建设更加美好的世界：在中国共产党与世界政党高层对话会上的主旨讲话［M］．单行本．北京：人民出版社，2017：8.

二是人民自己解放自己。历史唯物主义认为，人民群众是推动历史发展的真正动力，是创造财富的不竭动力源泉，人民群众完全有能力自己解放自己，是社会历史发展的实践主体和价值主体。习近平总书记强调，“人民是历史的创造者，是真正的英雄”。我们共产党人任何时候都不要忘记这个历史唯物主义最基本的道理。人民群众是历史的创造者，是决定党和国家前途命运的根本力量。只有紧紧依靠人民群众，我们党才能创造出历史伟业。因为党的根基在人民、党的力量在人民。历史是人民群众用辛勤汗水书写的，是对人民群众鲜活实践的记载，历史上的一切成就都应归功于人民。只要我们相信人民、依靠人民、扎根人民，就可以从人民群众中获得无穷的力量。

三是发展成果由人民共享。社会的发展进步是在人们对美好生活的追求中不断实现的。人民群众对切身利益的关注、对幸福美好生活的向往，汇聚成推动社会历史发展进步的磅礴力量。习近平总书记在党的十九大报告中指出：“带领人民创造美好生活，是我们党始终不渝的奋斗目标。必须始终把人民利益摆在至高无上的地位，让改革发展成果更多更公平惠及全体人民，朝着实现全体人民共同富裕不断迈进。”只有明确了为人民服务的宗旨和为人民利益而奋斗的目标，我们的事业才会有明确的方向。实现中华民族伟大复兴的中国梦，就是要实现民族振兴、国家富强、人民富裕，要实现好、维护好、发展好人民群众的切身利益，要不断提高人民生活水平，让人民过上幸福生活，不断满足人民群众对美好生活的向往。

四是发展效果由人民评判。中国共产党的全部奋斗结果都是为了实现全体人民的根本利益，也就是说我们党没有任何自己的私利。党的十九大报告指出，进入新时代，我国社会主要矛盾已经转变成人民日益增长的美好生活需要和不平衡不充分的发展之间的矛盾，这种主要矛盾的变化是关乎全局性的历史性变化，说明中国特色社会主义发展已经处于新的历史方位，表现出新情况、新特点、新特征。同时，也对我们广大党员干部的群众工作提出新任务、新要求。发展不平衡不充分的问题，已经成为人民群众日益增长的美好生活需要的主要制约因素。必须紧紧围绕经济建设这个中心，贯彻新发展理念，加快发展。因为只有通过发展才能解决改革开放过程中遇到的一系列矛盾和问题。况且，“我们党的执政水平和执政成效都不是由自己说了算，必须而且只能由人民来评判。人民是我们党的工作的最高裁决者和最终评判者”①。

五是党的群众路线。群众路线是建立在马克思主义群众观基础之上的保障改善民生思想。群众的智慧、力量和经验是无穷无尽的。习近平总书记强调，“不论过去、现在和将来，我们都要坚持一切为了群众，一切依靠群众，从群众中来，到群众中去，把党的正确主张变为群众的自觉行动，把群众路线贯彻到治国理政全部活动之中”。党的十八大以后，通过党的群众路线教育实践活动、“三严三实”专题教育、“两学一做”学习教育等，有效地防止了党员干部脱离群众，密切了党与群众的血肉联系。党的基层组织不再是摆设，真正担负起教育党员、管理党员、监督党员的职责，同时也成为“组织群众、宣传群众、凝聚群众、服务群众”的坚强的战斗堡垒。党的十九大以来，党中央更加关注民生，采取了一系列卓有成效的措施，在生态文明建设、科技创新、教育改革、社会保障、脱贫攻坚、健康中国战略等方面取得了显著进展。这些都是我们党保障和改善民生思想的具体表现和实践要求。

六是推动构建人类命运共同体。中华民族是热爱和平和追求幸福美好生活的民族，中国人民追求幸福美好生活的梦想与世界各国人民对美好生活的追求是一致的，彼此相通的。习近平总书记所强调的“中国梦”是世界各国人民和平、发展、合作、共赢的梦，中国的发展不仅造福于中国人民，还造福于世界人民。中国共产党和政府按照亲诚惠容、与邻为善、以邻为伴的外交理念发展与周边国家的外交关系，秉持正确的义利观和互惠互利的发展理念加强同发展中国家的团结与合作。习近平总书记提出的“一带一路”倡议和构建人类命运共同体的呼吁，得到了全世界越来越多国家的响应和支持，这也是造福世界人民的重要体现。

以人民为中心思想体现了历史与逻辑的统一、理论和实践的结合、矛盾和问题的联系。思维的逻辑能够概括地反映历史发展过程的内在必然性。恩格斯说：“历史从哪里开始，思想进程也应当从哪里开始，而思想进程的进一步发展不过是历史过程在抽象的、理论上前后一贯的形式上的反映。”② 坚持以人民为中心，最鲜明地体现了无产阶级政党人民立场这一根本政治立场。以人民为中心思想，同时也体现了世界观与方法论的统一、真理与价值

① 习近平．习近平谈治国理政：第一卷［M］．北京：外文出版社，2014：28.

② 马克思恩格斯选集：第二卷［M］．北京：人民出版社，1972：122.

的统一、治党理念与治国方略的统一。建党之初，中国共产党就把全心全意为人民服务作为党的根本宗旨，主要表现在两个方面。一方面是一切为了人民，正如习近平同志所说，“我的执政理念，概括起来说就是：为人民服务，担当起该担当的责任”①。“五位一体”的新发展理念、“四个全面”战略布局都贯穿了鲜明的群众导向、民生导向以及人民至上的价值取向。无论是创新驱动、激发活力的改革举措，统筹工农、城乡、区域经济社会发展，还是“两个文明”一起抓的协同发展；无论是顺应人民对良好生态环境的期待，还是注重内外联动、共荣共享的公平发展，都是践行以人民为中心的科学发展思想。另一方面，是一切依靠人民，要笃信人民群众创造历史的真理观，紧紧依靠广大人民群众深入推进改革开放。要坚持把实现好、维护好、发展好最广大人民根本利益作为全面深化改革、扩大对外开放的出发点和落脚点，让发展成果更多更公平地惠及全体人民，这样改革才能成功，开放才有前景。历史和实践一再证明，只有坚持马克思主义唯物史观，全心全意为人民谋利益，才能最大限度地调动广大人民群众的积极性、主动性、创造性；只有依靠人民，才能实现一切为了人民这一共产党人的宗旨。为了人民和依靠人民高度统一于党领导人民进行的伟大实践中，同时也贯穿于习近平新时代中国特色社会主义思想之中。

2. 以人民为中心思想的实践逻辑

党的十九大报告中指出，经过长期努力，中国特色社会主义进入了新时代，这是我国发展新的历史方位，并从客观实际出发，明确提出现阶段我国社会主要矛盾已经转化成人民日益增长的美好生活需要和不平衡不充分的发展之间的矛盾。这一事关全局主要矛盾的变化，对我们党和国家工作提出了新挑战、新要求。“群众利益无小事”，新时代社会主要矛盾要求我们党时刻把人民群众的小事当成党和政府的大事，从人民群众最关心的事情抓起，带领人民群众不断创造美好生活，为全面建成小康社会提供思想上和制度上的保障。习近平总书记指出：“人民立场是中国共产党的根本政治立场，是马克思主义政党区别于其他政党的显著标志。”② 以人民为中心的思想坚持了人

---

① 习近平．习近平谈治国理政：第一卷［M］．北京：外文出版社，2018：101.

② 中共中央文献研究室．十八大以来重要文献选编：下［M］．北京：中央文献出版社，2018：352.

民实践主体、认识主体、价值主体、历史主体唯物史观，始终坚信党的根基和力量在人民，彰显出中国共产党人先进的治国理念和丰富的执政实践经验。因此，在实现中华民族伟大复兴的历史征程中，我们必须坚持以人民为中心的发展理念，用中国特色社会主义伟大事业的辉煌成就，向人民交上一份成绩优异的答卷。

新时代要有新气象、新作为、新担当。我们必须牢固树立“四个意识”、始终坚定“四个自信”、自觉坚守“两个维护”，紧密团结在以习近平同志为核心的党中央周围，用习近平新时代中国特色社会主义思想武装自己，为决胜全面建成小康社会，夺取新时代中国特色社会主义伟大胜利，实现中华民族伟大复兴的中国梦，实现人民对美好生活的向往而努力奋斗。

（三）两种不同价值取向的政治制度设计之比较

政治制度，即政治体制，是指统治阶级为实现其阶级统治和社会管理而采取的统治方式、方法的总称，包括国家的根本性质、政权的组织形式、国家结构形式、政党制度及选举制度等。由于国家历史文化传统不同，社会制度迥异，即使是同一类型的国家，其政治制度的设计也会有一定的差异。按政权组织形式划分，有君主制、共和制、议会制和人民代表制；按党政管理权限划分，有中央集权制和地方分权制等。本节主要尝试从“以人民为中心”和“以资本为中心”两种不同价值取向制度的利弊分析中获得可资借鉴的启示。

1. 以资本为中心的西方政治制度概述

资本是一种神奇的商品，它是人类社会发展到一定历史阶段的产物。概括地说，16 世纪中期以前，自然经济占统治地位，并不存在资本。而后由于资产阶级革命的胜利，商品交换的迅猛发展，交往的不断扩大，尤其是劳动力成为商品，出现雇佣劳动关系以后，才有真正意义上的资本。追逐利润，积累资本，是资本家的天性。资本主义国家宪法明文规定，私有财产神圣不可侵犯，并据此设计了一整套维护私有财产的制度。

西方资本主义国家的政治制度具有多样性和共同性的特征。各国都根据本国政治、经济、社会发展的需要建立适合本国国情的政治制度，在具体内容上呈现出多样性。比如议会制度，在不同国家、不同时期就有不同的内容。但同时，各国在建构自己的政治制度时，由于它们拥有共同的文化渊源、思想理论，以及共同的价值观，因此，它们的政治制度又有许多共同之处。这些共同的基本特征主要表现在以下四方面。

（1）主权在民原则

“主权在民”最初是资产阶级启蒙思想家反对“君权神授”的专制思想而提出来的，是一种民主政治思想，即把国家政治权力的“授予权”从虚无神秘的天神手中转移到活生生的现实的民众手中。“主权在民”的权力观认为国家的权力来源于人民，政府是人民选举产生的，其权力是有限的、相对的。因为主权始终掌握在人民手中，只要政府的决策、行为违背人民的意愿，使权力发生异化，人民就有罢免政府官员，甚至推翻政府的权力。当初，资产阶级就是打着“主权在民”的旗号动员人民推翻专制统治的。革命胜利之后，则把这一思想写进了宪法，以彰显资产阶级政权的合法性。

（2）代议民主制原则

资产阶级民主政权建立之后，如何兑现当初反对封建专制时提出的“主权在民”的承诺？如何保障人民能够真正行使自己的权力？法国启蒙思想家卢梭主张直接民主；英国思想家洛克主张间接民主（代议制）。然而，近代资产阶级宪政实践证明，小国寡民的直接民主制在统一的多民族大国里运作成本高昂，且效率低下，难以实现。因此，英国在封建议会制的基础上，首创资产阶级代议制，并认为“议会主权”是实现“人民主权”的最佳途径，从而使代议民主制被西方国家普遍接受，成为西方资产阶级国家共同的政权组织形式。代议民主制的主要内容是由“主权在民”原则决定一切权力属于人民，但人民不是直接行使管理国家和社会事务的权力，而是通过法定程序选出代表组成议事机构来代为行使权力。因此，代议制是地方基层普选与逐级选出代表组成代议机构相结合的政权组织形式。没有普选制就没有代议制，这也是代议制区别于封建议会的根本所在。封建议会是国王委任产生的，其权力形成路径自上而下；而普选制和代议制是由人民选举形成，权力形成路径自下而上，完全废除了封建专制的特性。

（3）分权制衡原则

资本主义国家把“分权与制衡”作为制约和预防权力滥用的基本原则，在实践中，把国家的立法权、行政权和司法权分别交由不同机关行使，并且使三者之间相互制衡。三权分立的制度设计，实质上是实行“分权”与“制衡”相结合的原则。分权原则最早是由英国思想家洛克提出的，他主张把国家权力分为立法权、行政权和外交权。立法权由议会行使，行政权和外交权则由君主行使。这实际上是资产阶级和封建势力相互斗争、妥协的结果。后来法国思想家孟德斯鸠根据洛克的分权思想，把国家权力分成立法、行政和司法三权，用以防止权力被滥用。孟德斯鸠在继承洛克分权思想的基础上提出了制衡原则。

权力制衡思想虽发端于欧洲，但把它作为一种组织原则并形成制度，最典型的国家就是美国。美国虽然是实行三权分立最典型的国家，但三权交叉重叠，政府权力不断膨胀而高度集权。英国实行的是“议行一致”的分权制衡制度。议会和政府合为一体，“两个机构，一套人马”，因此，立法权与行政权不是相互制衡，而是政党、议会和政府“三位一体”，一般情况下“议行一致”。反对党在议会内对执政党的制约是英国分权制衡的特点。在法国，立法权和行政权之间的关系类似于英国。但法国是多党制国家，内阁政府由多党联盟构成，因而在关键问题上有时很难保持一致，不像英国那样“议行一致”。法国总统权力很大，总统有权决定是否解散国民议会，有权任命总理、批准总理提名的政府成员、批准总理辞职等。总统同时是最高司法会议主席。这样一来，总统居于立法权、行政权和司法权之上。总统和国民议员都由选民直接投票选举产生。总统除了受弹劾外不受任何制约。因此，法国的分权制衡制度带有明显的家长式特点。

（4）法治原则

法治就是依法治理国家，这是西方国家政治制度运行的又一项基本原则。法治思想自古有之。亚里士多德在《政治学》一书中指出，“法治应当优于一人之治”。洛克在《政府论》中对法治原则作了较为详尽的论述。他认为，法律是衡量公民行为正当与否的标准，公民在法律面前人人平等，都要平等地遵守法律和被适用法律。法律可以保障国家和社会的正常运转，没有法律的政府是不可思议的。卢梭则进一步论述了法治思想。他认为，法律是公共意志的体现，法律由代表人民意志的机关制定和修改，国家的职能是通过制定法律、执行法律来行使管理国家、管理社会的权力，法律是个人自由的限度。这些思想，奠定了资产阶级政治制度中法治原则的理论基础。

法治原则是资产阶级在反对封建专制斗争的过程中提出来的，它包含两方面意思：一是君主权力由宪法和法律明文规定，君主权力行使不能超越宪法和法律，更不能凌驾于法律之上，必须受到立法的规制和司法的监督；二是提倡法治，摒弃人治。资产阶级革命胜利以后，法治成为西方国家治国理政的主要方式，也是资本主义国家政治制度的显著特征。在政治制度中，法治原则最集中的体现就是规定宪法是国家的最高法律，一切党政机关、社会团体和个人都必须依照法律规定办事，遵循法定程序。也就是说，一个“法治”政府必须通过法律来实现其统治和管理职能。

资产阶级为了维护自己的统治地位，建立了一整套行之有效的制度体系，来保护私有财产不受侵犯，并最大限度地维护自己的既得利益。在资本主义私有制庇护之下，资本总是贪婪地榨取雇佣劳动力所创造的剩余价值，资本的终极职能就是迫使大多数劳动者的劳动成果与收获朝着反比方向发展，通过不断地增加劳动强度以及尽可能地降低劳动报酬的方式，损害劳动人民身心健康，也就是说，资本是一把“杀人不见血的刀”。

在当代资本主义社会，资本控制着一切。资本控制着公权力，资本控制着国家的经济命脉，控制着所有人的生存资源。资本像个幽灵，无缝不入，干着罪恶的勾当：控制着大多数人的生存发展轨迹，挤压公民的生存空间，掠夺资源，破坏人们赖以存在的环境，麻醉人的灵魂，扭曲人们的价值观，等等。资本能够让所有的罪恶都以合法的面目出现，因为资本主义国家的法律是由掌握资本的人制定的，理所当然是维护私有财产，保护资本不受侵犯的法律，而不是维护人类共同福祉的法律。至于资本主义国家的分权制衡，那只不过是为争夺资本而制定的游戏规则，广大劳动人民是没有资格参与其中的。

资本冷漠了人际关系，淡化了人与人之间的感情。越是在大都市，人们越是在资本的奴役下艰辛度日。同一个小区、同一栋楼房，甚至是门对门的邻里，却不知彼此姓甚名谁，真是“鸡犬之声相闻，民至老死不相往来”。资本既能把风华正茂的年轻人变成颓废无助的落魄者，也能把唯利是图的白眼狼推上国家元首的位置。

“二战”时期，英国首相丘吉尔曾有一句名言：没有永远的朋友，也没有永远的敌人，只有永恒的利益。在资本主义世界，国与国之间、国家内部党派之间、利益集团之间唯资本马首是瞻。为了积累资本，帝国主义国家疯狂开拓、争夺海外殖民地，为此不惜发动战争。两次世界大战就是为了争夺世界资本市场而发动的帝国主义列强之间的战争，给人类带来深重灾难。资本主义国家内部党派之间的竞选，实质上是大资本家利益集团之间的竞争。他们为了确保在竞选中获胜，不惜采取一切手段，包括肮脏的、卑劣的、残忍的，甚至是直接的人身攻击等。最主要的是他们为了达到竞选获胜的目的，利用各自掌握的舆论宣传机器，编造一些虚夸的、不实的信息，混淆视听，蒙蔽、愚弄、误导选民。即便是掷地有声地郑重承诺，竞选获胜后也很难兑现。他们一旦掌握了国家机器，主要还是服务于其背后的资本利益集团。无论是两党轮流执政，还是多党组阁执政，由于各自代表的利益群体不同，很难保证政策的延续性。所以，在议会中讨论重大政策或重大项目，大都效率低下，有时很难达成一致，甚至使原本很好的政策或者项目难以付诸实施。

2. 坚持以人民为中心彰显社会主义制度优势

人民情结，是毛泽东一生中最纯朴的情感，也是他政治人生的基本底色。在长期的革命和建设进程中，正是因为以毛泽东为首的中国共产党人坚持群众路线，心中时刻装着人民群众，中国革命才会取得胜利，社会主义事业才会得到人民群众的支持和拥护，这既是被历史和实践已经证明了的事实，也是历史留给我们最为宝贵的启示。

（1）坚持以人民为中心是基于中国国情和历史传统文化的必然选择

早在 1948 年，毛泽东就立足于中国实际国情，分析近代中国资产阶级议会制尝试失败的经验教训，明确指出不能搞西方式的议会制和三权鼎立，这是中国人民通过亲身实践得出的重要结论。毛泽东在《论人民民主专政》中说："人民是什么？在中国，在现阶段，是工人阶级，农民阶级，城市小资产阶级和民族资产阶级。""对人民内部的民主方面和对反动派的专政方面，互相结合起来，就是人民民主专政。"① 这就简单而明了地概括了新中国的国体。因此，即将成立的新中国必然是"在全国范围内建立无产阶级领导的以工农联盟为主体的人民民主专政的共和国"②。与之相适应，新中国政权组织形式既不能照搬苏维埃代表大会制，也不能照抄照搬西方资本主义国家的代议制或议会制，而是在解放地区先建立各界人民代表会议，然后通过普选实行人民代表大会制度。因为人民代表大会制度既能够体现新中国的一切权力属于人民，人民通过各级代表大会来行使自己的权力；又能保证国家机关迅速有效地领导和管理国家的各项工作，不至于陷入无政府状态，这是一个伟

① 毛泽东．毛泽东选集：第四卷［M］．北京：人民出版社，1991：1475.
② 毛泽东．毛泽东选集：第四卷［M］．北京：人民出版社，1991：1375.

大的创造。新中国诞生前夜，周恩来特别提道："关于国家制度方面，还有一个问题就是我们的国家是不是多民族联邦制。"他根据中华民族关系特点指出："我们国家的名称叫中华人民共和国，而不叫联邦。""我们虽然不是联邦，但却主张民族区域自治，行使民族自治的权力。"① 中国特色社会主义政治制度包括人民代表大会制度、中国共产党领导的多党合作和政治协商制度、民族区域自治制度、基层群众自治制度。这一制度设计的目的在于实现好、维护好、发展好最广大人民群众的根本利益，把以人民为中心的制度设计融入国家和社会的各个层面、每个环节。可以说，以人民为中心是贯穿中国特色社会主义政治制度的一条红线，彰显了中国共产党坚持以人民为中心的价值追求。

中国特色社会主义最本质的特征是中国共产党领导，最大优势也是中国共产党领导。这是由党的性质、宗旨和党所肩负的历史使命决定的，是被历史和实践证明了的正确的结论。形成党坚强领导下的多党合作这一个中国特色的制度优势，源于我们党始终不忘初心、永远牢记使命；坚持为人民谋幸福、为民族谋复兴；始终将以人民为中心思想镌刻在自己的旗帜上，内化于心，外化于行，从而赢得了人民群众的拥护、支持和认同。

中国特色社会主义进入新时代，党的建设面临前所未有的新情况、新问题、新挑战、新要求。以习近平同志为核心的党中央高度重视并勠力推进党的建设新的伟大工程，始终把以人民为中心思想贯穿于党的建设全过程，充分发挥党领导人民创伟业这一最大的制度优势。在深入推进全面从严治党的过程中，践行党的群众路线，大力加强党的基层组织建设和党的执政能力建设，大大提升了党把方向、谋大局、定政策、促改革的能力和定力，国家治理能力和治理成效显著提升，社会秩序良好，人民群众的获得感、幸福感、安全感更加充实。

用法治体系保证人民当家作主。人民当家作主是发展社会主义民主政治的出发点和落脚点，也是中国特色社会主义政治制度的本质特征。习近平同志指出，"发展社会主义民主政治就是要体现人民意志、保障人民权益、激发人民创造活力，用制度体系保证人民当家作主"。② 正是由于在制度设计和

---

① 周恩来．关于人民政协的几个问题［R］．1949-09-07.

② 习近平著作选读：第二卷［M］．北京：人民出版社，2023：29.

制度执行过程中始终坚持以人民为中心、切实保障人民当家作主，才能充分调动人民群众的积极性、主动性、创造性，才能将这一制度优势转化为国家治理和社会建设的效能。同时，在国家治理和社会建设中，要充分发挥法治的作用，不断加强保障人权的法治建设，确保人民依法享有广泛的权利和自由，把保障人民当家作主落实到国家政治生活和社会生活的各方面，不断满足人民群众对美好生活的需要和向往，从而凝心聚力，推动中国特色社会主义道路越走越宽广，人民当家作主制度越来越健全。真正实现党的领导、人民当家作主和依法治国的有机统一。

新中国成立 70 年来，尤其是改革开放 40 年来，“我国国家制度和国家治理体系具有多方面的显著优势，主要是：坚持党的集中统一领导，坚持党的科学理论，保持政治稳定，确保国家始终沿着社会主义方向前进的显著优势；坚持人民当家作主，发展人民民主，密切联系群众，紧紧依靠人民推动国家发展的显著优势；坚持全面依法治国，建设社会主义法治国家，切实保障社会公平正义和人民权利的显著优势；坚持全国一盘棋，调动各方面积极性，集中力量办大事的显著优势；坚持各民族一律平等，铸牢中华民族共同体意识，实现共同团结奋斗、共同繁荣发展的显著优势；坚持公有制为主体、多种所有制经济共同发展和按劳分配为主体、多种分配方式并存，把社会主义制度和市场经济有机结合起来，不断解放和发展社会生产力的显著优势；坚持共同的理想信念、价值理念、道德观念，弘扬中华优秀传统文化、革命文化、社会主义先进文化，促进全体人民在思想上精神上紧紧团结在一起的显著优势；坚持以人民为中心的发展思想，不断保障和改善民生、增进人民福祉，走共同富裕道路的显著优势；坚持改革创新、与时俱进，善于自我完善、自我发展，使社会充满生机活力的显著优势；坚持德才兼备、选贤任能，聚天下英才而用之，培养造就更多更优秀人才的显著优势；坚持党指挥枪，确保人民军队绝对忠诚于党和人民，有力保障国家主权、安全、发展利益的显著优势；坚持‘一国两制’，保持香港、澳门长期繁荣稳定，促进祖国和平统一的显著优势；坚持独立自主和对外开放相统一，积极参与全球治理，为构建人类命运共同体不断作出贡献的显著优势。这些显著优势，是我们坚定中国特色社会主义道路自信、理论自信、制度自信、文化自信的基本依据”①。全党同志“必须坚持以马克思列宁主义、毛泽东思想、邓小平理论、‘三个代表’重要思想、科学发展观、习近平新时代中国特色社会主义思想为指导，增强‘四个意识’，坚定‘四个自信’，做到‘两个维护’，坚持党的领导、人民当家作主和依法治国有机统一，坚持解放思想、实事求是，坚持改革创新，突出坚持和完善支撑中国特色社会主义制度的根本制度、基本制度、重要制度，着力固根基、扬优势、补短板、强弱项，构建系统完备、科学规范、运行有效的制度体系，加强系统治理、依法治理、综合治理、源头治理，把我国制度优势更好转化为国家治理效能，为实现‘两个一百年’奋斗目标、实现中华民族伟大复兴的中国梦提供有力保证”②。

坚持以人民为中心思想落实到实践层面，要求切实贯彻群众路线。群众路线是中国共产党在革命战争年代艰苦斗争环境中总结出来的重要领导方法和基本工作路线，是毛泽东思想活的灵魂之一。正是因为党始终坚持群众路线，并在革命实践中严格贯彻群众路线，中国革命才会取得一个又一个伟大胜利，并能够在紧要关头转危为安。正是因为我们党始终相信人民，依靠人民，革命胜利后所建立的国家才叫人民共和国，国家政权性质是人民民主专政，新中国实行人民代表大会制度，规定一切国家机关、武装力量以及司法机关名称前面都冠以“人民”二字。新中国的政治架构是中国共产党领导的多党合作和政治协商制度，国家最高权力机关是全国人民代表大会，各民族地方实行民族区域自治，并实行人民群众自我管理的基层群众自治。这就是群众路线理论在国家政权建构中的具体体现。改革开放以后，我国根据经济社会发展需要，逐步建立起以公有制为主体，多种所有制并存；以按劳分配为主体，多种分配方式并存的基本经济制度，这些制度已经是被实践反复证明的，符合中国国情的政治经济制度，有力地保障和促进了中国特色社会主义道路健康发展，彰显出巨大的政治优势。

（2）疫情防控凸显“以人民为中心”的社会主义制度优势

2020年春节开始的疫情防控阻击战的胜利再次显示出中国特色社会主义制度优势。中国共产党领导人民应对突发疫情速度之快、规模之大，实属罕

---

① 中国共产党第十九届中央委员会第四次全体会议公报［EB/OL］. 新华网，2019-10-31.

② 中国共产党第十九届中央委员会第四次全体会议公报［EB/OL］. 新华网，2019-10-31.

见，它向全世界展现了中国强大的动员能力，这是中国特色社会主义的制度优势。这种优势集中体现在以下四方面。

第一，社会主义制度能够保障人民当家作主。习近平总书记在“2·23”讲话中指出：“打赢疫情防控这场人民战争，必须紧紧依靠人民群众。”① 只有依靠人民群众，广泛动员群众、组织群众、凝聚群众，构筑群防群治的严密防线，才能打赢这场疫情防控的人民战争、总体战、阻击战。在这场史无前例、没有硝烟的战争中，人民群众听从党中央统一部署，积极配合地方政府，自我居家隔离，实行联防联控，依靠自己的力量保护自己，自觉地以主人翁姿态为战胜疫情作出贡献。每一位党员就是一面旗帜，冲在抗疫第一线；医务工作者、解放军官兵、公安干警、卫生防疫人员、社区工作者、青年志愿者坚守岗位；广大新闻工作者深入一线报道典型事迹；社会各界真诚奉献；港澳台同胞、海外侨胞捐款捐物，形成团结一心、众志成城、中华儿女并肩作战的雄壮奇观，创造了举世震惊的“中国规模”“中国速度”和“中国奇迹”。

第二，社会主义制度有利于集中力量办大事。疫情防控阻击战不仅仅是医疗卫生防疫问题，而是牵一发动全身的总体战，必须凝全国之心、谋全国之智、举全国之力、倾全国之物才能取胜；疫情防控既是同时间赛跑，又是同病毒较量，需统筹兼顾、协调各方、迅速推进，才能将损失降到最低程度，才能最大限度地保护人民群众生命健康安全。中国共产党具有强大的领导力、组织力、号召力和动员能力，党所领导的、集中统一的中国特色社会主义制度，能够发挥全国一盘棋、集中力量办大事的制度优势。全国奋勇支援武汉和湖北，火神山医院和雷神山医院的超短工期和超大规模，以及十多家方舱医院快速投入使用，充分证明了“中国速度”“中国效率”彰显所展示的集中力量办大事的“中国精神”并非神话。

第三，社会主义制度有助于实现社会公正。习近平总书记指出，“如果不能给老百姓带来实实在在的利益，如果不能创造更加公平的社会环境，甚至导致更多不公平，改革就失去意义，也不可能持续”。② 总书记的论述语重心

① 习近平关于统筹疫情防控和经济社会发展重要论述选编［M］. 北京：中央文献出版社，2020：89.

② 习近平关于社会主义社会建设论述摘编［M］. 北京：中央文献出版社，2017：28.

长，意蕴深远。社会主义制度建立的目的就是消灭人压迫人、人剥削人的不平等的一切旧制度，尤其是消灭政治虚伪、剥削隐蔽、嗜血成性的资本主义制度，继而向着人人平等、公正普惠、和谐美好的理想制度迈进，最终实现共产主义。新冠疫情发生以来，国家财政已拨款近千亿元用于抗击病毒，安抚民众。各地方政府，国有企事业单位捐款捐物，医疗事业单位出人、出技术，充分显示了社会主义大家庭一方有难、八方支援，和谐共生的民族精神。疫情防控期间，国务院决定全国收费公路免收通行费，保证运送医疗物资和复工复产道路畅通；对中小微企业免收一定期限的厂房租金，减免税收，加大对小微企业的扶持力度；民政部会同教育部出台多项措施，保障应届高校毕业生充分就业，千方百计增加农民工就业岗位。党中央强调所有惠民政策要尽可能向武汉和湖北其他地区倾斜，保障国家各项事业平稳有序恢复发展。

第四，社会主义制度有助于涵养健全的人格。社会主义制度不仅能够极大地促进物质文明建设，更加突出精神文明建设，这是资本主义制度所无法比拟的。因为在资本主义世界，一切以资本为中心，个人主义、拜金主义、自由主义思潮泛滥。人们之间缺乏亲情、友情和关爱，除了冷冰冰的物欲，没有人文关爱。为了获取超额经济利益，资本家阶级及其所豢养的政客毫无信誉可言，蛮横霸凌，甚至不惜发动侵略战争，大肆掠夺资源和财富。社会主义制度强调集体主义，坚持“以人为本”“以人民为中心”的发展理念，反对自私自利，崇尚奉献精神。社会主义核心价值观是社会主义精神文明建设的集中体现。这场抗击疫情的伟大斗争又是一次彰显社会主义精神文明的伟大实践，“宁可让床等人，也不要让人等床”“把人民群众生命安全和身体健康放在第一位”① “越是面对风险挑战，越要稳住农业，越要确保粮食和重要副食品安全”② 等，体现了以人为本、以人民为中心的根本价值立场。武汉和湖北各地是抗击疫情、展示“中国精神”的主战场：奋不顾身的爱国主义、公而忘私的集体主义、大爱无疆的奉献精神、义无反顾的革命英雄主义、坚定信心的革命乐观主义、顽强拼搏的斗争精神、同舟共济的精神风貌在这场抗击疫情阻击战中展现得淋漓尽致，彰显了繁荣发展社会主义先进文

① 习近平关于尊重和保障人权论述摘编［M］. 北京：中央文献出版社，2021：69.

② 习近平关于国家粮食安全论述摘编［M］. 北京：中央文献出版社，2023：124.

化制度的强大力量。

在此次防控战“疫”中，中国力量、中国精神、中国效率、中国速度赢得了国际社会的广泛赞誉，中国人民为了本国和世界各国人民的生命健康安全付出了巨大牺牲，作出了重大贡献。全世界 170 多个国家领导人和 40 多个国际组织负责人，向中国领导人和中国人民表达了慰问和支持，对中国抗击疫情举措及其取得的成效，以及付出的巨大牺牲予以高度肯定。世界卫生组织总干事谭德塞指出，中国强有力的举措既控制了疫情在中国境内扩散，也阻止了疫情向其他国家蔓延，为世界各国抗击疫情树立了新的标杆。总之，这场举全国之力抗击疫情的胜利，是中国共产党深入贯彻群众路线所取得的人民战争的胜利，充分显示了中国特色社会主义无与伦比的制度优势。

结论：“以人民为中心”的中国特色社会主义制度具有“以资本为中心”的资本主义私有制所无法比拟的优越性。我们不难看出人民群众是建构国家政权的基石，贯彻党的群众路线是巩固人民民主专政国家政权的必然选择。如果我们把国家比作一座宏伟的大厦，那么执政党就是总设计师和大厦的维护者、保养者与修缮者。国家的政权组织形式就构成了支撑大厦的四梁八柱。毫无疑问，人民群众就是支撑大厦的四梁八柱，乃至是填充整个大厦的一砖一瓦和奠基之石。根基不牢地动山摇，蝼蚁之穴可破千里之堤。作为长期执政的中国共产党，我们必须精心呵护好作为执政之基的千千万万人民大众，实现好、维护好、发展好他们的根本利益，果真如此，我们党的事业就会根深叶茂，繁荣昌盛。

第四章 历史时期群众路线的实践特征与时代要求

在天安门广场上，人民英雄纪念碑庄严肃穆，向后人述说着那段荡气回肠的峥嵘岁月："三年以来，在人民解放战争和人民革命中牺牲的人民英雄们永垂不朽！三十年以来，在人民解放战争和人民革命中牺牲的人民英雄们永垂不朽！由此上溯到一千八百四十年，从那时起，为了反对内外敌人，争取民族独立和人民自由幸福，在历次斗争中牺牲的人民英雄们永垂不朽！"①众所周知，这是人民英雄纪念碑碑文。碑文由毛泽东主席亲自起草，周恩来总理题写。短短三句话，123 个字，其分量却重如泰山。它浓缩了中华民族为争取民族独立、人民解放而浴血奋战的百年历程；讴歌了人民群众自己解放自己，创造辉煌历史的不朽功绩。

一、革命战争时期贯彻群众路线的重要性

（一）近代中国国情决定革命必须发动群众

群众路线内含着相辅相成的两方面，即领导者和被领导者。领导者是否贯彻群众路线，就是看其是否真正代表广大人民群众的根本利益，能不能与群众同呼吸、共命运。在革命战争年代，能否得到人民群众的衷心拥护和大力支持，将决定着战争的胜败。

1. 没有人民群众的支持，中国革命就不会成功

1840 年鸦片战争以来，帝国主义列强的坚船利炮打开了中国国门，中国几千年封建的、自给自足的小农经济遭到彻底破坏，中国社会逐步沦陷为半

① 中共中央文献研究室．周恩来年谱（一八九八—一九四八）［M］．北京：中央文献出版社，1989：843.

殖民地半封建社会，近代中国社会特征表现为：（1）封建经济基础被破坏了，但是封建剥削制度依然存在。而且封建统治阶级的官僚资本同买办资本和高利贷资本相互勾结，在中国社会经济生活中仍然占据着显著地位。（2）民族资本主义有了一定程度的发展，但它没有在中国社会经济中占据主导地位，力量渺小而软弱。它们同外国资本主义和国内封建主义有着千丝万缕的联系。（3）封建专制政权被推翻，取而代之的是以地主阶级利益为代表的军阀官僚统治，紧接着是地主阶级和大资产阶级联盟的专制政权。封建势力是中国最反动、最腐朽的势力，是帝国主义统治中国的主要工具和社会基础。（4）帝国主义国家不但操纵着中国的财政和经济命脉，还操纵着中国的政治和军事。帝国主义的侵略是近代中国一切灾难的总根源，是中国经济社会发展的主要障碍。（5）由于中国幅员辽阔，长期处于许多帝国主义国家统治和半统治之下，而且军阀割据分而治之，所以中国经济、政治和文化发展极端不平衡。（6）由于受帝国主义、封建主义和官僚资本主义三重压迫，中国人民的贫困和不自由程度，是世界少有的。

中国社会半殖民地半封建社会性质和复杂的社会现实，使原先单一的地主阶级和农民的矛盾开始转变为帝国主义与中华民族之间的矛盾以及封建主义与人民大众之间的矛盾。而帝国主义与中华民族之间的矛盾逐渐成为各种社会矛盾中最主要的矛盾，而且这两大主要矛盾的发展是不平衡的。当列强发动大规模侵华战争时，帝国主义与中华民族之间的矛盾便上升为主要矛盾。近代中国的社会性质和社会矛盾决定了中国民主革命的历史任务：一是争取民族独立、人民解放；二是实现国家富强、人民幸福。

纵观中国几千年封建王朝发展史，只不过是毫无重大意义的朝代更迭，即一个朝代没落，随之另一个朝代兴起，但封建社会性质和封建专制制度没有发生根本性变化，社会经济制度依然是自给自足的自然经济，社会发展几乎处于停滞的状态。到了清末，在西方列强的炮舰震慑和铁蹄践踏下，中国一步一步沦为了半殖民地半封建社会。

1840 年鸦片战争以来，无数仁人志士抛头颅，洒热血，漂洋过海，披荆斩棘，寻求救国救民的真理和方案。经过两次鸦片战争的惨败和屈辱后，为解决封建统治阶级所面临的一系列内忧外患，清政府内部出现了洋务派。洋务派在中央以奕䜣为代表，在地方以曾国藩、李鸿章、左宗棠、张之洞为代表。他们在与帝国主义和谈、镇压人民起义的过程中，同时认识到列强船坚炮利和精良技术的先进性，因此，他们主张用西方先进的科学技术强国安邦，维护清朝岌岌可危的脆弱统治。洋务运动实质上是清朝封建统治集团内部开明之士为维护封建统治而倡导的自强改革运动，是中华民族与帝国主义之间民族矛盾不断激化的必然产物。

洋务运动失败后，清政府统治危机愈益严重，财政赤字越来越大，阶级矛盾和社会矛盾激化，民族危机加深，帝国主义列强趁机掀起了瓜分中国的狂潮。以康有为和梁启超为首的改良主义者寄希望于光绪皇帝来进行资产阶级政治改良，史称“维新变法”。维新变法是一场自上而下的资产阶级政治改良运动。他们希望通过变法在中国发展资本主义经济，实行君主立宪制，但最终被顽固的封建势力扼杀。从根本上来说，洋务运动和戊戌变法都是由地主阶级领导的向西方学习的革新运动，旨在维护封建统治的自救运动，但这些运动不能代表也不可能代表广大人民群众的利益，人民群众仍然摆脱不了受剥削受压迫的命运，更不可能在真正意义上挽救中国，因此，它们是违背历史发展规律的，其失败也是注定的。

太平天国农民运动和义和团运动，是中华民族同帝国主义以及人民大众同封建主义矛盾发展的结果。两大运动虽然得到了广大人民群众的支持，但由于农民阶级封建的小农思想的局限性，其缺乏科学理论作指导，又没有先进而坚强的领导者，所以不可能完成反帝反封建的历史重任，最终摆脱不了被中外反动势力联合绞杀的命运。1901 年，清政府被迫同英、法、美、德、日、意、奥等国签订了丧权辱国的《辛丑条约》。《辛丑条约》的签订给清政府和中国人民增加了更加沉重的负担，严重损害了中国主权。清政府完全沦为帝国主义统治中国的工具，中国社会完全堕入半殖民地半封建社会的深渊，中国人民处于水深火热之中。面对这种严峻的社会现实，毛泽东曾感叹地说：“教育未行，民智未启，多数之湘人犹在睡梦。号称有知识之人，又绝无理想计划。”“政治界暮气已深，腐败已甚，政治改良一途，可谓绝无希望。”①

1911 年 10 月，武昌起义爆发，国民革命军英勇奋战，所向披靡，迅速占领了湖北重镇武昌。革命党人改国号为“中华民国”，推举孙中山为中华民国临时大总统，这就是历史上的“辛亥革命”。孙中山领导的辛亥革命，

① 毛泽东．毛泽东早期文稿［M］．长沙：湖南出版社，1990：548.

在中国近代史上第一次把反帝和反封建这两大历史任务结合起来，揭开了中国民主革命的序幕。他主张用资本主义土地所有制代替封建土地所有制，推翻了两千多年的封建专制制度，沉重打击了帝国主义的嚣张气焰，使民主共和观念深入人心。辛亥革命打开了中国社会进步的闸门，使中国社会呈现出生机勃勃的景象。然而，辛亥革命的性质是反帝反封建的资产阶级民主革命，资产阶级民主革命的基础是民族资产阶级。由于民族资产阶级具有妥协性和软弱性的两面性，辛亥革命最终以同旧的反动势力的妥协而告终，革命果实被北洋军阀篡夺，因此，帝国主义和封建势力依然在中国盘根错节，中国人民依旧生活在落后、贫穷、动荡、混乱、分裂的苦难深渊中。这次革命虽然没有改变中国半殖民地半封建社会的性质，但为继之而来的新革命风暴开辟了道路。一部近代中华民族的抗争史表明：无论是不触动封建统治根基的自强运动和改良主义，还是旧式的农民战争，抑或是资产阶级领导的民主革命，以及其他照搬照抄西方资本主义的种种方案，在近代中国都是行不通的，都不可能完成救亡图存的反帝反封建的民族民主革命任务。中国人民期待着新的社会力量，寻求新的先进理论，以开辟救国救民的新道路。

“认清中国社会的性质，就是说，认清中国的国情，乃是认清一切革命问题的基本的根据。”① 所以中国近代革命的主要对象是外来帝国主义和本国封建主义，革命的性质是资产阶级民主革命。帝国主义的侵略是中国近代一切灾难的总根源。帝国主义操纵了中国社会，而封建统治者为了维护自己利益和国外帝国主义勾结在一起。所以，只有最广泛地团结各民族、各阶层、各党派人民群众，同帝国主义列强和本国封建统治者作最坚决的斗争，中国革命才能取得最终成功，中华民族才能实现独立，人民才能获得解放。

2. 新民主主义革命是无产阶级领导的人民大众的革命

1915 年陈独秀在上海创办的《新青年》出版，标志着新文化运动的开始。新文化运动高举“民主”和“科学”大旗，提倡民主，反对独裁专制；提倡科学，反对迷信盲从；提倡新道德，反对旧道德；提倡新文学，反对旧文学。运动将斗争矛头直指尊孔复古的逆流。中国先进知识分子又一次掀起学习和传播西方各种新思想、探求救国救民的真理和改造中国社会的各种新方案的热潮。俄国十月革命胜利后，马克思主义传入中国，他们经过反复分

① 毛泽东．毛泽东著作选读：上册［M］．北京：人民出版社，1986：323.

析、实验、比较后，最终决定接受科学社会主义理论。他们认识到只有唤醒、动员、团结所有受剥削受压迫的无产阶级劳苦大众，用“阶级斗争”和“无产阶级专政”的办法，才是改造现实世界之对症良方。

1919年5月4日，北京三千多名学生在天安门广场前举行游行示威，拉开了轰轰烈烈的“五四运动”的序幕。“五四运动”是一次彻底的反帝反封建的民主爱国运动。在这次运动中，中国无产阶级开始以独立的姿态登上政治舞台，表现出伟大的革命力量，中国先进知识分子在此次运动中起到了重要的引领作用。陈独秀、李大钊等人，深刻总结辛亥革命失败教训，主张从根本上改造国民性。中国先进分子通过反复比较研究后，最终选择了马克思、恩格斯的科学社会主义理论作为改造中国社会和国民思想的先进武器，提出走俄国人的路，并根据列宁同志的建党学说组建中国共产党。自从有了中国共产党，中国革命的面貌就焕然一新。

相较于中国近代各个不同阶级所领导的救国救亡运动来说，中国共产党第一次明确提出了反帝反封建的民主革命纲领，为中国人民指示了明确的斗争方向和奋斗目标。中国共产党作为无产阶级先锋队，它的全部活动都是为工人阶级和人民大众谋利益，是为人民的解放事业而服务的。它敢于坚持真理，修正谬误，相信群众、发动群众和依靠群众。中国共产党倡导并始终坚持群众路线的革命方法，这是资产阶级和小资产阶级政党，包括其他任何政治派别都没有也不可能做到的。它解决了其他党派、团体所解决不了的中国革命的对象和动力问题，采用了其他党派、团体所没有采用过的依靠群众自己解放自己的革命办法。种种情况说明，中国共产党能够真正胜任担当起领导中国革命的历史重任，中国共产党和中国人民选择马克思主义拯救中国是历史发展的必然性。中国革命的历史和实践证明，资产阶级共和国的方案不适合中国国情，不符合中国人民的意志，不为中国人民所欢迎，也是中国国内封建势力所不允许的。总之，中国民族资产阶级的软弱性和妥协性从根本上决定了资产阶级共和国方案在中国行不通。中国共产党政策的正确性及其领导的中国革命的不断胜利，促使民族资产阶级放弃了“第三条道路”并加强与中国共产党合作。资产阶级的共和国方案让位于人民民主专政的共和国是近代中国历史发展的必然。

由此可以看出，中国共产党的诞生，适应了近代以来中国社会进步和革命发展的客观形势，是近代中国历史选择的必然结果，是中国人民选择的必然结果。

（二）党的性质和党员出身决定了党和群众骨肉情深

党章开宗明义规定了党的性质，即“中国共产党是中国工人阶级的先锋队，同时是中国人民和中华民族的先锋队，是中国特色社会主义事业的领导核心，代表中国先进生产力的发展要求，代表中国先进文化的前进方向，代表中国最广大人民的根本利益。党的最高理想和最终目标是实现共产主义”①。党的性质是党的最本质的特征，是无产阶级政党区别于其他政党的根本标志。坚持党的工人阶级先锋队性质和党的宗旨是党的建设的根本问题，它直接关系到党的前途和命运。其中，党的性质问题是党的建设的核心问题，它决定着党组织及党的全部活动的方向。只有坚持党的工人阶级先锋队性质，并按照工人阶级先锋队的先进性要求建设党，才能牢牢把握党的建设正确方向和明确目标，党才能始终保持先进性和纯洁性的本色。否则，党的阶级基础就会发生动摇，党的指导思想、宗旨、组织原则、奋斗目标等都将改变，党也会随之发生质变。

党的性质的确立不是凭空杜撰的，它有着特殊的社会背景和深厚的阶级基础。也就是说，半殖民地半封建的社会现实，中国无产阶级和广大农民受剥削和受压迫的严重程度，决定了绝大多数中国共产党党员都是出身于革命的无产者——工人阶级及其同盟军农民阶级。中国共产党是马克思列宁主义与中国工人运动相结合的产物。中国先进知识分子是连接工农劳苦大众的桥梁和纽带。中国共产党早期组织首先是由陈独秀在上海建立的，各地共产党组织名称不一，有的叫“共产党”，也有叫“共产党支部”或“共产党小组”的，但它们的性质相同，都是中国共产党早期的地方组织，后来被通称为“共产主义小组”。各地共产主义小组成立后，有组织、有计划地研究和宣传马克思主义，批判各种非马克思主义思潮。它们创办工人刊物，开办工人学校，领导工人成立工会，开展工人运动，发展工人党员，进一步促进了马克思主义同中国工人运动的结合。

受俄国十月革命的影响和共产国际的指示，中共“一大”确立党的中心任务是组织工人阶级，领导工人运动。因此，从1921年中国共产党成立到

① 中国共产党章程［M］．北京：人民出版社，2017：1.

1927年年底国民革命失败，我们党的工作重心一直集中在中心城市。中国共产党成立之初，组织领导了1922年1月到1923年2月的第一次工人运动。大革命失败后，中共发动了南昌、秋收、广州等武装起义。当攻占敌人统治力量强大的广州、长沙等大城市受挫时，我们党才认识到“城市中心”道路在我国行不通，不符合我国具体国情。为了积蓄力量，保存实力，毛泽东率领秋收起义保存下来的革命队伍走上井冈山，随后，同朱德率领的南昌起义余部共同创建了井冈山革命根据地，点燃了“工农武装割据”的星星之火。毛泽东及时总结了井冈山革命斗争的经验，提出了中国革命要走以农村包围城市，最后夺取全国政权的革命道路。这说明我党的工作重心开始由城市向农村转移。此后，虽然由于王明的“左”倾错误导致了第五次反“围剿”的失败，但在抗日战争中，我们党仍然把工作重心放在广大农村，开辟敌后战场，建立敌后抗日根据地，从而有力地推动了抗日战争的顺利发展。解放战争时期，三大战役的胜利更加彰显了党领导人民战争的巨大力量，说明战争的伟力蕴藏于民众之中，群众路线是党的生命线。

从上述历史背景和革命发展历程可以看出，中国共产党党员大多来自城市工人阶级和广大农民。这就决定了我们党和工农群众有着天然的血浓于水的骨肉亲情。这种感情，越是在革命危急关头，愈益表现得更加浓烈。

（三）严峻的革命形势和艰苦的战争环境要求党必须密切联系群众

中国是一个具有五千年悠久历史的农耕文明国度，历朝历代统治者都励精图治，渴望江山永固，代代相传。但最终绕不开“其兴也勃焉，其亡也忽焉”的历史周期律。究其原因，是失去民心所致。历代君王艰苦创业时，卧薪尝胆，南征北战，与人民群众同甘苦、共患难，一旦江山稳固，则一代一代变得昏庸无道、奢靡腐化，逐渐脱离群众以至于最终被人民群众所唾弃。

历史是一面镜子。中国革命所面临的敌人异常强大，决定了中国共产党必须领导广大人民群众（主要是农民），团结一切可以团结的力量，去推翻帝国主义、封建主义和官僚资本主义的统治。革命战争年代，在白色恐怖笼罩之下，星星之火之所以能形成燎原之势，主要依靠的是农民群众的拥护和支持。

早在国民革命时期，中国共产党就重视在农民群众中的思想政治工作，在北伐战争期间注重组织群众、动员群众，宣传引导农民运动。“农民问题乃国民革命的中心问题，农民不起来参加并拥护国民革命，国民革命不会成功；农民运动不赶速地做起来，农民问题不会解决；农民问题不在现在的革命运动中得到恰当的解决，农民不会拥护这个革命。——这些道理，一直到现在，即使在革命党里面，还有许多人不明白。"① 从这里可以看出，以毛泽东同志为代表的早期中国共产党人，已经意识到中国革命的主要力量是农民阶级（或者说工农联盟），而不是其他阶级。这也是中国共产党群众路线思想在革命实践土壤中的最初萌芽。这一时期，由于国民党在全国范围内影响依然巨大，年幼的中国共产党力量薄弱，加上陈独秀主张“二次革命”时，主动放弃无产阶级领导权，中国共产党没能在广大农民运动中建立起强有力的领导组织，更没有建立起自己的军队。所以，在国民党公开叛变革命以后，中国共产党无力有效应对反革命的疯狂捕杀，只能任由宰割，其教训是惨痛的。

从我们党的奋斗历程来看，1922 年召开的中共二大，首次对党的群众工作提出了笼统性要求，而群众路线概念的提出及其工作路线的具体运用，则是在红军初创时期，也就是土地革命战争时期提出来的。之所以在这个时候提出群众路线问题，是因为 1927 年 9 月毛泽东领导发动的秋收起义失败了，之后，这一支农民部队上了井冈山，和朱德率领的八一南昌起义的余部共同创建了中国第一个农村革命根据地。在四周都是白色恐怖，条件极为艰苦的井冈山地区，我们的党、我们的红军与人民群众保持着一种什么样的关系？如果这个问题处理不好，得不到很好的解决，那么，农村革命根据地就根本谈不上存在，更谈不上建设、巩固和发展。

从党的文献资料来看，最早使用群众路线这个概念的人是李立三、周恩来、毛泽东等。1928 年 6 月至 7 月间，在莫斯科召开的中共六大明确指出：“争取群众是现实的总路线”，“党要用一切力量去加紧团结收集统一无产阶级的群众，使他们围绕党的主要口号，做极巨大的组织工作，以巩固革命工会、农民协会，尽可能地领导日常经济政治斗争，以发展工农与群众组织”②。1928 年 11 月，李立三在和浙江地区党的负责人谈话中指出：“在总

① 中共中央文献研究室．毛泽东文集：第一卷［M］．北京：人民出版社，1993：37.
② 中央档案馆．中共中央文件选集：第四册［M］．北京：中共中央党校出版社，1989：314.

的争取群众路线之下，需要竭尽最大的努力到下层群众中去。”① 这是党的历史文献中最早明确使用群众路线概念的文字记录。1929 年，“九月来信” 提出肃反、筹款、经济等项工作要 “经过群众路线” 的思想，表明党对发动群众、争取群众的重要性有了进一步具体的认识。广大农民群众在中国革命中的地位和作用也明显上升。毛泽东在谈到群众工作的时候，他就组织群众、宣传群众、发动群众、关心群众、相信群众、依靠群众、教育群众等一系列问题，阐述得非常详细、非常精辟、非常丰富。毛泽东在 1929 年 12 月为红四军的第九次代表大会起草的决议中强调：“红军是一个执行革命的政治任务的武装集团，红军绝不是单纯地打仗的，它除了打仗以外，还要担负宣传群众、组织群众、武装群众、帮助群众建立革命的政权，以至于建立共产党组织的等项重大的任务。”② 他批评了在红四军中有一些人存在着的单纯军事观点，忽视了军队中政治领导和政治工作的关系、军事工作系统与政治工作系统的关系、红军和人民群众的关系。“九月来信” 和古田会议决议为党的群众路线的形成奠定了坚实的政治基础。尤其是古田会议决议，不仅强调着重思想上建党、加强思想政治工作和确立了党对军队的绝对领导权，还闪耀着相信群众、依靠群众、发动群众的思想光芒。此后，中国共产党在长达 10 年的土地革命战争中，在当前的形势和条件极不利于党同反革命势力作斗争的情况下，党在国统区保存实力成为其中心任务，广泛地开展群众运动，做实群众工作，尽可能多地争取群众。实践证明，党只有切实地帮助群众解决实际困难，把群众的事情当作自己的事情去办，才能赢得群众的支持、信任和拥护。

震惊中外的二万五千里长征的胜利就是中国共产党坚持群众路线的胜利。长征既是对红军将士勇气、意志和力量的考验，也是对党的群众路线贯彻成效的检验。在这场艰难险阻的万里行军中，红军将士披荆斩棘、浴血奋战、勇往直前，沿途播撒革命的种子，广大群众慷慨解囊、踊跃参军，充分展示了党贯彻群众路线、密切党群军民关系的巨大威力。在滇川边界的皎平渡口，中央红军紧紧依靠 36 名船工，经过 7 天 7 夜拼搏，安全渡过了金沙江；红军进攻云南会泽时，各族群众喊话助威，有效瓦解了国民党守军的负

① 陈燕楠．党的群众路线研究［M］．北京：人民出版社，2014：28.

② 中共中央文献研究室．毛泽东文集：第一卷［M］．北京：人民出版社，1993：37.

隅顽抗；长征途中，仅四川参加红军的各族青年达到 4.5 万多人……贺龙元帅在总结红军长征经验时指出：国民党军队靠飞机大炮。我们红军靠什么呢？靠群众。人民群众拥护我们，我们就能立于不败之地。面对无数艰难险阻，党和红军没有屈服，人民没有退缩。因为党领导的军队深深根植于人民群众之中，从群众中汲取无穷无尽的力量，最终创造出彪炳史册、光耀千古的战争奇迹，凝聚成钢铁意志般的长征精神。

1937 年 7 月全面抗战爆发，毛泽东同志指出，“十年内战时期的经验，是现在抗战时期的最好的和最切近的参考。但这是指的关于如何联系群众和动员群众反对敌人这一方面，而不是指的策略路线这一方面”①。就是说八路军和新四军如何联系群众和动员群众反对日本帝国主义的侵略是可以借鉴土地革命战争时期贯彻群众路线的经验的。诞生于土地革命战争时期的群众路线在抗战时期得到了充分发展，继而指导开展敌后抗日游击战、根据地建设、建立抗日民族统一战线等各项工作，并不断在抗日战争实践中使这一理论得到升华而逐渐趋于成熟。抗战期间，党的群众路线走向成熟的标志，第一就是提出人民群众是历史的创造者、相信群众、依靠群众的历史唯物主义观点。第二就是提出了全心全意为人民服务的思想，并将其视为“党的宗旨”。这样，群众路线就有了政治灵魂。第三就是提出了“从群众中来，到群众中去”的根本路线和领导方法，实现了党的根本路线、领导方法与党的群众观点的有机统一，使党的群众路线理论更具科学性、实效性。毛泽东同志指出：“‘三个臭皮匠，合成一个诸葛亮’，这就是说，群众有伟大的创造力。中国人民中间，实在有成千成万的‘诸葛亮’，每个乡村，每个市镇，都有那里的‘诸葛亮’。我们应该走到群众中间去，向群众学习，把他们的经验综合起来，成为更好的有条理的道理和办法，然后再告诉群众（宣传），并号召群众实行起来，解决群众的问题，使群众得到解放和幸福。”② 第四是深刻阐述了群众路线与实事求是的关系，使群众路线理论上升到哲学高度，即群众路线不仅是科学的领导方法，而且是马克思主义的认识论。强调人民群众的实践活动是正确认识的来源，是检验真理的标准。这些都标志着群众

---

① 中共中央文献研究室．建党以来重要文献选编（1921—1949）：第 18 册［M］．北京：中央文献出版社，2011：186.

② 毛泽东．毛泽东选集：第三卷［M］．北京：人民出版社，1991：933.

路线在理论上的成熟。正是因为共产党人在抗战中坚持了群众路线，积极动员群众、联系群众、团结群众、依靠群众，激发出群众巨大的抗战热情。中华儿女众志成城、共御外侮，为祖国而战、为民族而战、为尊严而战，汇聚起气势磅礴的力量，从而为中国全面夺取抗战胜利提供了强大的力量支撑。

七十多年前，在中国共产党领导下，中国人民经过十四年艰苦卓绝的浴血奋战，打败了日本帝国主义，赢得了中国近代史上反抗外来侵略的第一次彻底胜利。中国之所以能够在敌我力量悬殊的情况下取得完全胜利，与我们党始终坚持群众路线、动员和依靠广大人民群众有着密切关系。正如毛泽东同志所说的："战争的伟力之最深厚的根源，存在于民众之中。"①

解放战争时期，中国共产党继续贯彻群众路线，开展了一系列卓有成效的群众工作。主要有：坚持以维护人民群众的根本利益为中心，进一步争取民心；在解放区掀起土地改革运动，调动广大群众生产和革命积极性；在国统区领导群众运动，形成对国民党专制统治的"第二条战线"；大力加强党的自身建设，密切党同人民群众的血肉联系。由此可见，党的群众路线在解放战争时期发挥了十分重要的作用，是党领导军民攻坚克难、克敌制胜的重要法宝。

二、社会主义建设时期贯彻群众路线的特殊性

中国是一个多民族的文明古国，其历史发展规律表现为"分久必合，合久必分"，这种分分合合的历史进程实际上是在人民群众拥护还是不拥护、赞成还是不赞成、答应还是不答应的历史逻辑中演绎变迁的。延安时期，民主人士黄炎培先生在与毛泽东的谈话中提出了关于"历史周期律"的"窑洞之问"这样一个重大政治问题，以古鉴今。实际上这也是关心中华民族前途命运的有识之士经常思考的问题：中国共产党夺取政权后，会不会居功自傲、骄奢淫逸、腐化堕落、脱离群众，重蹈"其兴也勃焉，其亡也忽焉"的历史覆辙呢？毛泽东回答：不会的。因为中国共产党找到了解决这个问题的最好办法，那就是让人民来监督政府。让人民起来监督政府，就是实行人民民主，坚持人民民主专政在实际具体工作中表现为切实贯彻好党的群众路线。

① 孙祚民．中国农民战争问题论丛［M］．北京：人民出版社，1982：236.

（一）人民群众的革命热情和对共产主义的热切向往

新中国成立初期，党为了巩固新生的人民政权，领导人民进行了轰轰烈烈的社会主义革命和大规模的土地改革，并颁布和实施了新中国第一部宪法，把党领导人民长期革命的成果以根本大法的形式予以确认，让人民群众在政治上和经济上都享有前所未有的获得感，从而充分地激发了亿万人民群众进行社会主义革命和社会主义建设的巨大热情。

1. 激昂澎湃的社会主义革命热情

1949 年 10 月 1 日中华人民共和国成立，拉开了中国现代史的序幕。从此，一部中华人民共和国国史就是一部社会主义革命和社会主义建设的历史。面对在战争废墟上建立起的一穷二白的新中国和人民对未来美好生活的憧憬渴望，毛泽东指出："我们要保持过去革命战争时期的那么一股劲，那么一股革命热情，那么一种拼命精神，把革命工作做到底。"① 这段话，使人民群众精神振奋，斗志昂扬，为社会主义革命和建设增添了无穷的力量。

从 1949 年到 1956 年的七年间，是中国共产党领导全中国人民继续完成新民主主义革命任务，巩固革命成果，取得社会主义革命和社会主义改造决定性胜利的历史阶段；是实现由新民主主义社会向社会主义社会过渡的历史阶段；也是巩固人民民主专政的国家政权和社会主义制度逐步确立的历史阶段。这一时期又可分为两个阶段，即前三年主要是争取祖国统一、巩固国家政权、没收官僚资本、恢复国民经济，同时进行了土地改革、抗美援朝、镇压反革命等运动，继续完成新民主主义革命遗留下来的历史任务。在人民内部也进行了无产阶级与民族资产阶级之间的限制与反限制斗争，这些斗争集中体现在"三反""五反"运动中。后四年主要在过渡时期总路线指引下发展国民经济，制定并实施第一个五年计划；开展对农业、手工业和资本主义工商业的社会主义改造；制定《中华人民共和国宪法》。到 1956 年第一个五年计划主要指标已经基本完成，全国绝大部分地区初步建立起以公有制（全民所有制和集体所有制）为主体的社会主义制度。"三大改造"的顺利完成标志着社会主义制度在我国基本上建立起来，全国人民为即将全面开展的社会主义建设运动欢呼雀跃。

---

① 中共中央文献研究室．毛泽东文集：第七卷［M］．北京：人民出版社，1999：285.

经过多年艰苦战争生活后，一旦进入和平建设环境，一些党员领导干部没有牢记毛泽东当年提出的“两个务必”的警示，经不起资产阶级“糖衣炮弹”的攻击，抵挡不住腐朽思想和生活方式的诱惑，逐渐腐化堕落，严重脱离群众，最终成为党、国家和人民的罪人。新中国“第一大案”——刘青山、张子善案件，就是在新中国成立初期“三反”运动中查处的一起党的高级领导干部严重贪污盗窃国家资财的典型案件。党中央对刘青山、张子善的严肃处理，也给新中国其他党政干部，尤其是党的高层领导干部及时地敲响了警钟，这在很大程度上预防了党的机体遭受资产阶级思想的侵袭，维护了党群干群关系的神圣性和严肃性，也使党的群众路线得以正确地贯彻落实、继承弘扬。

2. 人民群众对新社会的热爱和对未来共产主义的热切向往

从新中国成立到十一届三中全会召开的近三十年期间，以毛泽东为代表的中国共产党人，坚持独立自主、自力更生、艰苦奋斗、勤俭建国的方针，努力探索一条适合本国国情的社会主义建设道路，并在实践中取得了显著成就。尤其是新民主主义革命的胜利、社会主义革命和社会主义改造的顺利完成，大大增强了中国共产党人的信心，人民群众建设社会主义的热情也空前高涨。

事实上，新中国一成立，党中央就采取了社会主义革命和社会主义建设并举的方针。新中国成立初期，随着大陆绝大部分地区基本解放和土地改革、抗美援朝、镇压反革命三大运动的全面胜利，人民民主专政的政权根基更加牢固。党领导全国各族人民，采取了多种有力措施，大力恢复发展生产，振兴经济。1956 年中共八大作出正确判断：社会主义改造基本完成以后，国内主要矛盾已经不再是工人阶级和资产阶级的矛盾，而是人民群众对于经济文化迅速发展的需要同当前经济文化不能满足人民需要之间的矛盾。这一矛盾就其实质而言，在人民政权得到巩固，社会主义制度已经建立的情况下已经表现为先进的社会主义制度同落后的社会生产之间的矛盾。解决这个矛盾的根本办法就是大力发展社会生产力，进行大规模的经济建设，以满足人们物质文化生活的需要。为此，大会作出必须把党和国家工作重心迅速地转移到社会主义建设上来的重大战略决策。

1958 年到 1960 年，“大跃进”运动造成严重的经济困难，成为党探索社会主义建设道路中的一次严重失误和深刻教训。为了克服当时面临的经济困难，党中央总结经验教训，从1961年开始对国民经济进行“调整、巩固、充实、提高”。以毛泽东为首的老一辈革命家勇于修正错误，坚持理论联系实际，密切联系群众，大兴调查研究之风。全国人民同心同德、同甘共苦、同舟共济、自力更生、艰苦奋斗，表现出战天斗地的大无畏英雄主义气概，迸发出建设社会主义的巨大精神力量。邓小平同志曾深有感触地说：“在艰难的时候，人们都很守纪律，照顾大局，把个人利益放在集体利益当中，放在国家利益、社会利益当中，自觉地同国家一道来渡过困难。1959年开始的三年困难时期就是这样度过的。”① 这就在很大程度上表明，中国共产党是值得人民拥护和信赖的党，党在革命时期创造的群众路线这个法宝，在社会主义建设时期依然发挥着重大作用。

经过一年的调整，形势虽有好转，但困难依旧重重。为了进一步总结经验，统一全党认识，加强团结，并坚决执行“八字方针”，中共中央决定在北京召开由7000人参加的扩大的中央工作会议，通常被称为“七千人大会”。毛泽东在会上所作的报告把大会推向高潮，他特别强调了贯彻民主集中制的重要性，指出“党委的领导是集体领导，不是第一书记个人独断，在党委会内部，不能搞‘一言堂’，而要实行民主集中制，第一书记同其他书记和委员的关系，是少数服从多数。……凡是重大问题的决策，要进行集体讨论，认真分析各种情况，听取不同意见，在充分讨论的基础上进行表决”②。会上毛泽东自觉地、主动地作了自我批评，承认自己在经济方面，尤其在工商业方面没有其他同志懂得多，并主动承担几年来工作失误的责任。他说，既然做了第一书记，对于工作中出现的缺点和错误，要敢于承担责任。“不负责任，怕负责任，不许别人讲话，老虎屁股摸不得，凡是抱有这种态度的人，十个就有十个要失败。”③ 毛泽东还强调指出，掌握社会主义经济建设规律还需要很长时间，不能太急。“中国的人口多、底子薄，经济落后，要使生产力很大地发展起来要赶上和超过世界上最先进的资本主义国家，没有一百多年的时间，我看是不行的。也许只要几十年，……三百几十年建设了强大的资本主义经济，在我国，五十年内外到一百年内外，建设起

① 邓小平．邓小平文选：第二卷［M］．北京：人民出版社，1994：217，233.
② 周振国，于云志．毛泽东领导哲学［M］．石家庄：河北人民出版社，1993：91.
③ 赵云献．毛泽东建党学说论：下［M］．北京：人民出版社，2003：1152.

强大的社会主义经济，那又有什么不好呢?”① 随后，党和国家主要领导人，以及各省委、部委负责人都主动做了自我批评。在充分发扬民主、广泛开展批评和自我批评、保持谦虚谨慎态度的氛围中，七千人大会取得了圆满成功。会议结束后，陈云就指出：“这次大会取得了非常大的胜利，不要估计低了。只要有勇于开展批评和自我批评这一条，坚持真理，改正错误，我们共产党就将无敌于天下。”② 这就充分说明，以毛泽东同志为首的第一代中央领导集体在探索社会主义道路的过程中，还是敢于坚持使用批评和自我批评这个锐利的思想武器的，能够坚持实事求是的思想路线来发展社会主义国民经济，并想方设法让人民群众吃饱穿暖，过上好日子。

从1957年到1966年的十年间，国家在经济、文化、科技、教育等领域还是取得了喜人的成就。譬如，建立了相对独立完善的工业体系、两弹一星研制成功、人工合成牛胰岛素结晶、教育质量大幅度提高等。尤其值得注意的是，这些成就的取得，完全是在国际国内巨大压力下，通过自力更生艰苦奋斗实现的，中国人民在中国共产党领导下，依靠自己的力量，顶住内外压力，战胜各种困难，表现出非凡的英雄主义气概和高昂的乐观主义精神。这些惊人的丰功伟绩和宝贵的精神财富已经载入光辉史册，永远激励后来者学习、值得人们怀念和敬仰。正如党的十一届六中全会通过的《关于建国以来党的若干历史问题的决议》指出的：“我们现在赖以进行现代化建设的物质技术基础，很大一部分是此期间建设起来的；全国经济文化建设方面的骨干力量和他们的工作经验，大部分也是在这个时期培养和积累起来的。这是此期间党的工作的主导方面。”③ 邓小平的这段话说明，尽管我们党在探索社会主义建设道路上走过弯路，但我们党还是能够坚持实事求是的思想路线，及时纠正了谬误；还是能够紧密团结广大人民群众，最终赢得人民群众的理解、拥护和支持。而且，这一时期的成绩是主要的、占主导地位的方面。

（二）党的政治路线转向和对社会主义认识的误区

1957年，一五计划经济建设指标一般都大幅度地超额完成。但随着国民

① 中共中央文献研究室．毛泽东文集：第八卷［M］．北京：人民出版社，1999：302.

② 中共中央文献研究室．陈云文选：第三卷［M］．北京：人民出版社，1995：187.

③ 沈云锁，潘强恩．共产党通史：第三卷：下册［M］．北京：人民出版社，2011：861.

经济的逐渐好转和人民生活水平的逐步改善，党内部分同志有脱离生产劳动、脱离群众的危险和倾向。1957 年 4 月，中共中央发出毛泽东起草的《关于整风和党政主要干部参加劳动的指示》，要求县级以下党政主要领导干部每年都要抽出一部分时间参加生产劳动。“这样一来，党和群众就打成一片了，主观主义、官僚主义、老爷作风，就可以大为减少，面目一新。”① 在这次整风中，党中央明确要求，“为了加强党同广大劳动人民的联系，彻底改变许多领导人员脱离群众的现象，在进行整风运动的同时，应该在全党提倡各级党政军有劳动力的主要领导人员以一部分时间同工人农民一起参加体力劳动的办法，并且使这个办法逐步地形成一种永久的制度”②。但由于极少数资产阶级右派分子乘机向党和新生的社会主义制度大肆进攻，以至于中共中央不得不发动了反右派斗争。

此后，随着反右派斗争的进一步深入，逐步改变了中共八大关于我国社会主要矛盾的科学论断，认为无产阶级和资产阶级的矛盾、社会主义道路和资本主义道路的矛盾仍然是当前我国社会的主要矛盾，党和国家的工作重心又开始转移到阶级斗争上来。后来，随着中苏关系的恶化，我国周边国际局势进一步趋于紧张，中共中央对世界战争形势估计过于严重，“左”倾错误思想逐步占据主导地位，最终导致了“文化大革命”的发生，给党、国家和人民带来严重的损失。

（三）进行社会主义建设必须正确处理人民内部矛盾

人民内部矛盾是社会主义阶段最主要的矛盾。社会主义革命和社会主义建设时期，贯彻群众路线最主要的任务之一就是正确解决人民内部矛盾，调动一切积极因素，为社会主义建设服务，以解决人民群众日益增长的物质文化生活需要。

1957 年 2 月 27 日，毛泽东运用对立统一规律，以正确处理人民内部矛盾为题，总结了新中国特色社会主义革命和建设的基本经验，全面深入分析了社会主义探索时期的各种矛盾。提出正确区分和解决敌我矛盾和人民内部矛盾的方法，规定了正确处理和解决人民内部矛盾的一系列正确方针。经过

---

① 中共中央文献研究室．毛泽东文集：第七卷［M］．北京：人民出版社，1999：294.

② 中共中央文献研究室．建国以来重要文献选编：第十册［M］．中央文献出版社，1994：225.

毛泽东同志多次修改和补充的《关于正确处理人民内部矛盾的问题》一文，是一部光辉的马克思主义著作，文中论及统筹兼顾、适当安排的战略方针；处理统一战线内部各项矛盾的根本原则和方法；工商业者问题；知识分子问题；民主党派工作；少数民族的问题；等等。这篇著作，在马克思主义发展史上，第一次明确提出了正确区分和处理社会主义社会里的两类不同性质的矛盾的学说，不仅丰富和发展了马克思主义，而且对巩固党的领导、坚持社会主义道路具有极大的指导意义，对国家政治生活、统一战线工作等都具有重要的指导意义。

毛泽东同志在他《关于正确处理人民内部矛盾的问题》一文中所阐述的许多深刻思想，不仅有效地指导了当时的整风运动，而且在社会主义建设实践中得到不断发展。

（四）社会主义道路探索时期贯彻群众路线特殊性分析

革命战争年代，中国共产党贯彻群众路线的主要形式是组织各种形式的群众运动。组织群众运动是党联系群众、武装群众、领导群众的具体方式，采取这种方式主要是由于当时中国社会现实、革命环境、党自身的发展情况决定的。

新中国成立以后，中国共产党从领导人民进行民主革命、武装夺取政权的党，转变为领导人民进行社会主义革命和社会主义建设的党，党的历史方位发生了根本变化。从党员干部的组成结构来看，党的领导干部大多出身于农民，对社会主义经济建设理论和经济发展规律了解甚少，认识不足，依然沿用革命时期大搞群众运动的做法，发动了土改运动、镇压反革命、支援抗美援朝、反右派、“大跃进”、人民公社化运动等。这些运动在一定程度上调动了人们革命和生产积极性，主要是因为党在革命战争时期能够深入贯彻群众路线，与人民群众保持血肉联系，赢得了人民群众的高度信赖和衷心拥护，以至于人民群众坚定地相信中国共产党能够真正地代表人民群众的利益，党所制定的政策和做出的决策都是对人民有利的，所以心甘情愿地跟党走。但是这些人为组织发起的运动，在实践中发生了阶级斗争扩大化的倾向，在经济建设过程中犯了急躁冒进的“左”倾错误，给社会主义建设带来不利影响。

1958 年以后，虽然党在理论上没有忘记群众路线的极端重要性，但对于实践中取得的一些成就产生过骄傲自满的倾向，对执政条件下怎样贯彻群众路线来促进经济社会发展，缺乏足够的认识和充分的理论准备，依然强调依靠革命时期的那么一股劲，那么一种热情来发展经济。对于经济社会发展规律缺乏深入细致的调查研究，没有把社会主义建设时期的群众路线和民主革命时期的群众运动严格区别开来。刘少奇指出，群众路线的基本点是：第一，相信人民群众自己解放自己，人民群众创造历史；第二，党的路线、方针、政策、措施都必须坚持“从群众中来，到群众中去”，都必须根据群众的实践来检验自己的工作。他批评那种把群众运动当作群众路线的唯一方式，以形式主义的群众运动代替党的群众路线的错误思想。这种错误思想和做法，不仅不能正确地反映群众的要求，维护群众的利益，反而影响了群众的积极性，损害了党的威信，同时也违背了群众路线的精神实质。

新中国成立后的30年，是世情、国情、党情发生根本变化的三十年。刚刚从战争废墟上建立起来的新中国，是在异常复杂的国际国内特殊背景下顶着巨大压力谋求发展的。首先，新中国面临的外部环境逐渐恶化。一方面是以美国为首的帝国主义国家对新中国进行政治上孤立、经济上封锁和军事上包围；另一方面，苏联背信弃义，断绝了对新中国的援助，撤走了所有的专家和技术人员，还逼着向中国讨债。中国人民只能靠独立自主、自力更生、艰苦奋斗来克服困难，建设自己的国家。其次，在探索社会主义建设道路过程中，遭遇重大挫折，走了不少弯路。由于理论准备不足，缺乏对社会主义建设规律的深刻认识和认真研究，所以在探索社会主义道路的进程中，带有明显的主观主义和理想主义色彩。最后，由于党的历史方位发生了根本变化，由领导人民推翻一个旧世界的党转变为执掌国家政权，领导人民建设新国家的执政党。

在人民当家作主的新国家里，处处都彰显着强烈的“人民”新印记。例如，作为特殊商品的货币被称作“人民币”，政府机关单位有人民政府、人民法院、人民检察院、人民公安、人民医院、人民银行等，还有人民公仆、人民解放军、人民警察、人民教师、人民邮递员等职业称谓。这表明，一切为了人民是社会主义国家的核心价值取向，这也是新中国奠基时所秉持的建国理念。毛泽东一直坚信，在党领导下的人民群众中蕴藏着极大的建设社会主义的积极性和创造力。他还坚定地指出：“我们应当相信群众，我们应当相信党，这是两条根本的原理。如果怀疑这两条原理，那就什么事情也做不成了。”①

总的来说，新中国成立后的前30年，尽管在探索社会主义道路上出现了一些偏差，但党群干群关系的信任度和亲密度还是很高的，基本上制止了脱离群众的形式主义和官僚主义，干部和群众基本上能够做到同甘共苦，即同吃、同住、同劳动，不分彼此，更谈不上享乐主义和奢靡之风了。

三、改革开放时期贯彻群众路线的复杂性

新中国成立后的前30年，党领导人民基本上是关着门来搞建设。1949年2月，毛泽东在西柏坡接见苏共中央政治局委员米高扬时谈到新中国外交三大政策，即“打扫干净屋子再请客”“另起炉灶”“一边倒”的外交方针。也就是说，新生的中华人民共和国在外交上倒向社会主义苏联，加入社会主义阵营。这样一来，新中国就必然处于以美国为首的帝国主义包围之中，只能和社会主义国家打交道。赫鲁晓夫上台后，尤其是苏共二十大的召开，赫鲁晓夫在会上作了秘密报告，报告全盘否定斯大林，这在苏共党内和共产国际乃至整个世界引起了巨大震动，同时不可避免地影响到中苏两党两国关系，对毛泽东本人也产生了很大影响，这样一来中国的外部环境更加险恶。“文化大革命”就是在这样的国际国内大背景下爆发的。直到1976年全党在邓小平同志的带领下拉开了改革开放的序幕。改革开放作为新中国的一项基本国策，极大地解放了全国人民的思想，是顺利推进社会主义建设和实现中华民族伟大复兴的必由之路。改革开放对党的群众路线的贯彻也产生了深远的影响。

（一）思想观念的变化对群众工作的冲击

改革开放40年来，在中国共产党的领导下，我国经历了波澜壮阔的思想解放过程。思想解放运动是以“真理标准问题讨论”为起点，主要针对当时提出并引起人们关注的“两个凡是”、姓“资”姓“社”、奉“公”营“私”等问题和困惑展开的讨论。通过这场讨论，人们的思想获得了空前的解放，同时也对新时期群众工作提出了新的要求。

---

① 中共中央文献研究室．毛泽东文集：第六卷［M］. 北京：人民出版社，1999：423.

1. 改革开放初期，人们思想观念的变化

（1）在政治领域，科学、民主、法治观念深入人心。主要表现：一是从个人崇拜转到求真务实。通过拨乱反正，人们的思想大大解放，并逐步摆脱了个人崇拜，进而走向科学理性，初步形成了勇于探索、追求真理的科学观念。二是逐步培养了民主意识和民主思想。改革开放后，经过40年民主政治的探索与建设，人们已经养成了独立思考、准确判断和科学决策的良好习惯，民众的自主意识越来越强，民主自由已经成为人们所追求的重要价值目标，并学会用法律保护自己的合法权益。三是从按领导指示办事转向依靠法治治理。改革开放以后，我国法治建设得到长足发展，学法、知法、懂法、守法、护法蔚然成风，法治观念深入人心，人们自觉用法律维护自己的合法权益。行为准则也从按领导意志办事、按经验习俗和道德伦理办事彻底转变为依法办事。

（2）在经济领域，开放、竞争、效益观念逐步形成。主要表现为：从闭关锁国的封闭状态到面向世界的全面开放；从单一的计划经济向社会主义市场经济成功过渡。十一届三中全会后，建立和完善社会主义市场经济体制成为经济体制改革的目标。市场经济给人们带来的最大变化就是竞争。从市场竞争到人才竞争，再到今天的就业竞争、岗位竞争等，可以说，竞争无时无处不在。这样一来，人们开始认识到提高劳动生产率、降低成本、节约劳动时间是企业获利的有效途径。同样，个人要增加收入，也要提高劳动效率，即在规定的时间内，创造出更多的使用价值。随着市场竞争加剧，人们越来越认识到“时间就是金钱，效率就是生命”。

（3）在文化领域，自信、包容、多元观念得以弘扬。改革开放深层次影响反映到思想观念领域就是人们的开放意识日渐增强。不再墨守成规，果断抛弃阶级斗争思维，转而选择更加务实开放的价值取向。随着市场经济的逐步建立和日臻完善，人们的价值观向多元多样化转变，科学、民主、文明、生态、公平等成为社会主流思想和新价值理念。人们的文化自觉、独立思考、自我判断能力也显著提高，重新认识到源远流长的五千年文明，是现代文明的肥沃土壤和深厚渊源。人们对西方先进文化采取开放、包容的态度，不再排斥、否定、抵制，而是不断吸收、接纳、消化、再创造。同时，对于本民族文化越来越自信。

（4）在社会领域，改革、创新、服务、和谐观念得以逐步树立。改革创新是推动社会发展进步的根本动力。40年来，中国最显著的变化就是改革开放、创新发展。从农村家庭联产承包制改革到国有企业兼并重组的股份制改革，再到社会管理体制的改革；从科技创新、制度创新，再到学术和思想的创新，改革创新意识也在人们的思想观念中打上了深深的烙印。人们已经习惯用改革创新的方式方法来解决发展中遇到的新困难、新问题。就管理体制改革而言，已经完成了从管理型政府向服务型政府转变。计划经济时期，政府通过行政手段和指令性计划管理国家的生产、分配和消费，政府扮演着生产、监督、控制者的角色。改革开放后，随着市场经济的发展与完善，政府由令性管理转变到为市场主体服务上来，转变到为企业、个体生者经营者创造良好的、公平的竞争环境上来。同时，作为主体的企业和公民维权意识、享受服务的观念也正在形成。中国人口众多、资源稀缺、贫困落后。长期以来受斗争哲学的影响，人与自然处于相互对立的状态，从而导致生态环境遭受破坏，自然资源萎缩。随着社会的发展，人们的环保意识逐渐萌芽。特别是构建和谐社会、科学发展观等新理念的提出，生态文明建设的步伐逐渐加快，绿色、环保、人与自然和谐相处的生态观逐渐为人民大众所接受。

（5）在个人生活领域，人们的义利、择业、消费观明显改变。改革开放以后，党和政府加强对个人合法利益保护，并在宪法中明文规定保护“人权”和“私有财产”，这就以根本大法的形式保障了人们追求财富和幸福生活的积极性。人们以崭新的视角重新审视义利关系和财富价值，坚持把国家和人民的利益放在首位，而又充分尊重个人合法权益的义利观。劳动致富、创业致富、科技致富等成为人们追求的目标和价值取向。随着市场经济发展，就业市场和就业渠道多元化，人们的就业观念发生了根本变化，自主择业更加务实，更加注重选择科技型、知识型企业和企业为个体提供的发展空间。市场导向型就业已经成为主流，创新创业蔚然成风。40年来，我国经济以年均10%左右的增长率快速发展，基本解决温饱问题，阔步进入全面建设小康社会阶段。以前省吃俭用的低水平生活观念，如今已转变成“吃讲营养、穿讲漂亮、住讲宽敞、行讲便当、乐讲品位”的时尚消费。随着经济全球化、政治多极化、世界性交往便捷化的发展，文化包容思想使人们对待新鲜事物和外来事物的态度发生根本变化，尊重包容、个性张扬、追求时尚、讲究实用成为新的时代潮流。改革创新、开放包容、共享发展成为新时代最鲜明的主题。

2. 思想观念变化对群众工作的影响

党的群众工作是党的工作的重要内容，它对于巩固党的执政地位，夯实党的执政基础，实现党的执政目标，密切党同群众的关系具有重要意义。随着改革开放的不断深入和市场经济的快速发展，我们党的执政条件和社会环境发生了深刻变化，党的群众工作呈现出新情况、新问题、新特点。如何把握新形势下群众工作的特点和面临的挑战，努力做好新时期群众工作，是摆在我们每一位基层党政干部面前的重大课题。

（1）多元化的社会分层使群众工作更为复杂。随着改革开放的不断深入，多种所有制经济的共同发展，社会主义市场经济体制逐步建立健全，我国逐步形成了不同利益要求的社会阶层。除了工人、农民、知识分子、干部、军人和离退休职工等社会阶层以外，还出现了民营科技企业的创业人员和技术人员、个体工商户、私营企业主、中介组织的从业人员、自由职业人员等新的社会阶层。同时，不同所有制、不同行业、不同地域之间人员流动频繁，人们的职业、身份经常发生变动。社会阶层的多样性与复杂性，造成了多元性的群众主体，使党的群众工作面临多样而复杂的情况，也给新时期党的群众工作带来了新问题和新挑战。

（2）多样化的利益诉求增加了群众工作的难度。传统体制下，群众需求单一、思想单纯、行为简单，人与人之间利益关系简单，一切都按“计划”行事。群众工作主要是服务于政治需要展开，政治利益居于中心地位。改革开放以后，由于坚持以经济建设为中心，社会经济关系不断调整，人们之间的利益格局发生相应的变化，经济利益错综复杂，且居于中心地位。这种变化必然引起人民内部矛盾大量增加，尤其是物质利益矛盾异常突出。不同地区、不同行业、不同部门的社会成员之间，由于掌握的社会资源不同，从而导致物质利益差距不断扩大。这些矛盾相对集中，群体性事件明显增多，有时还相当尖锐。产生矛盾的原因错综复杂，各种利益矛盾相互交织，许多矛盾往往是诸多因素共同作用的结果。由于不同群体利益诉求多样化，不再表现为单纯的物质利益，还包括生存利益、发展利益、精神利益、民主权益等，涵盖经济、政治、文化和社会等各方面。这些问题涉及人数多、范围广，若不有效防范、及时化解，往往会酿成重大恶性事件，给党的群众工作增加更大难度。

（3）党执政环境的发展变化使群众工作严重滞后。首先，党执政条件和外部环境的变化，给党群关系注入了新的内容。我们党从封闭的党转变为开放的党；从领导计划经济的执政党转变为服务市场经济的执政党，这些变化赋予党群联系新内容和新要求，也提出了新的挑战，同时增加了党脱离群众的危险性。其次，由于全方位对外开放，各种意识形态和社会思潮相互激荡，不可避免地对群众思想观念造成冲击和影响，而信息技术的迅猛发展为传播各种思潮提供了前所未有的便利条件。尤其是新媒介的兴起，使舆论环境发生了重大而深刻的变化，它们在重塑公众价值观、强化公众意识、引导舆论方向等方面的作用越来越大，尤其在信访、社会综合治理等方面的群众工作中起着举足轻重的作用。越来越多的人民群众选择在论坛、微博、微信平台等自媒体上畅所欲言，这给新时期党的群众工作提出了新的挑战。

（4）工作方式简单粗暴使群众工作显得软弱无力。在关于怎样做好新时期的群众工作问题上，有些党员干部存在着理念落后、能力低下、方法不当等问题。一些党员干部形式主义严重、官僚主义习气浓厚、群众意识淡漠、自身素质低下，无法胜任新时代的教育、宣传、帮助、组织群众的相关工作；有的党员干部没有科学的权力观、价值观、金钱观，缺乏底线意识、服务意识，将自己视为人民群众的"救世主"，听不见、听不进人民群众的声音，不深入群众，了解人民的生活状况，不耐心地听取人民的意见建议，更不愿意深入地做调查研究，或者工作方式落后，没有做到具体问题具体分析，工作缺乏有效性、灵活性；甚至还有的党员干部习惯于用行政命令、强迫压制的方法来调节党群关系，导致党群关系的恶化、矛盾激化，一旦处置不当，就会引起突发性群体事件；更为普遍和深层次的问题是，由于缺乏有效的制度约束，无法建立起群众工作的长效机制，其带有明显的临时性和随意性，这就影响了群众工作的实际效果，给党的群众工作带来新挑战。

（二）体制变革对社会管理带来的影响

随着改革的不断深入，体制变革逐渐从经济领域转向政治领域。由于政治体制变革涉及面比较广，触动既得利益群体比较多，这样给政府社会管理带来很多挑战，因而会遇到越来越多的困难和问题。

社会管理体制归纳起来有三种形式：一是政府主导型的社会管理体制；二是社会导向型的管理体制；三是多元化的社会治理体制。政府主导型的社会管理体制坚持的是政府本位理念，即政府在社会管理中拥有绝对权力，其他社会管理主体只是居于从属地位。政府的管理方式主要是行政强制和干预手段，管理者与被管理者处于不平等的地位。社会导向型的管理体制和多元化的社会治理体制坚持的是社会本位理念，即社会组织在社会管理中处于主导地位，政府、社会组织和公众通力合作，有效管理社会事务。这种管理模式强调自我管理、合作管理和服务管理。坚持在保障公民基本权利的前提下维护社会的基本稳定。社会本位坚持保障公民权利，因为只有充分保障公民的基本权利，才能更好地激发民众的主观能动性和积极创造性。

社会治理的发展趋势就是从政府本位向社会本位过渡。在这个过渡阶段，社会管理体制的变革带有明显的复杂性和丰富性。同时，对党的群众工作也产生很大的影响。从新中国成立到改革开放，这一时期的社会管理体制坚持的是政府本位。政府控制着几乎所有的重要资源，不仅控制着物质层面的财富，还控制着信息资源以及人们的生存发展空间和机会。政府通过有计划的单位体制对社会和个人进行全面的一元化管理。在城市，一般实行街道属地管理。在农村，则为典型的“政社合一”的人民公社制。这一阶段实行严格的户籍制度，高度集权的政治体制，以及高度计划的经济体制，使社会严重缺乏活力和自由。

改革开放大约15年之后，政府管理制度逐步让位于社会导向型管理体制。这一时期社会管理方面最明显的特征是“双轨制”，即以国家经济和集体经济为主体，以一定数量的个体经营为补充；以计划生产为主体，以自由生产作为计划生产的补充；以国家市场为主体，以自由市场作为国家市场的补充。事实上，“改革开放的过程是一个放权让利调动各方积极性的过程，向地方放权、向企业放权的过程使各级地方政府和国有企业赢得了自主权和积极性，高度集权的政治体制逐步为适度行政性分权的政治和行政体制所取代，政治和经济逐步分开，私人经济部门在公共部门旁边成长起来”①。邓小平南方谈话发表以后，中国市场化改革开始加速。他强调指出，计划和市场都是发展经济的手段，与制度的性质无关。单位功能迅速弱化，社会要素加快分离，多元化社会管理体制逐步萌发，农村村民自治意识显著增强，城市

① 何增科．我国社会管理体制的现状分析［J］．甘肃行政学院学报，2009（4）：101-107，127.

社区在社会综合治理中的作用日渐突出，城乡之间、区域之间人员流动明显加快。

进入21世纪，中国经济持续快速增长，但社会建设的滞后性逐渐显露出来。党中央开始自觉地推动社会建设，提出构建和谐社会，明确了“党委领导、政府负责、社会协同、公众参与”的社会管理格局。具体表现为：一是社会自我管理受到尊重；二是社会管理日益规范化、法治化；三是倡导建设服务型政府。2002年党的十六大提出坚持社会本位的行政管理体制改革的奋斗目标。温家宝同志在2004年第一次提出建设服务型政府的改革目标，该目标于2005年的政府工作报告中正式得以确认。此后，党的十六届六中全会提出，在服务型政府的建设过程中必须强化社会管理和公共服务职能；2007年的中共十七大中，我党又明确指出，要将建设服务型政府作为行政管理体制改革的重要目标。2008年2月，胡锦涛同志在中共中央政治局集体学习时又系统地对服务型政府的内涵作了阐述。

（三）利益诉求多元化增加了群众工作难度

新中国成立以来，党领导人民在一穷二白基础上自力更生建设社会主义新国家，顶住了以美国为首的西方国家政治孤立、经济封锁和军事恫吓。从1958年开始，以阶级斗争为纲的中苏关系逐渐破裂，加上极左路线的影响和频繁的自然灾害，新生的人民共和国举步维艰。面对这些困难，特别是党的十一届三中全会以来，国际风云变幻，我们党能够带领人民走出困境，不断开创改革开放和社会主义现代化建设的新局面，同样是依靠人民群众的拥护和支持。在很多情况下，如果我们的工作出现一些失误，遇到点问题，只要能够得到人民群众的理解和谅解，都不叫问题。群众真的理解你、支持你，再大的困难都能克服。反之，如果群众有情绪、闹意气，甚至引发群体事件，就不能不引起我们深刻反思和高度重视。

密切联系群众，虚心向群众学习，在群众中汲取智慧和力量，是我们党克服困难的根本出路。目前，我们面临着许多困难和问题。苏联解体、东欧剧变，对我们的冲击很大。国内经济生活中存在的问题解决起来难度也很大。克服这些困难，解决诸多问题，关键是如何理顺、消解群众的情绪问题。这就需要靠加强党同人民群众的联系来解决，要在继承和发扬党的优良传统上下功夫、动脑筋、想办法。现在，我们党的大多数干部是在和平环境中成长起来的，没有经过战争环境下艰苦奋斗的洗礼。在这种情况下，能不能取得群众的支持和信任，就要看是不是踏踏实实、真心实意地执行群众路线，能不能全心全意地为人民服务，想问题、办事情是把群众放在第一位，还是把自己放在第一位。作为党的领导干部，不懂得这一点就谈不上是一个好的领导干部，也无法提高自身的领导水平。党的性质和宗旨要求我们和广大群众打成一片，党所肩负的历史使命决定了我们仍然是需要艰苦奋斗、砥砺奋进的一代，是为了实现现代化和民族伟大复兴奠定基础而献身的一代。

人民群众不仅是历史的主人，也是人类认识世界和从事具体实践活动的主体，是社会发展和社会变革的决定性力量。因此，中国共产党将全心全意为人民服务作为党的根本宗旨，要求广大党员干部甘当人民公仆，时刻牢记历史和人民赋予的光荣使命。

我们通常说要发挥政治优势，那么，何为政治优势？所谓的政治优势并不仅仅指我党领导的人民群众数量多，更不是党的领导干部对群众发号施令，而是看我们的制度是否能够充分发扬人民民主，调动人民群众积极性，更重要的是我们党的路线方针政策能否得到人民群众的拥护和支持，尤其是改革开放以后，新旧体制正处于转换的关键时期，各项措施政策相继出台，各类社会问题相继出现，这些都是关乎人民群众切身利益的问题，都有可能给人民群众带来思想、心态和情绪方面的波动。只有始终将广大人民群众的切身利益放在首要地位，时刻关注人民群众冷暖，准确把握好群众的思想动态，想人民之所想，急人民之所急，我们才能真正赢得群众的拥护和支持。

改革开放至今，我国经济社会发展迅速，人民物质文化生活水平显著提高，但是由于各种主客观原因的影响和制约，也有一部分群众生活在贫困线以下。在城市，很多企业由于经营不善，效率低下，效益不景气，造成一些职工收入过低或者处于失业、半失业的状态。再加之物价不断上涨，这部分群众生活愈加困难，甚至部分群众连基本的吃、住、行都成为问题。我们党和政府的很多工作，若能做好百分之八十到百分之九十就已经不错了，但是唯独吃饭的问题，必须做到百分之百，必须保证百分之百的人都能够实现吃饭无忧。我们必须看到，尽管这部分困难群众的占比不大，但是数量也并不少。古人常说："致理之要，惟在于安民，安民之道，在察其疾苦而已。"①我们为人民群众办事情，首先要想到的就是困难群众，要全心全意、真心实意地为他们排忧解难。尤其是国企职工，他们将自身的青春与汗水奉献给了国家，并为此做出了巨大的贡献。于他们而言，看病报销、工作付酬、退休给养，这些既是社会主义制度优越性的体现，更应该是他们应得的待遇。现如今，经济制度的转型升级给他们带来的经济生活上的困难，并不是因为他们自身不努力造成的，党和政府应该针对现实问题对他们进行特殊关照。社会主义建设中的改革，应该始终贯彻两个"理"：其一是讲成本核算、市场经济、按劳分配等；其二是全心全意为人民服务的根本宗旨。这个"理"是我党作为执政党的根本道"理"。倘若困难群众的问题无法解决，对他们的疾苦生活置若罔闻的话，共产党就失去了存在的价值和意义，也就失去人民的支持和拥护。各级政府应该为困难群众提供各类帮助和扶持，经常深入群众中去，与群众进行深入接触和调研，切实关注他们的困难。尽管我国目前在经济上依然存在些许困难，但国家的整体经济实力还是能够保证群众基本的吃饭、穿衣问题的。当然，要从根本上解决群众的吃饭、穿衣困难，还需要国家建立基本的社会保障制度来完成。同时，针对有些一时半会儿还拿不出办法的问题，那就实施"老人老办法，新人新规矩"。换句话说，就是针对老职工沿用旧办法，针对新职工采取改革后的新政策制度。

下面谈谈维护稳定的相关问题。维护稳定的问题不仅仅关乎群众困难问题，还关乎着打击各类蓄意制造社会混乱的势力问题。但是在我们的现实社会中，属于后者的问题是少数，对于这些人我们是可以采取强制措施进行打击制止的。目前，我们遇到的大部分问题是与群众的利益、愿望、要求相关的问题，关于这些问题，必须以慎重的态度对待。我们必须承认的是，当前群众中对我们有意见的方面不是很少，各个地方也都存在着上访等问题，这些问题必须引起关注。不容否认，有些群众的意见是由于了解问题过于片面造成的，但无论如何，群众的意见依然是值得我们反思的。比如，物价上涨过快、党员干部中存在的腐败问题、社会治安问题等。倘若这些问题长时间得不到重视和解决的话，我们如何能得到人民群众的支持和拥护呢？又如何

① 习近平．摆脱贫困［M］．福州：福建人民出版社，1992：46.

能实现社会的长期稳定呢？针对涉及多数群众的问题，以及由于我们工作失误造成的问题，一定得更加重视，要主动地做工作，争取将问题掐死在萌芽状态，谨防事态扩大化发展，防止连锁反应产生；此外，还要采取教育、说服等方式来改进工作方法，不能简单粗暴，也不能动用其他非法方式进行强制性解决。

在改革开放的整个过程之中，始终都要处理好改革、发展和稳定之间的关系。一方面，如果没有改革与发展，那么社会稳定就很难实现；另一方面，社会稳定在某种程度上也制约社会改革和发展的实现。倘若社会改革的程度过大、社会发展的速度过快，那么也会在一定程度上影响社会的稳定。在这种情况下，社会改革和发展的速度就必须缓慢下来，先来维护稳定，在此基础上再进行社会改革与发展。换句话说，改革和发展的前提就是稳定。没有了社会稳定，一切也就是空谈。我们还是要按陈云同志所说的“一要吃饭，二要建设”，在人民群众吃饱肚子的条件下安排建设规模。把群众的基本生活问题解决好，把社会稳定住，在这个前提下取得的速度，才是实实在在的、有效的速度。

（四）理想信念缺失和“三观”错位及对群众工作的影响

在改革开放的时代背景下，社会思潮风起云涌，社会结构及思想观念多元复杂。诸多党员干部思想迷茫，对党的忠诚心和敬畏心缺乏，理想信念缺失，马克思主义信仰不坚定，对建设中国特色社会主义事业缺乏信心，世界观、人生观、价值观错位。理想信念是一个民族奋力前行的向导，是一个政党治国理政的旗帜，是一个国家兴旺发达的根本。

1. 理想信念缺失和“三观”错位成因分析

（1）历史原因

第一，封建专制思想。新中国成立来，我党就一直努力在破除封建主义的影响，确立了人民民主专政的新型政治制度，毛泽东、周恩来等老一辈无产阶级革命家也指出，共产党是全心全意为人民服务的，这是共产党人的唯一宗旨。但我国是一个有着五千年封建历史的国家，封建专制思想根深蒂固，深刻地影响了人民群众的思想意识形态。公共权力的运行带有“官本位”的思想。在人民群众的心中，官位大小、品级高低等都是用来衡量人生价值及社会地位的指标。有些党员干部自身素质低下、党性缺乏、宗旨意识淡漠，为了升官发财不惜危害党、国家和人民的利益。加上广大人民群众心存敬官、畏官的社会心理，再加上内外监督不力，致使部分党员干部在消极颓废的道路上越走越远，世界观、人生观、价值观严重扭曲，理想信念越来越弱化、淡化。

第二，社会主义道路探索过程中的失误与创伤。八大以后，由于我们党缺乏建设社会主义的经验，在独立自主地探索适合本国国情的道路上犯下了反右倾扩大化和“左”倾冒进急性病错误。阶级斗争扩大化，以及“大跃进”“人民公社化运动”“共产风”等，尤其是后来的十年“文化大革命”，给中国人民带来沉重的灾难。在过去那种生产力水平极度低下，超越阶段盲目建设社会主义，不成熟地为追求共产主义理想社会所做的种种努力失败之后，劳累、饥饿、受迫害、死亡等痛苦，化为人们内心深处抹不去的阴影。不少人对共产主义的理想产生了怀疑，甚至个别共产党员放弃了共产主义的崇高理想，认为“活在当下”才是真实的自我。他们认为共产主义理想太遥远，太虚无缥缈而不可实现。计划经济时代那种长期被压制的个人物质欲望在改革开放的新形势下突然被释放，使得部分党员干部陷入追求物质生活而不能自拔，放弃了对崇高理想的追求和高尚人格的塑造，从而导致理想信念淡漠或虚化。

第三，东欧剧变的影响和西方敌对势力的渗透。20 世纪 80 年代末 90 年代初，苏联宣布解体，东欧的社会主义国家也先后发生着巨变，世界社会主义运动遭受重创；马克思预言即将走向覆灭的资本主义经过短暂的调整后又焕发出新的生机。现实情况与西方敌对势力不断宣传的“马克思主义过时论”“历史终结论”等言论相似。在这样的国际背景下，再加之很多共产党员不能够科学地运用马克思主义的理论、观点、方法来分析问题，不能够科学地评判国内外形势，导致对社会主义失去信心、对共产主义产生怀疑，甚至产生悲观的情绪。

（2）现实原因

第一，有些党员干部不看重理论的积累学习，或者学习浮于表面，不能够灵活地学以致用，用马克思列宁主义、毛泽东思想来指导实践。学习马克思列宁主义的基本理论，掌握马克思列宁主义、毛泽东思想活的灵魂，这是坚定理想信念，树立科学的世界观、人生观及价值观的前提。正如列宁所言：“没有革命的理论，就不会有革命的运动。”在生活当中，有一些的领导干部只埋头专注于业务知识的提高，而轻视政治理论的学习提升，不看重学习马克思列宁主义理论知识的重要性，或者学习仅限于蜻蜓点水，浅尝辄止。还有部分党员干部，对马克思列宁主义有所了解和学习，但是仅仅将其当作一门知识来了解，并未将其与现实实践结合起来，将理论与实践相互脱离，马克思列宁主义理论知识被束之高阁，成为装点门面的工具。不深入地学习钻研马克思列宁主义，了解其理论精髓，就无法深刻地明白国际共产主义运动所遭受的挫折，就不能很好地用马列主义、毛泽东思想和中国特色社会主义理论指导人民群众进行伟大实践，就不能在实践中坚持真理、修正谬误、不断创新。对于马克思列宁主义理论的学习研究，不只是一个理论问题，更是一个实践问题。

第二，市场经济冲击着党员的理想信念。市场经济对生产力的发展具有极大的促进作用，能够极大地激发人民群众从事物质劳动生产的积极性与主动性。市场经济的发展经历了从计划经济向市场经济转化的漫长的发展过程，在这一过程中，法治建设不健全、不成熟、不完善。在法治缺失的情况下，市场经济的一些理念、原则等对一些领导干部的心理、行为取向产生了负面影响，如自由、等价交换。特别是主要领导干部，在缺乏权力监督和制约的情况下，等价交换原则便异化成权钱交易行为。市场经济的功利性使人们的思想很容易打上利益的烙印。部分领导干部为了追求个人利益而不惜损害人民赋予的公共权力，大搞权钱交易。面对利益的诱惑，其世界观、人生观、价值观必然受到影响，从而导致人们对理想信念的漠视。

事实上，市场经济如果没有健全的法治做后盾，很容易滋生拜金主义。拜金主义就是痴迷、崇拜金钱，事事为了钱，时刻想着怎么尽可能多地得到钱，认为金钱是万能的。拜金主义实质上坚持金钱至上的思想道德观念，不仅认为金钱是万能的，而且把它作为衡量一切价值的标准。拜金主义很容易让人产生自私心理。一些党员干部由于过多地追求个人利益，极易产生个人主义思想。在实际工作中，一些党员干部想问题办事情，总是从个人利益出发，忽视群众利益、忽视社会利益乃至党和国家利益。一些党员甚至置党纪国法于不顾，结党营私，贪污腐化，个别党员干部为了获得一己私利，被境外敌对势力收买、利用和策反，干起投敌卖国的勾当。从个人的发展来看，拜金主义与人的全面发展背道而驰，使人成为金钱的奴隶，侵害了人本质的丰富性；从社会的发展来看，拜金主义盛行的社会必然是一个物欲横流、尔虞我诈、人情冷漠、人人自危的社会，是一个道德沦丧、信仰缺失的社会。如果任由拜金主义泛滥，就会造成经济秩序混乱，道德诚信丧失，坑蒙拐骗、敲诈勒索大行其道。这样，执政党和政府就会失去公信力，失去广大人民群众的信任、支持和拥护，执政党的执政根基就会动摇，整个社会失去精神支柱，缺乏凝聚力，社会发展就会陷入停滞或倒退，甚至有亡党亡国的危险。

（3）忽视思想政治工作，基层党组织建设虚空，放松了对党员干部的从严教育

自改革开放以来，全国人民始终将经济建设作为中心，一心一意谋求发展，并取得了令世界瞩目的伟大成就。同时，放松了对党员干部和广大青少年的思想政治教育。虽然曾经在全党范围内开展了“三讲”教育、作风建设教育和先进性教育等，但是都是阶段性教育，没有很好地贯彻下去，只是走过场，容易反弹，更没有形成党的建设常态化机制，很长一段时间内放松了对广大党员，尤其领导干部的经常性的思想政治教育和世界观的改造，致使部分党员理想信念淡化了。理想信念虚无弱化，容易滋生党内腐败，从而导致党的形象和威信下降。腐败的社会现象表明了，被市场经济扭曲的世俗价值观已经严重影响到很多党员干部的思想意识，这些党员干部腐败堕落、以公谋私，官僚主义和形式主义作风也越加严重和明显。这些问题虽然只是局部现象，但足以引起我们党的高度重视。它削弱了共产党人所坚持理想的正义性和号召力。因为群众对共产党寄予厚望和信任，而腐败现象让群众对党非常失望，进而对共产主义理想充满疑虑。在不良思想的侵蚀和利益的诱惑下，意志薄弱的党员由于禁不住诱惑而滑向腐败的深渊。而勇于坚持斗争的党员，不愿与腐败分子同流合污而受到排挤打压。当他们受到排斥打压时，往往产生悲观绝望情绪，有的愤怒地选择退党以表达不满。由此，腐败现象对党员干部的理想信念有着十分严重和明显的影响。

（4）重视传统宣传和说教，缺乏躬亲实践和调研

过去很长一段时间，人们对“什么是马克思主义，什么是社会主义，怎样建设社会主义”等一系列问题的认识没有完全搞清楚，导致对共产主义理想和社会主义信念的宣传上存在着说理不彻底的现象，影响了关于理想信念宣传的效果。20世纪60年代赫鲁晓夫认为：苏联人民都吃上土豆烧牛肉时，

共产主义就实现了。毛泽东批驳了他的观点，讽刺赫鲁晓夫将共产主义庸俗化，没有理论素养。“理论只要彻底，就能说服人。”因此，只有深化理论学习，树立共产主义远大理想，坚定社会主义必胜信念，及时总结革命、建设和改革新鲜实践经验，才能与时俱进，不断开创马克思主义理论创新的新局面。

毋庸置疑，革命年代，我党在战争中形成的优良传统必须加以传承和发扬光大，这也是我党保持自身先进性和纯洁性的必然要求。在社会主义改革时期，因为我党过分地强调集体主义的价值观念，从而忽略个人主义，把二者割裂开来并对立起来，打击了人们生产生活的积极性，一度出现消极怠工的现象，使社会生产力遭到很大破坏。在社会主义运动和共产主义理想教育方面，“你说你的，我做我的”，从而大大降低了理想信念的宣传效果。

改革开放以后，由于对于理想信念宣传的形式和手段过于单调乏味，主流媒体主要依靠报纸、电视、板报、报告会等进行宣传，加上外来思想侵袭和市场经济发育不完善等因素的影响，实用主义思潮逐渐盛行。

（5）西方各种思潮的冲击

从心理学的角度讲，民众对陌生的思想、信息、观念等有好奇心和新鲜感。随着对外开放的不断深入，思想文化领域的开放也逐步扩大，人们开始接触、了解西方各种思潮。由于社会阶层的不断分化，一些人包括一些党员干部开始接受并传播外来新思潮。一些党性意识不强、宗旨观念淡薄的党员私下发表议论，在社交媒体上公开发表带有西方色彩的言论，不知不觉就成了这些反动思潮的俘虏和代言人。同时，西方敌对势力抓住时机，大肆宣扬鼓吹西方价值观，传播资产阶级腐朽文化，不遗余力地对中国实施“和平演变”战略。他们想方设法利用现代网络、社交平台等新媒体宣扬西方“普世价值”，利用各种宗教文化冲击我国的社会主义核心价值体系，挑战我们主流社会主义意识形态，在广大群众中造成了思想混乱。

（6）国内一些消极因素的影响

改革开放以后，在西方各种不良社会思潮乘虚而入的同时，一些本土的消极腐朽思潮也死灰复燃。比如，用历史虚无主义诋毁革命和建设时期的英雄和劳模，否定中国的革命和建设所取得的辉煌成就，甚至崇洋媚外，否定中国的悠久历史与传统文化。拜金主义、崇洋媚外思潮潜滋暗长，受金钱物诱惑和攀比，家庭离婚率逐年上升；一些人在国外不文明的言行也有损国家形象。还有一些抱有“左”倾思想的人否定改革开放的伟大成就，抱怨贫富不均、两极分化严重等。这些消极思潮很容易使一些党员干部是非不分、黑白颠倒，一不小心就背离中国特色社会主义道路，犯下严重的历史性错误。

2. 理想信念缺失和“三观”错位的具体表现

（1）理想信念缺失

第一，缺乏共产主义信仰。理论是行动的指南。共产主义理想作为一种崇高的理论形态，对引导、规范共产党人的言行都具有重要指导意义。共产主义作为一种理想，是指向未来的，是人们对美好生活的向往。而理想的实现必须建立在现实之中，是要付出艰苦奋斗的。党章中明确规定共产主义是党的最高理想和最终奋斗目标。因此，共产主义信仰是共产党员的必备条件。

当前，由于受西方资产阶级思想的影响，一些党员对马克思主义信仰产生了动摇，开始怀疑共产主义理论的正确性，认为共产主义社会是遥遥无期的“乌托邦”，是行不通的空想理论，以致出现了信仰危机。这样下去，我们党就会因为内部危机而陷入危险境地，党和人民的事业就可能受到损害。理想信念动摇滑坡是最危险的动摇滑坡。

第二，中国特色社会主义信念缺乏。中国特色社会主义是马克思主义基本理论与中国特色社会主义建设以及改革开放的伟大实践相结合的产物，是科学社会主义理论逻辑与中国社会发展历史逻辑的辩证统一。然而，一些党员干部对中国特色社会主义事业缺乏信心，甚至持有怀疑态度，对中国特色社会主义事业能够实现充满忧虑。此种不自信的心理，直接转换成领导干部消极无为的行动，并在党的内部产生了诸多负面影响，这些行为都严重地阻碍了中国特色社会主义事业的发展。

第三，精神空虚。理想信念是一个人的灵魂，一个人没有理想信念，这个人就是没有灵魂的躯壳，生活也就失去了方向和动力。中国特色社会主义事业的发展前进，共产主义伟大梦想的实现都要求广大党员干部拥有坚定的理想信念作为精神支撑。但一些党员干部沉迷于现实的物质生活，追求物质享乐，精神世界却空虚萎靡。这种精神上的空虚必然导致他们对各种歪风邪气缺乏免疫力，以致世界观、人生观、价值观发生扭曲。这样，他们不仅不能尽党员应尽的职责，而且最终必然走向党和人民的反面。

第四，崇尚西方生活方式和价值观念。不同国家的历史和文化决定着不同的生活方式和价值观念。一些党员干部不顾中国的历史与现实，无视我们党成立不到一百年，领导人民所取得的丰功伟绩，反而对资本主义生活方式大加赞赏，对资本主义的价值观盲目推崇，为资本主义的“普世价值”大唱赞歌。甚至一些党的领导干部把父母妻子移民国外，并转移非法资产到境外。这些行为严重损害了党、国家和人民的利益，背离了共产党员初衷，与共产党员所追求的社会主义、共产主义事业背道而驰。

第五，热衷封建迷信。马克思主义坚持唯物主义一元论，是和唯心主义根本对立的。共产党员是马克思主义的忠实信仰者，当然是唯物论者，并旗帜鲜明地反对一切形式的封建迷信和宗教邪说。《中国共产党章程》要求全体党员必须是唯物主义者和无神论者。近年来，少部分党员开始信奉宗教迷信、占卜算卦等。遇到问题并不是用马克思主义辩证法和唯物论来分析问题和解决问题，而是借助于封建迷信、算命风水来解决。如此，就彻底地背离了唯物史观，背离了实事求是的精神内核。如果搞封建迷信，人民就能够过上富足美满的生活的话，那么我党也不会攻坚克难地去搞社会主义建设了。

（2）组织纪律意识弱化

党的意识是党的根本性问题，也是政党认同的根本。党的意识强弱，决定党员党性强弱、对党的忠诚度，以及政治信念是否坚定。同时，可以反映出一个政党的凝聚力、向心力和战斗力的强弱。如果广大党员毫无党的意识，那么这个党就不能称其为党。党的意识淡化主要表现在以下两方面。

首先，缺乏看齐意识。毛泽东曾在“七大”预备会上说：“要知道，一个队伍经常是不大整齐的，所以就要常常喊看齐，向左看齐，向右看齐，向中间看齐，我们要向中央基准看齐，向大会基准看齐。看齐是原则，有偏差是实际生活，有了偏差，就喊看齐。”① 增强看齐意识，实质上就是听从党中央指挥，服从党中央安排，贯彻党中央部署，执行党中央决定，自觉团结在党中央周围，在思想上、政治上、行动上同党中央保持高度一致，自觉维护党中央权威。只有全党树立看齐意识，我们党才能更加

① 张世良．怎样炼成好党员［M］．北京：人民出版社，2017：28.

坚强有力、更加团结统一。然而，现实生活中，一些党员干部扮演政治上的“两面人”，阳奉阴违，口号喊得响，却做一些危害国家和人民利益、有损党的形象的事情。思想上不内省、行动上不思齐，与合格党员的标准要求渐行渐远。进入新时代，以习近平同志为核心的党中央全面从严治党，中央政治局以上率下，划定标杆，要求全党向党中央政治局看齐，层层看齐。就像习近平总书记强调的那样：“经常、主动向党中央看齐，向党的理论和路线方针政策看齐。”①

其次，组织纪律涣散。组织纪律是党组织和党员群众必须遵守和维护的行为准则，是处理党组织之间、党员之间，以及党组织与党员之间关系的纪律。1941 年中共中央在《中央关于增强党性的决定》中强调：要在全党加强纪律的教育，因为统一纪律，是革命胜利的必要条件。要严格遵守个人服从组织，少数服从多数，下级服从上级，全党服从中央的原则。无论是普通党员和干部党员，都必须如此。但“文化大革命”时期党的组织纪律受到一定程度的破坏。

进入改革开放新时期，根据党的政治任务和党内状况，党章对于党的组织纪律作出了明确规定和严格要求。在十八届中央纪委三次全会上，习近平同志强调全党同志要“相信组织、依靠组织、服从组织，自觉接受组织安排和纪律约束，自觉维护党的团结统一”②。然而，仍然有一些党员和党员干部将党的政治纪律、政治规矩视为耳旁风，自由散漫，我行我素。在党不言党、不爱党、不护党、不为党，发表一些不实言论，顶风违纪，与党的理论、方针、政策和中央精神背道而驰。尽管党的十八大以来处理了一大批违纪党员和干部，但是个别党员依旧是有组织无纪律，不参加党组织例行民主生活会，不参加党组织举办的理论学习；有些党员以各种理由为借口，不按时交纳党费；更有个别党员见利忘义，见好处、功劳与荣誉就上，见困难、任务、责任就躲，不按组织原则、规则办事，违反组织纪律，与组织“玩游戏”，甚至与组织对抗。

---

① 《做合格共产党员》编写组．做合格共产党员［M］．北京：中央党校出版社，2016：187.

② 中共中央纪律检查委员会，中共中央文献研究室．习近平关于严明党的纪律和规矩论述摘编［M］．北京：中央文献出版社，2016：39.

（3）党的宗旨观念淡漠

全心全意为人民服务是党的根本宗旨。党员必须时刻牢记党的这一宗旨，树立宗旨意识，只有这样，才能真正保证党员干部全心全意为人民群众服务，做好人民群众的公仆。当前，一些党员忘记了自己的身份，把自己混同于一般的群众，为所欲为，个人利益逐渐湮没了党的利益和人民的利益，丝毫不注意自己的言行对党的影响。这种利己主义的思想特别严重。其具体表现主要是以下几点：其一，官僚主义思想严重。有些党员干部脱离人民群众，对群众的声音置若罔闻，存在严重的“门难进、脸难看、事难办”的现象，当官不为民，显摆官架，盛气凌人。其二，与民争利，吃拿卡要。共产党员的宗旨和使命就是为民众谋福利。然而，现实中的一些党员干部反其道而行之，将百姓当作自己的“摇钱树”，以各种渠道搜刮民脂民膏。自从八项规定政策出台以来，这些现象得到了一定程度上的遏制，但是仍然有些许干部没有原则性，给钱就办事，甚至是违规办事。不给钱就不办事，或者不作为，甚至以身试法，把党、国家和人民赋予的权力当作为自己谋利的工具。其三，执法不公，假公济私。这种现象主要出现在执法部门中的一些政法干警身上。这些执法人员不能秉公执法，是受所谓的“关系、利益”影响。在这样的情况下，往往处于弱势一方的利益受损。一些党员领导干部利用手中的权力插手相关领域的工程、采购等项目，以谋取不正当利益。在审批、工程建设等较为突出的关键领域，虽然严惩了一大批“老虎”“苍蝇”，但仍有一些领导干部抱着侥幸心理，存在不收手的现象。

党的宗旨是全心全意为人民服务。这就要求广大党员干部，在人民群众生命财产安全受到威胁时，不能临危退缩；在困难面前，党员干部要吃苦在前，享乐在后；面对危险，党员干部要挺身而出，不惜牺牲自己的生命来保护国家和人民群众的生命财产安全。

（4）党员精神萎靡不振

中国共产党作为中国工人阶级、中国人民和中华民族的先锋队，要求广大党员干部在日常工作中充分发挥先锋模范作用，始终保持良好的精神状态，鼓足干劲，力争上游，只有这样，党才能带领人民群众顺利推进伟大事业，更好地服务于人民大众。然而，在现实生活中，一些党员干部工作积极性不高，革命热情消退，在群众中造成一定的负面影响。主要表现为三方面。一是工作热情不高，缺乏事业心和进取心，当一天和尚撞一天钟。一些党员干部觉得干多干少一个样，多干反而可能更容易犯错误，多一事不如少一事。二是没有担当精神。担当精神是指党员干部坚持原则、认真负责，面对大是大非问题敢于亮剑，面对矛盾和困难敢于迎难而上，面对危机和挑战敢于挺身而出，面对失误和挫折敢于承担责任，面对歪风邪气敢于坚决斗争的精神。在实际工作中，一些党员干部工作敷衍塞责、得过且过，奉行好人主义。不作为、少作为、不会为、不善为、乱作为经常发生，缺乏对党、对人民赤胆忠心的担当精神。习近平总书记指出：担当就是责任，好干部必须有责任重于泰山的意识，坚持党的原则第一、党的事业第一、人民利益第一，敢于旗帜鲜明，敢于较真碰硬，对工作任劳任怨、尽心竭力、善始善终、善作善成。是否具有担当精神，是否能够忠诚履责、尽心尽责、勇于担责，是检验每一个党员干部身上是否真正体现了共产党人先进性和纯洁性的重要方面。三是逃避责任。在现实社会中，一些党员干部中存在遇到好处向前冲，遇到矛盾绕道走，遇到困难往后退的现象。把共产党员的先锋模范作用抛到了九霄云外。因此，我们必须旗帜鲜明地与党内各种不良现象作斗争。

（5）道德行为不端和“三观”错位。公民良好的思想道德素养，是实现“两个一百年”奋斗目标和中华民族伟大复兴的强大精神支柱和有力的道德保障。然而，十八大以来查处的大案要案中，不难发现党员干部中还是存在道德行为不端和“三观”错位问题。主要表现：一是违反社会公德。社会公德，是社会公共生活领域的基本道德准则，它要求每个社会成员都毫无例外地遵守。共产党员作为无产阶级先锋队，更应该模范遵守社会公德。但事实并非如此，社会生活中仍有一些党员干部不带头遵守公共秩序、不爱护公共环境卫生、不遵守规章法纪等。二是违反职业道德。职业道德，是人们在各自所从事的行业中应该自觉遵循的行为准则。实际工作中，一些党员干部在遵守职业道德方面表现得不尽如人意，主要表现为不爱岗敬业、不真心服务群众、对待群众态度恶劣、学术不端、利用职务之便索贿受贿等。三是违反家庭美德。家庭美德，是人们在家庭生活中应该遵守的行为准则。家庭是社会的细胞，家庭和谐稳定是社会健康发展的基础，但有一些落马的党员干部不能做到孝敬老人、关爱子女、夫妻和睦，没有真正领悟和践行“修身、齐家、治国、平天下”的传统家国美德。四是不注意个人品德，即一个人的道德品质，也称德行或品性，是个体依据一定的道德行为准则，在社会交往中所表现出来的稳定的个性倾向与特征。品德修养是一个人的重要特征，代表着一个人真正的形象。虽然个人品德是私德，相对于社会公德、职业道德、家庭美德来说受关注的程度不是那么高，却是公德的基础和根源。社会公德、职业道德、家庭美德的实现最终都要建立在个人良好品德基础之上。如果一个人具有良好的个人品德，那么他在社会上一定是遵守公德的好公民；在工作中是遵守职业道德的好建设者；在家庭里是遵守家庭美德的好成员。然而现实中，不注意个人品德，贪图享受、奢侈浪费的党员干部，还是大有人在的，这样就有失共产党员的身份和形象。

（五）网络信息技术的发展使群众工作面临新挑战

网络信息技术的发展对改变整个人类社会的面貌起了重要的推动作用，这种新技术革命对人类社会生产生活产生的影响是多方面的，比如，计算机网络技术的运用和普及、信息高速公路的建立及全球范围的互联互通，使时空发生了根本性变化，整个世界变成了地球村。网络信息技术革命不仅改变着人类的生活方式，还引发人们观念和思维方式的更新，人们的思维方式的改变、视野的拓宽使人类更加重视创造性思维，更富有创新精神。

1. 计算机网络信息技术在中国的崛起

从 1987 年 9 月 20 日钱天白教授发出的第一封 E-mail 开始，到 1994 年 4 月 20 日 NCFG 正式立案入 Internet 这段时间里，中国的互联网艰苦地孕育着。从 1994 年到 1997 年互联网已经开始由少数科学家手中的科研工具，变成了广大人民群众的生活用品。其间，我国用专线接入因特网，设立第一个 WWW 服务器。人们通过各种媒体开始了解到互联网的神奇之处。从 1998 年到 1999 年仅仅一年时间里，中国网民开始呈几何倍数增长，上网从时尚前卫变成了人们日常生产、生活、工作、学习必不可少的基本需求。一场互联网的革命在短短两年时间里就覆盖了整个中华大地。至今年 7 月，全球网民达 9.38 亿，其中亚洲占 3.23 亿，北美占 2.23 亿。目前，我国网民总数和宽带上网人数均仅次于美国，位居世界第二。

计算机技术和通信技术的发展及相互渗透结合，促进了计算机网络的诞生和发展。通信领域利用计算机技术，可以提高通信系统性能。通信技术的发展又为计算机之间快速传输信息提供了必要的通信手段。计算机网络在当今信息时代对信息的收集、传输、存储和处理起着非常重要的作用。其应用领域已渗透到社会的各方面，信息高速公路更是离不开它。因此，计算机网络对整个信息社会有着极其深刻的影响，已引起人们高度重视和极大兴趣。21世纪已进入计算机网络时代，计算机网络极大普及，计算机应用已进入更高层次，计算机网络成了计算机行业的一部分。新一代的计算机已将网络接口集成到主板上，网络功能已嵌入操作系统之中，智能大楼的兴建已经和计算机网络布线同时、同地、同方案施工。随着通信和计算机技术紧密结合和同步发展，我国计算机网络技术飞跃发展。

总之，计算机网络在今后发展过程中不再仅仅是一个工具，也不再是一个遥不可及仅供少数人使用的技术专利，它将成为一种文化产品、一种生活方式，融入社会生活各个领域，遍布世界各个角落，而人们广泛而经常的使用也会将它的功能发挥得淋漓尽致。

2. 计算机网络信息文化的内涵及特点

广义的计算机网络信息文化是指人们在政治、经济、文化、社会活动以及生态环境治理过程中利用网络、信息技术及其相关资源创造的物质财富与精神财富的总和。狭义的计算机网络信息文化是指互联网发明推广以后，通过各民族语言的数字化来实现信息传输的电子化，在这一过程中，完成现实世界与虚拟世界的交互融通而创造的一切精神产品的总和。计算机网络信息文化是一种后现代文化，它完全不同于传统文化，其差异性主要表现在二者的生产、传播与消费方面大相径庭。从生产主体看，传统文化的生产者完全是社会的上层或精英人士，他们拥有非凡的学识或者是某一领域的专门人才，处于社会中的专业部门或学术共同体。这些人通常是主流文化的代言人，他们的思想和观点具有权威性、前瞻性和导向性，通常被认为是特定社会一定时期的主流文化。而网络信息文化的生产者不一定是社会上层人物或精英人士，相反，大部分是一般民众，即网民，许多上层人物或精英人士充当了推动者和策划者的角色。同时，网络信息文化具有时尚性、娱乐性、功利性等特点，但通常被认为是昙花一现的草根文化。从消费方式上看，传统文化的消费形态是严肃的、保守的，其内容和形式受到严格限制，而且消费对象不同，消费内容和消费形式也不尽相同，具有计划性、公开性、被动性的特点。而网络信息文化的消费形态是主动的、开放的、有选择性的，其内容和形式难以受到有效控制，具有主动性、隐蔽性、随意性的特点。从传播途径上看，传统文化主要是纸质的文本文化，生产成本高、传播环节多，容易被监管，传播速度慢、周期长。且网络信息文化的传播途径主要是网络和手机，文化产品的生产者和消费者合二为一，生产传播成本低、速度快、周期短。

3. 计算机网络信息时代群众工作面临的新挑战

网络信息技术是一种新兴的后现代科技文化，它具有便捷性、直接性、普及性、虚拟性和扩散性等特点。网络信息文化在生产、生活、工作、学习、消费和传播等方面具有便捷性和直接性的特点，决定了它可以带来良好社会效益，使之既能便捷地传递信息、娱乐大众，又能够产生较高的经济效益，如节省流通成本和时间等。与此同时，它的虚拟性、普及性、扩散性不仅给新时期群众工作提供了有效手段，也提出了严峻挑战。

党的群众工作要求具有强烈的使命感。网络信息文化就像催化剂，它的传播随时都可能激化社会矛盾，使局部事件演变成全局性事件，个别突发事件发展为群体性事件。从国际上看，一些重大事件，如西方策划的“颜色革命”，就是充分利用现代网络信息技术虚拟性、普及性、扩散性的特点，大肆渲染，混淆视听，如果管控处置不当，可决定一个国家和民族的兴衰存亡；从国内来看，它严重影响到人民群众的生产、生活、工作、学习，以及社会的和谐稳定。无论是国际还是国内，人民群众高度关注的腐败问题、就业问题、司法公正问题等都可以成为社会焦点问题，原本很小的事件扩大升级，背后往往有网络传播的影子。

2010 年 12 月，北非国家突尼斯的一个市民与警察发生冲突，因不堪忍受警察的粗暴行为而引火自焚。尽管该国政府对网络的控制极其严格，但凭借仅有的 Facebook 平台，全国网民大都了解了事件的真相和发展态势。事实上，网民早已了解到政府奢侈糜烂的生活与大量失业人群穷困潦倒状态的鲜明对照，加上网络信息传播的推波助澜，一些群众甚至愿意拿自己的生命与政府抗争。可以说，网络在这一事件中充当了组织者、宣传者和推动者的角色，结果国家政权垮台，总统被迫逃到国外寻求政治避难。

由于网络技术具有便捷性、直接性和普及性的特点，我们要创新群众工作的网络信息平台，以利于更好地问政于民、问策于民、问计于民、问需于民，努力提高群众工作的准确性和实效性。同时，针对网络技术的虚拟性和扩散性的负面影响，我们必须加强网络监管和网络信息文化的法治化建设，打造文明、和谐、有序的网络生态环境，逐步缩小网络建设的区域差别，形成互联互通、文明科学、健康合理的网络结构。要辩证地看待网络信息平台的工具性作用，科学地评估网上信访的实际功效，持之以恒地用先进的网络文化武装党员干部队伍，从而形成稳定的、常态化的网络文化自觉观念，从容自信地应对和处置突发性群体事件。

第五章　新时代创新群众路线的紧迫性和艰巨性

2013年8月19日，习近平总书记在全国宣传思想工作会议上强调指出："今天，宣传思想工作的社会条件已大不一样了，我们有些做法过去有效，现在未必有效；有些过去不合时宜，现在却势在必行；有些过去不可逾越，现在则需要突破。'不日新者必日退''明者因时而变，知者随事而制。'做好宣传思想工作，比以往任何时候都更加需要创新。"①这充分说明了新一届中央领导集体认识到新时代创新思想政治工作，走好群众路线的紧迫性和艰巨性。

一、创新群众工作方法是全面建成小康社会的迫切要求

全面建成小康社会是建设中国特色社会主义，到21世纪中叶把我国建设成为现代化强国战略步骤中的关键一环。我们党曾在1964年12月召开的全国人大三届一次会议上最早提出实现"四个现代化"分"两步走"的设计，"从第三个五年计划开始，我国的国民经济发展，可以按两步来考虑：第一步，建立一个独立的、比较完整的工业体系和国民经济体系；第二步，全面实现农业、工业、国防和科学技术的现代化，使我国经济走在世界的前列。"②十一届三中全会以后，邓小平提出的"三步走"的发展战略，是在毛泽东提出的"两步走"战略的"第一步"设想已经基本实现的前提下，对如何实现"第二步"战略目标所提出的比较切合实际的具体设想。

---

① 习近平．在全国宣传思想工作会议上发表重要讲话［EB/OL］．新华社，2013-08-19.

② 中共中央文献研究室．周恩来经济文选［M］．北京：中央文献出版社，1993：563.

1987年10月，党的十三大报告根据邓小平的设想，对“三步走”战略思想作了完整的表述。报告指出：党的十一届三中全会以后，我国经济建设的战略部署大体分三步走。第一步，实现国民生产总值比1980年翻一番，解决人民的温饱问题。这个任务已经基本实现。第二步，到20世纪末，使国民生产总值再增长一倍，人民生活达到小康水平。第三步，到21世纪中叶，人均国民生产总值达到中等发达国家水平，人民生活比较富裕，基本实现现代化。然后，在这个基础上继续前进。

“小康社会”是由邓小平在20世纪70年代末80年代初在规划中国经济社会发展蓝图时提出的战略构想。党的十八大报告首次正式提出“全面建成小康社会”。2017年10月18日，习近平指出：“我们既要全面建成小康社会、实现第一个百年奋斗目标，又要乘势而上开启全面建设社会主义现代化国家新征程，向第二个百年奋斗目标进军。”① 全面建成小康社会是2012年党的十八大报告中首次提出的。全面建成小康社会的战略目标，在“四个全面”战略布局中居于核心地位，其他“三个全面”都始终服务于这个战略目标。全面深化改革为全面建成小康社会提供动力支持；全面推进依法治国为全面建成小康社会引领、规范和护航；全面从严治党是全面建成小康社会的根本保证。

群众路线是植根于中国社会现实，以中国传统民本思想为蓝本，以马克思主义唯物辩证法为指导，在革命、建设和改革的实践中形成并逐步完善的一条适合中国国情的依靠农民群众来改变国家和民族命运的路线，是中国共产党的生命线和根本工作路线。因此，在全面建成小康社会的过程中，须充分认识到群众在社会发展和社会变革中的巨大作用，充分发挥人民群众的主体作用，实现好、维护好群众的经济利益，维护好、保障好群众的政治利益，培养好、提升好群众的综合素质，意义重大而深远。

党的十九大提出了“在中国共产党成立一百年时全面建成小康社会”的目标。要实现全面建成小康社会的目标，重点和难点在农村和农民群众。新时代，实现全面建成小康社会的奋斗目标，要求党的领导干部要秉持执政为民的理念，切实解决好人民群众最为关心的教育、医疗、住房“三大民生”问题。习近平新时代中国特色社会主义思想理论的核心就是坚持以人民为中

① 习近平．新时代　新征程　新篇章［EB/OL］．新华网，2017-10-18.

心。以人民为中心的根本是用发展的办法不断增进人民的福祉，使人民群众享有充分的获得感。践行党的群众路线，就是要切实解决群众最关心的问题，使人民群众学有所教、病有所医、住有所居，能够真实地感受到党的政策的温暖。

（一）高度重视教育资源不均衡引发的社会乱象

百年大计，教育为本。建设教育强国是中华民族伟大复兴的基础工程，必须把教育事业放在优先位置，加快教育现代化，办好人民满意的教育。

教育不仅是基础性工程，更是系统性工程；不仅是百年大计，更是民生之要。改革开放伊始，“再穷不能穷教育”“再苦不能苦孩子”的重教理念深入人心。为改变农村基础教育落后的面貌，政府投入大量人力财力，培养了一大批有知识、懂技术，善于接受新思想的社会主义建设生力军。40年工业化和城市化的发展，使中国跻身世界强国之林。然而，多年来片面追求外延式发展的模式，也带来了诸多弊端。就教育而言，只注重教育的经济投入，忽视素质教育；只注重应试教育，忽视技能教育；只注重知识的灌输，忽视道德教育；高等教育盲目扩招，却忽视了高精尖选拔培养教育；只注重教育的市场化，忽视了教育的均衡性发展；片面追求升学率功利性价值，而忽视了教育树人的核心价值，等等。由于没有系统性、长期性的规划设计，这种就事论事、临渴掘井的政策规范引导模式，引发了诸多社会乱象。

解决上述问题的关键在于，各级政府要树立正确的教育观，真正为国家培养出德才兼备的“四有”新人；高度重视劳动实践教育，寓劳动教育于基础教育和高等教育之中，在全社会形成崇尚劳动、尊重劳动、劳动光荣的风尚，职业教育可以借鉴德国的实践教育模式；完善城市经济房、共享房等配套设施建设，优化教育资源，从源头上解决学区房引发的社会乱象。

（二）全面建成小康社会要切实解决看病难看病贵问题

“小康社会”是由邓小平在20世纪70年代末80年代初在规划中国经济社会发展蓝图时提出的战略构想。党的十八大报告首次正式提出全面“建成”小康社会。2017年10月18日，习近平指出：“我们既要全面建成小康社会、实现第一个百年奋斗目标，又要乘势而上开启全面建设社会主义现代化国家新征程，向第二个百年奋斗目标进军。"① 要动员全党全国全社会力量，坚持精准扶贫、精准脱贫，坚持中央统筹省负总责市县抓落实的工作机制，强化党政"一把"手负总责的责任制，坚持大扶贫格局，注重扶贫同扶志、扶智相结合，深入实施东西部扶贫协作，重点攻克深度贫困地区脱贫任务，确保到2020年我国现行标准下农村贫困人口实现脱贫，贫困县全部摘帽，解决区域性整体贫困，做到脱真贫、真脱贫。

事实上，在广大农村，尤其是偏远贫困地区，因病致贫、因病返贫问题相当突出。精准扶贫不仅要经济扶贫、教育扶贫，更要医疗卫生扶贫。广大偏僻农村，由于交通不便、信息闭塞、卫生常识缺乏、医疗条件落后等因素的制约，很容易感染生病，患病得不到及时、有效的救治。加上经济拮据，省吃俭用，长期养病，最终酿成大病，还有到城市看病很难及时住院，看病医疗成本较高等，这些都是造成因病致贫返贫的主要原因。

全面决胜小康社会，每个人的健康是第一位的。我们必须下大力气解决人民群众看病难治大病更难的现实问题。一是合理配置医疗卫生资源，健全医疗卫生服务体系，重点加强农村三级卫生服务网络和社区卫生服务体系建设，落实经费保障措施。二是加快完善医疗保障制度，在城市，建立健全覆盖城镇居民医疗保险制度；在农村，深化新型农村合作医疗。三是强化公立医院公共服务职能，加强医德医风建设，规范收支管理，纠正片面创收倾向。增加政府对医疗卫生的投入，对公立医院实行收支两条线管理，改变公立医院以药养医、片面创收的运行机制。四是整顿药品生产和流通秩序，建立安全、有效、价廉的基本药物制度，保证群众基本用药。五是严格医疗机构、技术准入和人员执业资格审核，引导社会资金依法创办医疗卫生机构，支持有资质人员依法开业，方便群众就医。六是发挥中医药和民族医药"简、便、验、廉"的优势，大力扶持中医药和民族医药发展。

（三）大力实施安居工程

居者有其屋，一般认为出自孙中山"耕者有其田，居者有其屋"的民生思想，意指凡是需要定居（居住）的人都应当获得住所（房屋）。党和国家的住房政策，得到了人民的支持，让人民定有所居，居者有其屋，彻底地改

① 习近平．决胜全面建成小康社会　夺取新时代中国特色社会主义伟大胜利［M］．单行本．北京：人民出版社，2017：28.

变了居者无其屋的社会混乱状态。安居，对城市的每一个家庭来说，都是头等大事。让普通市民，特别是城市低收入群体住上满意的房子，是构建和谐社会的必然要求，是全面建成小康社会的基础性工程。党的十八大以来，各地加大了对保障性安居工程建设的扶持力度，努力让更多的低收入家庭“居者有其屋”。城市住房问题有两个重要表象：一是房价过高，城市居民住房支付能力不足；二是住房供给不足，无法满足新增人口与本地居民改善需求。产生这种现象的原因主要有以下几方面。一是社会结构方面的原因，即长期以来计划经济体制遗留下来的、封闭性的城乡二元结构造成的。单位计划分配福利房，制约了城市住房建设的发展，导致人多房少的局面。后来，实行住房商品化改革，减弱了城市居民的购房积极性。一些单位和部门为了暂时缓解住房问题而建造了部分过渡房，成为今天一些住房质量低劣的根源。二是经济方面的原因。经济是城市住房体制改革的基础，也是解决城市住房问题的关键。在现阶段，由于经济条件的限制，城市住房问题的解决步履维艰。首先，在政府方面，资金的缺乏影响了住房建设的投入和发展，城市安居工程的建设和旧房的拆迁、改造工程都受到了很大的影响，致使那些期待着政府和社会帮助的居民家庭的住房问题难以解决。其次，在体制转轨的过程中，很多单位的职工住房仍由单位有价分配。许多单位经济效益差，建房资金少，建房速度慢，致使单位职工的住房问题也日趋严重。最后，对有住房分户需求的家庭来说，购买住房是他们解决住房问题的主要选择。但现在的房价远远高于普通家庭的购买能力，经济条件的限制使许多家庭解决住房问题的希望成为泡影。

随着城市化发展的加快，城市已经完全进入商品住房消费阶段，而房价的上涨带来了一系列的住房矛盾，特别是给城市工薪阶层带来了巨大的住房压力，“想买房”与“买不起房”之间的巨大矛盾促使城市住房问题进一步加深，也对市民生理和心理造成一定影响。住房问题作为目前社会最突出的民生问题之一，政府应该多方面着手去解决。解决城市住房问题的主要途径：第一，政府重视，健全社会保障。城市住房问题不仅是影响城市社会经济发展的重要因素，也是影响城市居民生活质量提高的重要指标。无论是中央政府还是地方城市政府，都应该高度重视城市住房问题。强化由国家、集体和个人三者相结合的住房保障制度。第二，发展经济，增加居民收入。经济是解决住房问题的关键要素。有了钱，政府和单位才能建造住房；有了钱，家庭也才能够购买住房。所以只有加快城市经济改革，提高经济效益，增加居民家庭的经济收入，才能更好、更快地解决城市住房问题。第三，调整住房政策，规范房屋中介。首先，加大住房建设的投资，加快城镇旧房改造和安居工程建设。其次，降低城镇居住房地价，向房地产开发商提供低息贷款，减轻税负，降低房价，推动城市住房的建设和销售。再次，设立住房贷款基金，首套购房最低利息，以促进低收入家庭购房；规划建设与居民需求相适应的高、中、低不同层次的住房，满足不同群体的个性化需求；规范房产中介行为，促进房产交易有序流转。最后，改革户籍制度，严格控制炒房行为。工业化、城市化必然带来人口大流动、大迁移。城市的繁华应该为全体劳动者共享，不能让进城务工人员受到区别对待，应该营造一个安居乐业的社会氛围。为此，必须加快户籍制度改革，解决进城务工人员户籍、住房、子女教育等基本问题。解决城市住房问题的原则：补贴首套房，控制二套房，放开商业房，打击投机炒房，征收多套房个人所得税。

中华民族伟大复兴是全体中国人的梦想，中国共产党的奋斗征程、改革开放的发展历程、党的十九大庄严宣誓的未来30年的光明前程表明：中国梦不是抽象的，而是具体的，它存在于亿万中国人民建设中国特色社会主义的伟大实践中。人民群众是历史的创造者，是决定党和国家前途命运的根本力量。必须坚持人民主体地位，坚持立党为公、执政为民，践行全心全意为人民服务的根本宗旨，把党的群众路线贯彻到治国理政全部活动之中，把人民对美好生活的向往作为奋斗目标，依靠人民创造历史伟业，最终实现民族复兴的中国梦。

党的十九大报告指出：增进民生福祉是发展的根本目的。必须多谋民生之利、多解民生之忧，在发展中补齐民生短板、促进社会公平正义，在幼有所育、学有所教、劳有所得、病有所医、老有所养、住有所居、弱有所扶上不断取得新进展，深入开展脱贫攻坚，保证全体人民在共建共享发展中有更多获得感，不断促进人的全面发展、全体人民共同富裕。建设平安中国，加强和创新社会治理，维护社会和谐稳定，确保国家长治久安、人民安居乐业。在决胜全面建成小康社会的“伟大斗争”中，彻底打赢脱贫攻坚战，其着力点就是要切实解决压在群众身上的教育、医疗、住房的新“三座大山”。我们的工作能否得到人民群众的认可，关键就是看能否推翻这“三座大山”，能否打赢新时期“防范化解金融风险、精准脱贫、污染防治”三场攻坚战。

二、不平衡不充分的发展使党群干群关系面临新考验

党的十九大报告指出，中国特色社会主义进入新时代，我国社会主要矛盾已经转化为人民日益增长的美好生活需要和不平衡不充分的发展之间的矛盾。这就明确了新时代我们党所面临的主要社会矛盾和需要着力解决的重大课题，即从人民群众最为关心的问题入手，切实解决人民群众的基本需求和对美好生活的向往。

（一）正确理解新时代社会主要矛盾

1. “美好生活”的内涵。所谓“美好生活”，事实上是一个抽象的相对的概念。是感性与理性、物质与精神、现实与理想、肉体与灵魂的有机统一。具体包括物质生活是否丰裕、基本权利是否得到有效保障、人格尊严是否得到尊重、公序良俗是否得到崇尚以及个性是否得到完善而自由全面发展。其中，物质上的丰裕是人民群众过上“美好生活”的物质基础；基本权利得到有效保护是“美好生活”的重要内容；人格尊严得到尊重是“美好生活”的本质要求；美德受到敬重是“美好生活”的重要特征；个性得到完善的自由而全面发展是“美好生活”的终极目标。就广大农村，尤其是偏远山区而言，“美好生活”集中表现为物质层面的富足。而在城市，以及发达地区的农村，“美好生活”的内容还包括民主、法治、公平、正义、安全、环境等方面日益增长的需要。

2. 对“不平衡不充分的发展”的阐释。“不平衡不充分的发展”的具体含义，是相对于人民美好生活需要讲的；是从工农之间、城乡之间、区域之间、行业之间发展不平衡来说的；是指社会生产的物质财富和精神财富，还不能充分满足人民群众日益增长的美好生活需要而言的。在2000年以前，当我们谈到新媒体时，也不过是都市报、新晚报、电视周报等，而且这些都市生活小报，具有很强的地域性，其他地方看不到。今天的互联网就不同了，一台电脑、一部手机，全国各地、大千世界，只要简单一搜索，图文并茂的场景就立刻展现在你的面前。还有，从前人们只要填饱肚子也就满足了。后来工资涨了，收入高了，物质丰富了，我们却发现冻肉没人买了，鱼必须吃活的，米面要吃新的，也就是说，人们开始注重营养、保质期、保鲜度，生活质量有了进一步提高，生活的需求开始多样化，社会需求出现了明显的分

层。尤其是高端产品的需求，我国目前不能很好地满足，导致很多群众热衷于海淘。以上例子说明，不平衡不充分的发展满足不了人们多样化的需求。所以，这就成为我们新时代所要解决的重大课题。

3. 矛盾双方是有机统一体。进入新时代，我们必须正确地理解社会主要矛盾。既不能脱离人民群众对“美好生活”需求的实际，去孤立地谈论不平衡不充分发展问题；也不能从广大农村生产力相对落后的现实去解读新时代的社会主要矛盾。这是因为，一是通过改革开放40年的发展，我国经济社会发展已经取得了举世瞩目的巨大成就，开启了新时代；二是当前我国各项事业的发展与发达国家相比，与全面建成社会主义现代化强国的要求相比，有一定差距。因此，存在发展不平衡不充分的问题是自然的、在所难免的。但是，就经济社会发展所取得的成就——稳居世界第二的国内生产总值、不断提升的经济发展质量和效益、日益增强的区域发展协调能力、日臻完善的社会服务和保障体系等而言，已经是有口皆碑、有目共睹了。

（二）着力解决“不平衡不充分”发展问题

1. 解决“不平衡不充分”发展问题要认真贯彻党的群众路线。当前，各级党组织和党员干部在贯彻执行党的群众路线方面总体上是好的，但也存在一些不容忽视的、脱离群众的现象，集中表现就是“四风”。贯彻党的群众路线，首先，要坚决反对形式主义和官僚主义。形式主义的主要表现是贪图虚名、不务实效、劳民伤财，用轰轰烈烈的形式代替扎扎实实的落实，不顾群众实际需要和财政承受能力大搞“形象工程”“政绩工程”等。官僚主义的主要表现是脱离群众、脱离实际、崇拜权力、不恤民情。主观上的官僚主义在客观上表现为形式主义，客观上的形式主义又助长了主观上的官僚主义，二者共同的错误根源都在于脱离群众、脱离实践。官僚主义是封建思想遗留的顽症，是助长“四风”的罪魁祸首。因此，党员干部一定要克服官僚主义思想，深入群众、深入实际、深入基层，打赢改革发展、扶贫脱贫的攻坚战，维护安定和谐的好局面，当好人民群众的勤务员，虚心向人民群众学习，到群众中收集丰富、真实的一手材料，去发现和解决群众面临的实际问题，检验决策的科学性。其次，贯彻党的群众路线，要坚决反对享乐主义和奢靡之风。早在社会主义建设探索时期，毛泽东就提醒全党：因为革命胜利了，有一部分同志，革命意志有些衰退，革命热情有些不足，全心全意为人民服务的精神少了，过去跟敌人打仗时的那种拼命精神少了，而闹地位，闹名誉，讲究吃，讲究穿，比薪水高低，争名夺利，这些东西多起来了。[①] 在中国特色社会主义进入新时代的今天，经济发达了，人们生活富裕了，享乐主义和奢靡之风也就有了很大的市场。享乐主义的主要表现是贪图安逸、不思进取，讲排场、比阔气，无视群众的冷暖与安危。奢靡之风则是享乐主义极端化发展的产物。享乐主义和奢靡之风的错误思想根源在于忘记了自己是一名共产党员，把个人利益凌驾于人民利益之上，把党的先进性和纯洁性抛到九霄云外。

2. 解决“不平衡不充分”发展问题的首要任务是解决民生问题。“人们首先必须吃、喝、住、穿，然后才能从事政治、科学、艺术、宗教，等等。”[②] 事实上，人们只有把温饱问题解决了，衣食住行无忧，才能谈对“美好生活”的向往。因此，我们必须立足于客观现实，从保障与改善衣、食、住、行等基本民生入手，开展“精准扶贫”，关心关爱弱势困难群体，打赢全面脱贫攻坚战。同时加快消除体制机制上的阻碍，调整产业结构、需求结构，增强经济增长动力，提高经济发展质量和效益。在不断满足人民群众日益增长的物质文化需要的同时，促进社会共享共荣发展，最终实现全面建成小康社会目标。党的十九大报告庄严宣告：“人民是历史的创造者，是决定党和国家前途命运的根本力量。必须坚持人民主体地位，坚持立党为公、执政为民，践行全心全意为人民服务的根本宗旨，把党的群众路线贯彻到治国理政全部活动之中，把人民对美好生活的向往作为奋斗目标，依靠人民创造历史伟业。”[③] 因此，党员干部一定要不忘初心、牢记使命，充分认识到党的执政地位合法性源于人民群众的选择，党政领导干部手中的权力源于人民的授予，各项工作成绩源于人民的支持，只有把自己放到人民公仆的位置上，真正做到情为民所系、权为民所用、利为民所谋，高风亮节，吃苦在前、享受在后，艰苦奋斗、勤奋工作，这样才能带领群众创造幸福美好生活。

---

① 中共中央文献研究室．毛泽东文集：第七卷［M］．北京：人民出版社，1999：284.

② 中共中央马克思恩格斯列宁斯大林著作编译局．马克思恩格斯选集：第 1 卷［M］．北京：人民出版社，2012.

③ 习近平．决胜全面建成小康社会　夺取新时代中国特色社会主义伟大胜利［M］．单行本．北京：人民出版社，2017：.

3. 解决“不平衡不充分”发展问题的根本目的是实现共同富裕。新中国成立以来，中国共产党为了实现共同富裕带领全国各族人民奋力向贫困宣战。经过70年的不懈努力，尤其改革开放40年的奋斗，走出了一条独具中国特色的扶贫开发道路，使7亿多贫困农民成功脱贫，为全面建成小康社会打下了坚实基础。“截至2014年年底，中国成为世界上减贫人口最多的国家，也是世界上率先完成联合国千年发展目标的国家，但中国仍有7000多万农村贫困人口。”①

“十三五”期间我国脱贫攻坚的总目标是，到2020年年底稳定实现农村贫困人口基本生活不愁吃、不愁穿，农村贫困人口义务教育、基本医疗、住房安全三大基本民生有保障。同时，实现农村贫困地区农民人均可支配收入增长幅度高于全国平均水平，主要领域的基本公共服务指标接近全国平均水平。脱贫攻坚到了啃硬骨头、攻坚克难的关键阶段，必须以更强的决心、更大的勇气、更清晰的思路、更有效的举措、更超常的力度，勠力同心，众志成城，坚决按期实现脱贫攻坚目标，绝不丢下任何一个贫困群众。

2018年，党中央加强了脱贫攻坚全面部署，无论在力度、广度、深度上，还是在精准度上都达到了前所未有的水平。三年脱贫攻坚行动开局良好，脱贫进程明显加快，扶贫干部工作能力和作风建设初见成效，精准扶贫、精准脱贫举措落地生根，东西部地区、城乡之间扶贫协作和定点扶贫取得突破性进展，资金保障进一步加大，农村贫困地区生产生活条件明显改善，一直困扰贫困群众的行路难、饮水难、用电难、教育难、就医难、通信难等基本生活问题得到了很好的解决。然而，深度贫困地区农民脱贫攻坚任务仍然艰巨，脱贫难度较大，实现“两不愁三保障”任重道远，必须建立健全扶贫脱贫的长效机制，必须始终保持攻坚状态，咬定目标不放松，久久为功。

2019年是新中国成立70周年，也是打赢脱贫攻坚战最为关键的一年。各级党委政府、各部门机关单位、全体扶贫工作者，要以高度的政治责任感深入学习贯彻习近平总书记关于扶贫工作的重要指示精神，全面认真落实三年行动计划指导意见，坚持把脱贫攻坚目标和现行扶贫状况结合起来，坚持

① 习近平：脱贫攻坚战冲锋号已经吹响　全党全国咬定目标苦干实干［EB/OL］. 新华网，2015-11-28.

扶贫工作大局，聚焦扶贫脱贫难点重点和突出问题，强化主体责任，认真贯彻落实，力争完成“十三五”脱贫目标任务，为2020年全面打赢脱贫攻坚战奠定坚实基础。

习近平总书记在党的二十大报告中指出：“中国式现代化是全体人民共同富裕的现代化。”① 共同富裕是社会主义的本质要求，是中国式现代化的重要特征。习近平总书记多次强调：实现共同富裕是一个长期任务，必须久久为功。在实现共同富裕的征程上，我们要有“咬定青山不放松，不断取得新进展”的韧劲。坚持尽力而为、量力而行，重在提升公共服务水平，在教育、医疗、养老、住房等人民群众最关心的领域精准提供基本公共服务，用心用情用力筑牢民生保障安全网。治国之道，富民为始。要把促进全体人民共同富裕摆在更加突出的位置，在推进高质量发展中推动共同富裕取得更为明显的实质性进展，带领全体人民一起奔向共同富裕的美好明天。

三、新媒体时代网络舆情给群众工作带来新挑战

（一）新媒体、大数据和网络舆情的概念

1. 新媒体。新媒体（new media）是相对于传统媒体而言的。传统媒体主要是指报刊、广播、电视等，具有纸质化、平面化的特点。新媒体是后现代科技文化发展的产物。主要包括网络媒体、手机媒体、数字电视等。有数字化、虚拟化、便捷化、普及化等特点。严格意义上讲，新媒体是利用数字技术、网络技术，通过卫星技术、无线通信系统、互联网、宽带局域网等渠道，以数字电视机、电脑、手机等终端设备为平台，向用户传播信息、提供服务的新的媒体形态。其中，数字化是新媒体最为典型的特征。新媒体是以数字信息技术为基础、以互动传播为特点、具有创新形态的媒体。随着互联网的日益普及，新媒体日益渗透到经济、政治、文化、社会生活等各个领域，发挥着不可替代的巨大作用。

2. 大数据。大数据（big data）是指无法用常规软件工具在一定时间和范围内捕捉、管控和处理的数据集合，是需要用新的模式处理后才具有更强的决策力、洞察力、优化能力，以及高增长率和多样化的海量信息资产。大

---

① 习近平．高举中国特色社会主义伟大旗帜 为全面建设社会主义现代化国家而团结奋斗［M］．北京：人民出版社，2022：22.

数据拥有 5 个特点：volume（大量）、velocity（高速）、variety（多样）、value（低价值密度）、veracity（真实性）。① 大数据就是伴随高科技发展应运而生的产物，因为现代社会是一个科技发达、信息流通、高速发展的社会，人们之间交流日益密切，交往成本越发低廉，生活更加方便。大数据的积极意义归纳起来至少具有以下三方面：（1）企业可以利用大数据精准地为消费者提供产品或服务；（2）大数据可以为小微企业提供转型服务；（3）在互联网时代，大数据有助于传统企业与时俱进地实现顺利转型。不过，大数据在经济发展中的巨大作用并不说明它具有对社会问题的理性思考，科学理性的逻辑不会被海量的数据所湮没。也就是说，大数据显示的只是客观存在的系统的数据统计，并不是理性思维的分析结果。

3. 网络舆情。网络舆情也就是网络舆论，即在互联网上广为传播的一种表达网民对社会问题不同看法的社会舆论形式，是现实生活中公众对某些焦点、热点问题所持的具有较强影响力和一定倾向性的观点和言论。网络舆情是以网络为载体，以事件为核心，以广大网民情感、态度、意志、观点的表达为内容，以传播、交流、互动为方式方法，以及以后续影响力为一定目的的一种集合效应。其主要表现形式有：新闻评论、BBS 论坛、微博、微信、博客、播客、聚合新闻（RSS）、新闻跟帖及网络转帖等。网络舆情具有信息多元、表达快捷、方式互动等优点，具有开放性、虚拟性、直接性、随意性、多元性、突发性、隐蔽性、偏差性等特点。因此，认真研究网络舆情的形势和特点，分析其利弊，掌握有效应对方法和措施，对于广大党员干部走好新时期网上群众路线，创造性地开展群众工作，意义重大而深远。

近年来，网络舆情对政治秩序和社会稳定的冲击与影响与日俱增，一些重大网络舆情事件时有发生，网络传播速度之快，传播范围之广，使人们开始认识到网络监督的巨大作用，也就是说"全民皆记者"的时代到来了。同时，网络舆情突发事件如果处理不及时或者处理不妥当，非常容易激发民众不良情绪，从而引发群众过激的违法违规行为，扰乱社会秩序，甚至将事件责任和过错转嫁给政府，并对社会稳定构成潜在威胁。

（二）新媒体、大数据是网络信息技术高速发展的产物

自从人类发现电这一神奇的物质以来，就一直尝试着将其用于信息传

---

① 大数据仍然离不开人的赋予［EB/OL］. 中国大数据，2016-01-04.

递。1837年，美国画家莫尔斯利用点、横两种不同符号进行排列组合代表不同字母、数字和符号，发明了莫尔斯电码。这就大大简化了电报系统，使信息远距离传送和快速分享成为可能，从而拉开了人类社会信息化应用发展的序幕。1871年，在中国这块古老的土地上，电报这一西方近代文明的产物随着帝国主义的侵略传到了中国。从此，中国人也搭上了信息时代的快车。

进入20世纪，电报、电话以及互联网的出现，使信息传播速度出现了前所未有的变化。截至2015年年底，中国手机用户已达13.6亿。以智能手机为载体的移动互联网正在强势崛起。新媒体带来新的传播方式，新的传播方式催生了一大批民间或草根网络舆论领军人物，从而让政府的话语控制权受到了空前的挑战。这种依托于网络信息技术之上的人际沟通和信息传播方式的巨大变革，对传统社会的生产、生活、社会管理方式，尤其是思想意识形态的冲击是前所未有的。如果不善于管控，它必然会严重侵害社会有机体和主流价值观，破坏良好的社会氛围，阻碍经济社会的发展。

随着时代的发展，网络信息技术的突飞猛进，传统的影院、剧院、纸媒、平面媒体以及电视媒体已经无法满足人民日益增长的多样化、个性化的文化需求。在“互联网+”的时代，自媒体的发展可以说势如破竹，给纸媒、平面媒体甚至是电视媒体带来极大的困扰。为了能够在新一轮传媒竞争中立于不败之地，越来越多的纸媒开始发展自己的自媒体，而自媒体要想做大做强，就必须了解用户的真实需求。而大数据的应用将能够有效解决这些问题。截至2018年年底，百兆光纤入户比例占到整个入户比例的七成以上；到今年2月底，手机用户有15.6亿，大大超过我国人口的数量，现在很多人是一人两部手机，很多用户直接用手机上网，随着网络技术的不断提升，需要寻找一个新的平衡点来满足市场需求，这就要求政府出台相关政策和提供资金帮助推动，政府通过“提速降费”给予手机用户更低的资费和更高效的网络服务，促进移动通信行业的快速发展。源浚者流长，根深者叶茂。我国正在建设5G网络，进一步推动信息产业变革和跨越式发展。电信行业的“提速降费”应该是多方力量协同作用、水到渠成的结果。

（三）新媒体、大数据时代网络舆情工作挑战与机遇并存

1. 新媒体、大数据带来网络舆情管理新挑战

（1）海量数据的挑战。海量的网上信息一般来说难以掌控，大量相关

性、偶发性因素使舆情更加复杂多变，传统的舆情监测研判手段和方法难以奏效，必须加紧开发新的技术手段，研究新的、更加有效的监测、监管和监督方法。

（2）信息选择性传播的挑战。网上数据无限性和网民关注能力有限性之间的矛盾，加剧了社会舆论的“盲人摸象”效应。社会化媒体促进信息的开放和沟通的便捷，分众传播、个性化传播凸显，使偏激的观点更容易找到“同类”，从而相互支持、强化放大，加剧舆论偏激情绪。

（3）舆论话语权分散的挑战。大数据时代各类数据随手可得，越来越多的机构、个人通过数据挖掘和分析得出的各种结论会不胫而走，有效管理舆情的难度越来越大。

2. 新媒体、大数据带来网络舆情治理新机遇

（1）网络社会与现实社会日益融为一体，网络舆情管理不再局限于网上言论领域，而必须全面掌握网络舆情运行规律及其与现实社会的相互影响，实现网上网下充分联动、协调共治。

（2）网络舆情管理手段丰富多样。运用大数据技术，可以从更宽领域、更长时段对网上舆论进行比对分析，更加准确地把握网民情绪特点，预判舆情发展趋势，提高舆情管理的效能。

（3）网络舆情研究方兴未艾。借助大数据的收集、整理与分析，网络舆情研究视角将更加多元化、精细化和精确化，从而改变了目前网络舆情研究出现的“策为上、术为主、学匮乏”的尴尬学术现实。

（四）走好新媒体、大数据时代“网上群众路线”

当今信息时代，互联网在广大网民和政府公共部门之间搭建了一座相互沟通的桥梁，越来越多网民能够通过互联网及时了解政务信息，与网友在线沟通，和相关领导在网上进行互动交流，等等，互联网为网民提供了更加便捷的利益表达和利益诉求通道。同时，互联网也对网络政务提出了更高要求。借助于大数据，政府可以通过互联网进行数据统计和分析，把人民群众日常生活工作中的碎片化诉求展示得淋漓尽致。这样一来，就为政府决策和广大党员干部如何走好新时期“网上群众路线”提供了崭新的视角。

1. 新媒体、大数据时代网民结构与特征分析

（1）手机网民数量显著增加

随着我国网络信息技术不断提升，互联网基础设施建设不断优化升级，提速降费政策稳步实施，互联网已经成为人们生活中不可或缺的一部分。2018 年 8 月 20 日，中国互联网络信息中心（CNNIC）发布了第 42 次《中国互联网络发展状况统计报告》。数据显示，中国网民规模已经突破 8 亿，互联网普及率为 57.7%。其中，上半年新增网民 2968 万人，较去年年末增长 3.8%；我国手机网民规模达 7.88 亿，网民手机上网比例持续攀升。网民上网，不再仅仅依靠台式电脑、电视、手机，甚至是平板电脑，都成为网民上网的工具。

（2）中老年网民群体比例上升

网络原本是年轻人热衷的娱乐活动，近年来，越来越多的中老年人也开始习惯于使用 Wi-Fi。在我国，年轻网民占比高达 90%，而 50 岁以上网民占比虽然不足 10%，但中老年群体上网比例在逐年攀升。在城市家庭，尤其是街道社区，老年人都在学着用微信视频聊天、在朋友圈里晒自拍、上网浏览信息、淘宝购物、微信支付宝支付等，甚至学会用快车软件出行。他们学习网络的劲头和对网络的好奇心不比年轻人逊色。中国正在步入老龄化社会，在先进的"网络世界"里，中老年人本应该拥有自己的一席网络之地。同时，通过网络，他们可以更方便更快捷地表达自己在养老保障等方面的需求。时至今日，如何让更多的中老年人更好地通过网络来表达诉求，是我们走好"网上群众路线"值得深入研究和探讨的重要课题。

（3）网民上网时间相对集中

互联网最大的特点之一是可以 24 小时在线。但网民上网时间有黄金时段。一般来说，工作和睡觉时间之外的时间段是网民最为活跃的时候。对普通网民来说，在 8 小时工作之外的休息时间上网，可以缓解疲劳，放松心情。这说明轻松自由上网是网民调节工作生活压力的基本诉求。

领导干部业余时间置身网络空间，在和朋友圈网友以及网民互动时，一定要降低姿态，放下身段、抛开架子，切忌空洞乏味的灌输说教，要学会运用网络语言和广大网民沟通交流，与群众打成一片。这就对领导干部工作提出了更高的要求，既要坚持定期上网，经常在线，主动发声，又要经常利用业余休息时间上网看看，到论坛转转，以此作为新媒体时代了解群众、贴近

群众的新途径、新办法，把互联网当成发扬优良作风、接受群众监督的新渠道，争做网络听政、问政、善政的“达人”。

中国互联网络信息中心报告同时指出，网民数量提升主要是因为互联网在多个领域的渗透与发展。首先，国家互联网环境持续改善，覆盖范围进一步扩大。其次，互联网的应用场景持续扩大，在交通、环保、金融、医疗、家电等行业持续渗透。最后，互联网助力乡村振兴战略。远程医疗、远程教育、网络科技文化在广大农村不断得到普及，进一步缩短了城乡互联网发展差距。因此，习近平强调指出：“要顺应互联网发展大势，勇于创新、勇于变革，利用互联网特点和优势，推进理念、内容、手段、体制机制等全方位创新，努力实现军事媒体创新发展。要研究把握现代新闻传播规律和新兴媒体发展规律，强化互联网思维和一体化发展理念，推动各种媒介资源、生产要素有效整合，推动信息内容、技术应用、平台终端、人才队伍共享融通。”①

2. 用大数据理念思维创新网络舆情管控与治理机制

当前，网络舆情发展迅猛，在网络舆情管控和处置方面，存在着简单粗暴、治标不治本、不重视舆论预防与引导等现象。对新媒体传播的复杂性、危害性认识不足，被动应对。因此，在大数据时代，必须积极主动地创新网络舆情管控机制，营造健康良好的网络舆论生态。

（1）加强网络舆情制度保障建设。首先，建立舆情共享制度。宣传部门主管领导要亲自抓，协调各有关业务部门，对网管办在日常网络巡查中发现的新的热点敏感问题，应及时把舆情信息通报责任单位及时处理。

（2）建立集中研判制度。定期召开舆情分析研判联席会议，对近期发生的舆情案件进行会商研判，对事件的性质、趋势、风险等及时进行评估，制订线上线下预防处置方案，细化责任，合理分工，周密部署，及时果断处置。

（3）建立健全监督问责制度。在应对网络舆情危机时，由于存在多个部门职权交叉问题，就会造成部门之间相互推诿的现象。因此建立健全责权明晰的网络舆情监督问责制度势在必行，明确各部门单位的权责，确立第一责

---

① 习近平．坚持军报姓党坚持强军为本坚持创新为要　为实现中国梦强军梦提供思想舆论支持［EB/OL］．新华网，2015-12-26.

任单位和第一责任人，其他相关责任单位通力协助配合处理。对于管理应对不及时，处置不到位，造成严重后果的，追究第一责任单位主要领导责任。

（4）从源头上加强管控互联网有害信息

由于互联网具有虚拟性、隐蔽性和无序性，传播者往往匿名化，所以有害信息的传播一般难以控制。这样，必然导致网络不良倾向和极端情绪大肆蔓延，并对现实社会造成冲击和危害。加强互联网有害信息的源头控制，有助于构建良好的网上信息生态环境，使之成为公共信息交流的文明有序空间，以满足人们的文化体验、信息需求和精神享受。事实上，互联网作为高新技术支撑的信息交流平台，本身没有好坏善恶属性，关键是看网民如何正确地使用互联网。从源头上控制有害信息的传播，就是为了有效遏制人们在使用互联网过程中的不端行为，使新技术更好地服务于人民的生产生活，促进社会的发展。要大力培养网络维护和监管人才，加强网络警察队伍建设，充分发挥专门网络管理机构的职能作用，坚决查处和打击网上有害信息的传播行为，以增强人们对网上行为的自律，提高网络行为的道德素养。

3. 创新网络舆情引导机制，占据新媒体舆论制高点

（1）推动官方新媒体发展，增强网络舆论引导力。近年来，各级政府部门大力推动官方新媒体的建设发展，打造了官方论坛、手机报、手机电视台、微信公众号、智慧城市等多类别官方新媒体平台，成为网上舆论传播的重要阵地。政府在政务微博、微信公众号建设方面，加强培训和示范指导。其中新闻中心、民政、网管办、公安、检察院、法院、工商、教育、气象等单位开通的政务微博和微信公众号等不仅是政府部门及时发布权威信息、引导网络舆论的重要平台和渠道，也俨然是百姓的生活“好帮手”。“读者在哪里，受众在哪里，宣传报道的触角就要伸向哪里，宣传思想工作的着力点和落脚点就要放在哪里。”①

（2）推动新旧媒体融合，实现线上线下互联互动。传统媒体和新兴媒体各有自己的优势和特点，二者具有很强的互补性。在实际宣传工作中要大力整合媒体资源，实现资源共享，线上线下联动，充分发挥新旧媒体的叠加优势效应，扩大主流媒体影响力，增强网民关注度和参与度。如一年一度的两会系列专题报道，就采用“微摄影”“微专访”“微直播”“微互动”等形

① 习近平．习近平视察解放军报社［EB/OL］．新华网，2015-12-26.

式，灵活快捷地介绍两会重大进展、重要决议和最新成果，新旧媒体互联互动，密切配合，取得极好的宣传效果。“推动传统媒体和新兴媒体融合发展，要遵循新闻传播规律和新兴媒体发展规律……形成立体多样、融合发展的现代传播体系。要一手抓融合，一手抓管理，确保融合发展沿着正确方向推进。”①

（3）直面热点，关注焦点，及时疏导突发性网络舆情。在新媒体时代，突发性事件网络舆情的传播速度非常快，特别是涉及人民群众生命健康安全和切身利益的食品安全、卫生防疫、环境污染等公益性问题，尤为受到群众关注。遇到这类突发性、敏感性问题，一般由网管办负责分析研判，甄别厘清舆论的核心议题，然后协调有关部门第一时间发布官方权威信息，面向社会公众解答他们关心的热点问题，及时疏导、化解处于萌芽阶段的负面舆情。并针对网上正在扩散的，或者可能出现的各种疑点、热点、难点议题，分别逐级动态引导，提高舆论引导的针对性和实效性。在满足广大人民群众知情权的同时，赢得舆论引导主动权。

4. 健全完善网络舆情预警研判机制

在网络信息技术飞速发展的今天，政府建立和完善网络舆情预警研判机制，有利于及时了解和准确把握网络舆情发展动态和趋势，防止有害信息进一步传播和扩散，将负面舆情扼杀在萌芽状态。在网络舆情持续发酵蔓延时，能够及时疏导和有效应对，从而维护党和政府形象，提升政府公信力，筑牢执政根基。

（1）网络舆情预警研判机制的含义

网络舆情预警研判是指危机事件从孕育萌发到发生发酵这段时间内，应对和化解危机所采取的分析、判断，以及采取的有效行动。网络舆情预警研判机制则是指把这些分析、判断和行动系统化、制度化的一整套完整体系。

（2）网络舆情的分类

网络舆情监控平台工作人员监测到重大网络舆情时，应第一时间上报网络舆情办公室。网络舆情办公室人员应及时认真分析网络舆情内容、成因、跟帖人数、关注度、热点指数等动态指标，做好统计记录，以及舆情

---

① 习近平．共同为改革想招一起为改革发力　群策群力把各项改革工作抓到位［N］．人民日报，2014-08-19（1）．

所处的发展阶段、走势和可能产生的后续影响。舆情办与涉事单位保持紧密沟通，对网络舆情对标对表准确分类。根据网络舆情热度和关注度可将其分为一般、较大、重大和特别重大四类。一般网络舆情是指网民发表的针对政府工作的意见和建议，网民对某项政策或某个事故处理进行咨询、提出疑问、表达诉求，仅有少量围观的舆情；较大网络舆情是指同一言论或同一事件在不同网站出现，跟帖评论次数在1天内超过1000次，或者网络转发超过100次，有可能造成较大负面影响的舆情；重大网络舆情是指同一言论或同一事件在不同网站同时出现，点击评论次数1天内超过1万次，或网络转发超过300次，有可能造成重大影响的舆情；特别重大网络舆情是指同一言论或事件在不同网站1天内点击次数超过5万次，或者网络转发超过500次以上，有可能造成重大围观或重大负面影响，涉及公共安全、食品卫生、生产质量、安全保密及防灾救灾等重大事件或严重影响党和政府形象及社会稳定的网民热议、网媒热炒、网络热点等特别重大的网络舆情事件。

（3）政府网络舆情预警机制工作要求

第一，分级清晰明了、指标量化可测。网络舆情预警研判机制的建立，是在应对突发事件时，准确定性判断、严格定量分级的基础上展开的。分级应当清清楚楚，让舆情预警研判人员一目了然、有章可循。在舆情预警研判工作实践中，经常会出现各种意想不到的未知因素，这样无形中就增加了获取准确信息和信息量化的难度。因此，在对网络舆情预警研判各项指标进行设定期间，应当尽可能保证其具备可行性和可操作性。第二，应急反应灵敏高效、报备报送迅速完备。网络舆情预警研判主要是高效迅速识别网络信息中潜在的风险，并尽快对舆情信息进行保质保量报送，以便在网络舆情防控中占据有利地位，不然会错失最佳控制时机。网络舆情预警研判工作要求反应敏捷、有效可靠。所以，很有必要构建畅通有序、迅速高效的舆情信息识别传递渠道，以保障信息及时报备，特别要防止重大信息迟报、漏报、误报等事故的发生。

（4）建立网络舆情监控体系

各级政府网管办要专门设置网络舆情监控平台，24小时不间断采集网络舆情信息，加大网络信息监管。舆情监控工作人员要忠于职守，通过设置主题词和关键词监测、采集相关舆情信息，并及时将采集到的负面网络舆情信息进行归类、分析，并进行科学研判。一旦发现突发事件，应由宣传部门牵头，组织协调相关部门、单位对网络舆情进行不间断跟踪监控，准确地把握网络舆情走向，为政府部门正确研判、科学决策提供有力支撑。必要时，可以协同公安、应急、城管等部门依法应对，妥善处置。

5. 建立互联网舆情快速报告处置制度

互联网作为互通交流极其便捷的传播媒介，时时刻刻都在进行信息更新，既有转载传统媒体的信息和网络自媒体的信息，又有网民自编和转发的信息。互联网以最大的容量和最快速度的信息传输反映社会的动态变化，同时，也容括了社会不同阶层的立场观点、意见建议、情绪诉求等。为此，要建立及时、准确、全面的互联网舆情报告制度，将网上热议的社会问题、突发事件、热点问题、公众意见、网民情绪等快速报告给各级党委和政府，以便提出科学合理的处置意见，从而维护和营造良好的网络信息传播环境，服务于经济社会发展大局。各级党委、政府应当建立稳定的、常态化的网络舆情快速报告制度，并且要求相关部门和单位高度重视舆情报告制度的准确性和快捷性，确保制度落实到位。

各地区各部门要按照网络舆情级别的不同，快速反应、及时发声。对于重大或特别重大突发事件引发的政务舆情，最迟应在 24 小时内举行新闻发布会，对于一般政务舆情应在 48 小时内予以回应，并根据事件调查进展情况，及时发布权威信息。政务舆情回应方式包括发布官方信息、召开新闻发布会或吹风会、接受媒体采访等。政务舆情回应内容应围绕舆论关注的焦点、热点和敏感问题，实事求是、言之有据、有的放矢，避免官话套话、敷衍塞责、自欺欺人、自我解脱，力求语言表达自然准确，态度和蔼亲切。同时，涉事相关部门负责人或新闻发言人应当出席。各地区各部门要适应新媒体、融媒体发展趋势，进一步加强政务微博、政务微信公众号和 APP 客户端等网络平台建设，充分利用新兴媒体平等交流、互动传播的特点和优点，增强政府网站的互动、传播功能，提升回应信息覆盖率，以建立快速反应的协调联动机制，加强与有关媒体和网站的沟通，扩大网络舆情回应信息的传播范围。

党的二十大报告指出："我们要建设具有强大凝聚力和引领力的社会主义意识形态，牢牢掌握党对意识形态工作领导权，全面落实意识形态工作责任制，巩固壮大奋进新时代的主流思想舆论，加强全媒体传播体系建设，推动形成良好网络生态。广泛践行社会主义核心价值观，弘扬以伟大建党精神为源头的中国共产党人精神谱系，深入开展社会主义核心价值观宣传教育，深化爱国主义、集体主义、社会主义教育，着力培养担当民族复兴大任的时代新人”。

要满足人民对美好生活的需求和向往，就要充分调动14亿人民群众建设小康社会的积极性，充分发挥他们的聪明才智，万众一心、众志成城，把人民群众的坚强意志汇聚成创造社会财富的磅礴力量。党的领导干部，尤其是基层党员干部必须密切联系群众，践行群众路线，把党的惠民政策传播到千家万户，让人民群众享受到改革开放带来的利好。在决胜全面建成小康社会的关键时期，让群众共享改革发展带来的“红利”。要让居住生活环境更优美、人均收入和社会保障稳定、教育和医疗服务更周到、精神文化生活更丰富……在城市社区和新农村，要科学合理规划幼儿园、小学、医院、养老院、商业中心、娱乐活动中心等，使人民群众不出小区街坊，就可享受到一站式的便捷生活服务。

民之所望，政之所向。国家发展依靠人民，国家发展成果由人民共享。新发展满足新期待，一张蓝图绘就，备感使命在肩。“行百里者半九十。中华民族伟大复兴，绝不是轻轻松松、敲锣打鼓就能实现的。全党必须准备付出更为艰巨、更为艰苦的努力。”① 唯有埋头苦干、锐意进取，营造风清气正、谋事创业的政治生态环境，打造一支想干事、能干事、干成事的党的干部队伍，才能为建设和谐温馨、秀美宜居的家园提供可靠的政治保障。要下大力气保障和改善民生，紧紧抓住人民群众最为关心、最为直接、最为现实的利益问题，努力提高人民群众的幸福生活指数，促进经济社会和谐发展；大力实施民生工程，加大农村基础设施投入，不断推进村村通道路工程建设；不断完善社会保障体系建设，深化新农合、新农保、养老保险等领域的改革，扩面征缴工作；着力加强基层文化建设，健全基层社会治安综合治理防控机制，提高群众安全感和满意度；加大社会矛盾纠纷调处化解力度，引导群众以理性合法方式表达利益诉求，防范和化解风险，统筹好政治、经济、文化、社会、生态等各项事业发展。只有以新发展理念引领新的发展模式，牢牢把握实现人民对美好

---

① 习近平．决胜全面建成小康社会 夺取新时代中国特色社会主义伟大胜利［M］．单行本．北京：人民出版社，2017：10-15.

生活的向往诉求，妥善处理新时代所面临的各种矛盾，才能确保如期建成人民认可的、经得起历史和实践检验的全面小康社会。唯有始终将人民的根本利益放在首位，领导带领全体人民共同奋斗，才能逐步实现全体人民共同富裕，才能真正实现人民群众对美好幸福生活的向往。

第六章　新时代贯彻群众路线的对策与思考

党群干群关系指的是党员干部与群众之间相互作用和相互影响的状态。贯彻党的群众路线，密切党群干群关系，是新形势下不断扩大党的群众基础，巩固党的执政地位的必然要求。紧密的党群干群关系是一种平等互信、相惜相亲的良性互动关系。在现实生活中影响党群干群关系的因素，既有党的决策和国家宏观政策等方面的原因，也有各级党组织和党的领导干部微观工作方面的原因。不论是宏观因素，还是微观因素，都应该通过强化以人民为中心的治理理念，不断健全和完善党领导下的群众参政、群众监督机制来维护和密切党群干群关系。良好的党群干群关系有助于执政党倾听群众利益诉求，顺应民意，集中民智，动员一切社会资源为实现党所确定的奋斗目标而群策群力，共同奋斗。

一、新时代贯彻群众路线的现实背景

当代中国社会是高度信息化、数字化的社会，离开了便捷的网络，人们将不知所措、无所适从。人们工作、学习、交流、购物、乘车、旅游、休闲等，只需要一台笔记本电脑和一部手机即可。党的群众路线工作也搭上了信息时代的快车，使党同群众之间的距离更近，了解更深，交流更方便，宣传更及时，舆情收集更便捷。但同时，一些负面的网络舆情传播得更快，造成的负面影响更大。因此，如何利用新媒体、大数据及时准确地收集民意，管控好网络舆情危机，尽快排除不稳定因素，是我们党政领导干部和理论工作者都必须严肃对待的重大政治课题。

（一）新媒体大数据时代贯彻群众路线的主客观形势分析

在新的历史条件下，贯彻党的群众路线，密切党群干群关系，受到党中央高度重视。习近平新时代中国特色社会主义思想，饱含着总书记对当代中国共产党人寄予的殷切厚望，体现着党对人民群众的无限敬仰和勇于担当。以习近平同志为核心的党中央对群众路线的高度重视，为广大党员干部做好群众工作提供了政治上和组织上的有力保障。同时，我们也要清醒地认识到，当前的政治生态环境虽有好转，但也不容乐观。网络舆情的力量时刻警醒广大党员干部必须加强自身修养，谨言慎行，时刻注意保持党的先进性和纯洁性，处处维护党的形象。党的十八大以来，全党上下紧紧围绕党群干群关系深入推进党的建设，并为此做了大量卓有成效的工作。

1. 从主观上讲

（1）高度重视新媒体建设，创新媒体传播方式。新媒体的发展总是和技术创新紧密联系在一起。政府要想引领网上舆论工作，必须率先了解、学习、掌握先进的信息技术，瞄准新技术前沿，不断创新新媒体传播方式。只有把传统媒体的公信力优势与新兴媒体的技术优势充分结合起来，才能取得更好的宣传引导效果。随着互联网的迅猛发展，各级宣传部门掌管的主流媒体应积极作为，乘势而上，打造“报纸+网络版+手机报”和“电视+微视频+手机电视”融合发展、质效并重的新媒体平台。主流网络新媒体应充分发挥示范效应和辐射效应，建设网站、手机客户端、微博、微信公众号、头条号等一体化的全媒体形态，不断扩大和强化对受众群体的影响力。传统主流媒体和网络媒体要充分发挥人才优势、技术优势、资金优势、公信力优势、信息发布平台优势，开通官方微博、微信公众号、头条号等为代表的移动新型媒体平台，使党和国家的大政方针、主流思想文化和价值观得到更为广泛的传播。

（2）努力强化互联网思维，构建舆情引领大格局。随着移动互联网技术和智能手机的普及和发展，微视频迅速崛起并成为家喻户晓、喜闻乐见的新媒体形态。微视频有以下四方面的优势：一是由于它的可视性、生动性和凝练性，已经成为创新媒体传播方式的重要抓手；二是微视频已经成为宣传中国形象，讲好中国故事的主要抓手；三是微视频发展融合了多方资源的平台，有助于媒体资源的共建共享、互联互通；四是未来微视频会形成跨行业的“视频+”新型传播模式。政府部门只有树立互联网思维，适应新媒体平等交流、互动传播特点，抢占先机，重视信息的首创、首发和首播，才能在舆论宣传中占据主动，赢得优势。新媒体、大数据时代，政府时刻处在舆论的焦点之上，舆论引导必须在宣传部门的统领下，构建资源共享、齐抓共管的大宣传格局，形成守望相助、一呼百应的舆论管控协同机制。

（3）政府与网民良性互动，营造融洽和谐氛围。全媒体时代，拥有话语权才能掌握主动权，作为掌握信息的一方，政府信息公开既是明智的选择，亦是大势所趋。“政府部门必须及时敏锐捕捉外界对政府工作的疑虑、误解，甚至歪曲和谣言，及时予以回应，消除谣言，确保在应对重大突发事件以及社会热点事件时不失声、不缺位。”① 其实，网民是最渴望平等的。如果政府能及时诚恳地回应网民的疑问，安抚他们的情绪，那么很多一触即发的矛盾就会迎刃而解。因此，政府应该充分利用地方论坛、领导留言板、政务微博、政务微信、电子信箱等多种渠道与网民进行良性互动，及时解答网民群众的关切。这样才能有效引导舆论走向，占领舆论高地。

在网络信息时代，网络舆情是倾听民意、了解民情的晴雨表。网络改变了舆论环境，形成了崭新的舆情论场。学习、研究、精通网络，重视并善于处理网络舆情，通过网络了解民意、汇集民智，是新形势下对地方政府执政能力的基本要求，也是服务型政府的集中体现。只要善学善思善为，蓬勃发展的新媒体就会成为公众有序参政议政、政府汲取民智民意的重要平台，成为提升政府社会治理水平的推手。

（4）谨小慎微依法行政，防患政府“舆情危机”。政府“舆情危机”是指由于政府某些部门或某些成员的不恰当行政行为而引发的负面舆论，这些舆论完全一边倒，使政府处于极大的舆论压力之下的一种情势。在新媒体时代，网络传播的特点决定了无论国际还是国内重大事件；无论是群众关心的重点、热点、难点问题，还是各种政治观点、思想见解和社会思潮；无论是民众对重大政策、重要决策、突发事件的反映，还是关于经济、政治、文化、社会、生态发展的舆论动向，稍有不慎就可能使政府陷入舆论旋涡，从而引发政府“舆情危机”。在信息化社会里，甚至是政府某个部门或者某个公职人员的不恰当言行，都可能引发带有严重倾向性的负面舆论，从而将政府推向公众舆论的风口浪尖。

---

① 国务院办公厅．国务院办公厅关于进一步加强政府信息公开回应社会关切提升政府公信力的意见［EB/OL］．中国政府网，2013-10-01.

2. 从客观上看

党的群众路线教育实践活动成效显著、硕果累累。2013 年 4 月 19 日，中央政治局召开会议，决定从 2013 年下半年开始，用一年左右时间，在全党范围内自上而下分期分批开展党的群众路线教育实践活动。中共中央总书记习近平主持会议。会议要求中央政治局带头开展党的群众路线教育实践活动。会议围绕保持党的先进性和纯洁性，在全党深入开展以“为民、务实、清廉”为主题的党的群众路线教育实践活动。这是新形势下顺应群众期盼，坚持党要管党、全面从严治党的重大决策；是加强学习型、服务型、创新型马克思主义执政党建设的重大部署；是推进中国特色社会主义伟大事业顺利前进的重大举措。

党的根本宗旨是全心全意为人民服务，群众路线是党的生命线和根本工作路线。对广大党员干部进行群众路线教育，有助于牢固树立宗旨意识和马克思主义群众观；有助于切实改进工作作风，赢得人民群众的信任和拥护；有助于夯实党的执政基础，巩固党的执政地位。进入新的历史时期，尤其是党的十八大以来，在贯彻落实党的群众路线方面，党员干部做了大量富有成效的工作，但也存在着许多不容忽视的问题。特别是个别领导机关、领导班子和一些领导干部中表现出的形式主义、官僚主义、享乐主义和奢靡之风比较严重。这些问题的存在和泛滥，严重影响党在人民群众中的形象，损害党群干群关系，必须加以有效解决。

党的群众路线教育实践活动切入点是贯彻落实中央八项规定，突出作风建设，坚决反对“四风”，以党章为镜，常照镜子，以整风的精神开展批评和自我批评，做到惩前毖后、治病救人。八项规定首先要求中央政治局要以身作则，以上率下，即要求别人做到的，自己首先要做到。要求别人不要做的，自己坚决不做。强调以良好党风带政风、促民风，形成风清气正的政治氛围，真正赢得群众信任和拥护。

按照党中央部署，截至 2014 年 9 月底党的群众路线教育实践活动基本结束。第一批为省部级领导机关和副省级城市机关及其直属单位，中管金融企业、中管企业、中管高等学校，共有 274 个中管单位和 100 多万个党组织、1700 多万名党员参加；第二批为省以下各级机关及其直属单位和基层组织，共有330多万个基层党组织、6900多万名党员参加。①

以习近平同志为核心的党中央对于如何开展党的群众路线教育实践活动，一开始就是高标准、严要求。要求从自身做起，要求真抓实干，要求向全党全社会传递信心和力量。为此，中共中央政治局召开专门会议，对标对本检查落实中央八项规定情况，带头查摆“四风”问题，率先开展批评和自我批评。在教育实践活动中，习近平等中央政治局常委同志分别把县作为联系点，亲临指导，为全党深入开展党的群众路线教育实践活动作出示范榜样。从中央到地方，各部门各单位按照“照镜子、正衣冠、洗洗澡、治治病”总要求，聚焦“四风”、反对“四风”，抓住党的建设关键问题，顺应群众热切期盼，向实处使劲、往细处用力、从严处较真，以严肃的整风精神，排查作风之弊，清除行为之垢，使教育实践活动取得扎扎实实的效果。

通过一年多的群众路线教育实践活动的开展，我们党综合发挥党的政治、思想、组织优势，解决了多年来困扰全党、想解决但没有解决的作风问题，刹住了许多人认为“不可能刹住”的歪风，向全党全国人民交上了一份沉甸甸的答卷，在党的建设史上留下了浓墨重彩的一笔。

（1）党风廉政建设有序推进

坚持群众路线是促进党风廉政建设深入开展的重要保障之一。在开展党风廉政建设过程中，广大党员干部要牢固树立马克思主义群众观，真正做到“为民、务实、清廉”，自觉提高党性修养，践行勤政为民的宗旨。同时，广大党员干部要相信人民群众自己解放自己的能力和智慧，依靠人民群众对党的事业的拥护和支持，深入群众中去做细微的工作，倾听群众真实的心声、意见和建议，不断增强党治国理政的能力和本领。强化党政干部甘当人民公仆的光荣感、责任感和使命感，使广大党员干部能够在物欲横流的市场经济环境中，抵挡住各种诱惑，时刻保持朴素、廉洁、勤政、爱民的生活作风和工作作风，杜绝贪污、腐化以及滥用职权，真正从维护人民群众根本利益出发，坚决同腐败行为做斗争。不断的社会实践表明，坚持群众路线，对于开展党风廉政建设，提高党和政府反腐斗争水平，具有积极的现实意义。

党的十八大报告对加强党风廉政建设和反腐败斗争作了全面部署，具体表现为：一是明确强化了党风廉政建设和反腐败斗争的力度。党的十八大报

① 卢洁．中国梦·复兴路（精编版）［M］．北京：人民出版社，2017：443.

告对党的建设表述为：加强思想建设、组织建设、作风建设、反腐倡廉建设和制度建设。和以前相比，把反腐倡廉建设置于制度建设前面，凸显加强党风廉政建设的紧迫性。二是明确提出了建设“廉洁政治”的目标。要求党风廉政建设从整体上要实现“干部清正、政府清廉、政治清明”的目标。三是第一次在党的全国代表大会报告中把党的“纪律建设”作为一个专题进行阐述和要求。这充分说明，党中央在制度安排层面上，高度重视党风廉政建设和反腐败工作。

党的十八大以后，党中央采取了多项措施深入推进党风廉政建设和反腐败斗争。具体措施：一是在全党范围内分期分批深入开展以“为民、务实、清廉”为主要内容的党的群众路线教育实践活动，着力解决人民群众反映最强烈、最突出的腐败问题，提高党政领导干部新形势下做好群众工作的能力和本领。二是在舆论和行动上始终保持高压态势。习近平总书记多次强调“打铁还需自身硬”“‘老虎’‘苍蝇’一起打”，国内“打虎”“拍蝇”、海外“猎狐”追赃，“有案必查、有腐必惩”等。各级纪检监察机关坚持无禁区、全覆盖、零容忍，坚持重遏制、强高压、长震慑，坚决做到受贿行贿一起查，贪污挪用一起抓，持续巩固反腐败斗争压倒性态势。各地紧盯腐败高发的重点领域，扼守关键环节和腐败重灾区，诸如人事、审批、监管、资源、建筑、金融等领域的腐败问题，不断强化威慑遏制作用。三是提出并严格执行“八项规定”，坚决遏制违规使用公款的歪风邪气。四是求真务实，开拓创新，多干让人民满意的好事、实事，坚决反对自欺欺人、华而不实、劳民伤财的政绩工程和形象工程。五是厉行艰苦奋斗、勤俭节约优良传统和作风，改进文风会风，抵制和克服形式主义、官僚主义、享乐主义、奢靡之风。六是加强作风建设，加大整治力度，着力整治庸、懒、散、奢等不良习气，以优良的党风带政风促民风，凝聚党心民心。

党的十九大报告中指出，新时代党的建设总要求是全面推进党的政治建设、思想建设、组织建设、作风建设、纪律建设，把制度建设贯穿其中，深入推进反腐败斗争。这里第一次在党的全国代表大会报告中把政治建设放在首位，同时也是第一次把纪律建设与政治建设、思想建设、组织建设、作风建设并列提出，并强调把制度建设贯穿于党的建设全过程。旗帜鲜明讲政治是马克思主义政党的必然要求，也是中国共产党的根本要求。

政治建设是党的建设中统揽全局的根本性建设，决定着党的建设方向和效果。加强党的政治建设，目的是坚定政治信仰，强化政治领导，提高政治能力，净化政治生态，实现全党思想统一、行动一致。要把党的政治标准和政治要求贯穿党的思想建设、组织建设、作风建设、纪律建设、制度建设以及反腐败斗争的各个领域。

纪律建设是全面从严治党的治本之策。党要管党、全面从严治党，靠的是什么？靠的是严明的纪律。纪律不严，从严治党就是一句空话。党的纪律包括很多方面，比如，政治纪律、组织纪律、廉洁纪律、群众纪律、工作纪律和生活纪律等。在党的纪律和规矩中，政治纪律和政治规矩是第一位的。守纪律、守规矩首要的是遵守政治纪律和政治规矩。要严明政治纪律和政治规矩，必须聚焦"七个有之"，查处政治上的"两面人"；坚持"五个必须"，确保党中央政令畅通，令行禁止；要加强纪律建设，深化国家监察体制改革，严厉整治腐败和作风问题。进一步推进反腐败国家立法，加快构建党内法规体系建设，通过多种渠道和方式建设好纪检监察系统的检举举报平台。

任何一个时代、任何一个国家都需要运转有序、高扬正义的健康的社会有机体，社会中的每一个人都应该坚守职业良知，每一个人都应该各司其职，在追求自我职业理想的同时，牢牢把握住职业道德底线。近年来，反腐败查处的大案要案让人触目惊心，同时也表明我们党高扬起正义的旗帜，让人民群众切实感受到法律的威严。我们相信，只要深入推进党风廉政建设和反腐败斗争，加强制度建设，把权力装进制度的笼子里，牢牢扎紧制度的笼子，让权力在阳光下运行，让广大党员干部不敢腐、不能腐、不想腐成为新常态，我们就一定能夺取反腐败斗争的伟大胜利，就会换来政治生态的海晏河清、朗朗乾坤！

（2）党风政风社风明显改善

首先，扭转了风气。党的十八大以来，以习近平同志为核心的新一届中央领导集体，在党风廉政建设方面出重拳、发实招，大批"老虎""苍蝇"落网，党心民心为之一振、党风政风社风焕然一新。主要表现在以下几方面。一是果断惩治了腐败，严肃查处一些大案要案，下大力气解决了发生在群众身边的腐败问题。反腐无禁区，不管什么人，不论权职高低，只要触犯法纪，都要严惩不贷。二是有效预防了腐败的发生，强化反腐倡廉学习教育和廉政文化宣传建设。形成领导干部亲自抓、各部门通力协作、领导干部亲属和身边工作人员支持配合、人民群众广泛参与的格局。加强了党内监督、人大监督、民主监督和舆论监督，加强了对领导干部特别是主要领导干部行使权力的监督。三是大力深化改革，加强制度建设，建立和完善权力运行制约机制及反腐败监督防控体系，从源头上预防了腐败的滋生和蔓延。

其次，严明了纪律。党的十八大报告指出："党面临的形势越复杂，肩负的任务越艰巨，就越要加强党的纪律建设，越要维护党的集中统一。"① 具体地说主要取得三方面成就。一是各级党组织和广大党员，尤其是党的主要领导干部能够自觉地学习党章、遵守党章，能够自觉按照党的章程、组织原则和党内政治生活准则办事，组织性、纪律性明显增强。二是维护了中央权威，在思想上、政治上、行动上同党中央保持高度一致，杜绝了党内上有政策、下有对策，有令不行、有禁不止的非正常现象。三是纪律建设得到加强，保障了中央政令畅通，以及党和国家各项重大战略决策部署的贯彻落实。中央八项规定、"六项禁令"言辞敦切，得到有效贯彻，基本上遏制住了公款吃喝、公车私用、私车公养等腐败现象，广大人民群众为之称快，拍手叫好。

关于纪律建设，习近平指出："规定就是规定，不加'试行'两字，就是要表明一个坚决的态度，表明这个规定是刚性的。"② "最重要的是要抓好落实，言必信，行必果。我们说了不是白说，说了就必须做到，把文件上的内容一一落到实处。"③ 这是一个掷地有声的庄严承诺，这不仅是党中央的明令要求，更是广大人民群众对惩治铺张浪费、大吃大喝等歪风邪气的殷切期盼。加强纪律建设和作风建设，必须以党章规定为尺度，使党员干部入脑入心，谨言慎行，时刻提醒自己要谦虚谨慎，戒骄戒躁，真抓实干，多做俯首甘为孺子牛的"人民的公仆"，少发不可一世的"官老爷脾气"。

最后，反腐倡廉成效显著，战果辉煌。

腐败是人类的天敌和尚未完全战胜的顽疾。腐败的表现形式多种多样，有公开腐败和隐性腐败，有经济腐败和生活方式的腐败，有职务腐败和非职

① 十八大报告文件起草组．中国共产党第十八次全国代表大会文件汇编［M］．北京：人民出版社，2013：355.

② 罗汉平．中国共产党群众路线思想史［M］．北京：人民出版社，2013：355.

③ 中共中央文献研究室．论群众路线：重要论述摘编［M］．北京：中央文献出版社，党建读物出版社，2013：124.

务腐败，此外还有政治腐败，如贿选、用人唯亲等。

党的十八大以来的高压反腐态势已经证明“把权力关进制度的笼子”“踏石留印抓铁有痕”不是空话和口号。中国式的反腐倡廉已经取得举世公认的成就。多年来，中央以雷霆万钧之势发动的“反腐风暴”，使腐败分子得到应有的惩罚，腐败蔓延趋势得到有效遏制。新一届中央领导集体身体力行，率先垂范，自觉遵守“八项规定”，用行动践行了“减少陪同”“简化接待”“不安排宴请”“不封路、不清场闭馆”“不题词题字”等庄严承诺，开创了反腐倡廉斗争新局面、新气象。然而，这种高压式的、运动式的反腐只能治标，不能治本，法治反腐才是反腐倡廉的治本之策。所以，党中央提出加强制度建设，把权力关进制度的笼子，在制度、体制、机制、立法等方面采取全方位行动，强化监督、规避风险、约束权力。中共中央、国务院先后颁布实施了《党政机关厉行节约反对浪费条例》《党政机关国内公务接待管理规定》《关于推进省以下预决算公开工作的通知》《关于制止豪华铺张、提倡节俭办晚会的通知》《关于进一步做好领导干部报告个人有关事项工作的通知》《中共中央关于全面推进依法治国若干重大问题的决定》等，全面折射出中央反腐新思维、新举措就是要制度反腐、依法治污，构建一张制度化、法治化反腐的天网，用制度的笼子来管人、管权、管事。同时也表明反腐纠风工作将步入法治轨道，依法反腐将成为制度化的新常态。这样，极大地提高了反腐效率，巩固了反腐成果。

总之，党的十八大以来，党风廉政建设成效显著，让人民群众看到新一届中央领导集体动真碰硬的果断作风，以及坚定不移地把党风廉政建设和反腐败斗争引向深入的坚强决心，同时也让人民群众更加坚信在党的领导下，依靠中国特色社会主义法治优势一定能够最终战胜腐败，净化社会风气，优化政治生态。经过五年努力，党的十九大对反腐败斗争形势作出了新判断——“反腐败斗争压倒性态势已经形成并巩固发展”，形成了从“压倒性态势”到“压倒性胜利”的转变，标志着我国党风廉政建设和反腐败斗争成果从量的积累迈向质的飞跃。当前全党自上而下深入开展“不忘初心、牢记使命”主题教育，又是对全党进行的一次深刻的思想洗礼。

我们坚信，在以习近平同志为核心的党中央的坚强领导下，只要认真践行党的群众路线，党的建设“新的伟大工程”必将熠熠生辉、彪炳史册；中国特色社会主义“伟大事业”必将捷报频传、硕果累累；中国共产党团结带领全国各族人民走在“新的长征路”上必将步履铿锵、豪情万丈，喜迎民族伟大复兴的曙光。

二、新时代群众路线实践中的突出问题及其成因

党的十八大以来，我们党站在新时代新的历史起点，顺应人民群众对美好生活的新期待，坚持以人民为中心，把加强党的领导和改进党的群众工作作为贯彻落实习近平新时代中国特色社会主义思想的根本要求，注重解决人民群众最关心、最直接、最现实的利益问题，使党的建设和党的群众工作迈上一个新台阶，党群干群关系取得了新进展。同时，我们也应该清醒地认识到，随着全面从严治党的深入开展，美好乡村建设和脱贫攻坚的深入推进，党的群众工作和党群干群关系也出现了一些新问题，这些新问题必须引起我们高度重视。

（一）当前群众工作中存在的突出问题

1. 损害群众利益的事件经常发生，酿成群体性事件，如在地方政府征地补偿、城镇街道改造拆迁、水库和行蓄洪区等移民安置、自然资源开发、环境污染治理等工作中，对涉及群众切身利益的问题协调处置不当，引发部分群众不满意，甚至简单粗暴执法，激化矛盾，使问题复杂化，出现集体上访、越级上访、跨区域串联上访等，个别地方因处理不当还发生冲突。从而使党群干群关系趋于紧张。

2. 涉及民生方面的问题比较突出。这些问题主要集中在教育（教育资源的均衡化、随迁子女入学等）、医疗（看病贵、看病难、大病统筹保障等）、住房（房价居高不下、城市住房供求相对过剩等）、就业（城镇下岗人员再就业、大学生就业、农民工就业）、社会保障（基本养老保险、基本医疗保险、最低生活保障、住房保障）等方面，出现了一些不容忽视的矛盾和问题。

3. 群众对党员干部的信任度较低。在实际工作和现实生活中，党群关系具体表现为干群关系。人民群众对党组织和党员的认识，从一定程度上讲，不是看党的政策理论怎么制定，如何宣传，而是看广大党员尤其是党的领导干部言谈举止如何，是否勤政清廉，是否能为群众排忧解难，是否真正为民办实事。当前仍然有少数领导干部形式主义、官僚主义作风十足，奢靡腐败

之风不减，不作为、乱作为现象严重，这样势必影响党在群众中的形象，损害党群干群关系。党员领导干部的作风问题是影响党群关系和谐度的一个重要因素，也直接影响到人民群众对党的信任度。

4. 社会治理理念落后，缺乏人性化。官僚主义盛行的地方，社会“管理”是地方行政执法部门热衷的手段，遇到问题只知道“堵”，不懂得“疏”。比如，交警贴罚单，分摊任务作为考勤依据，市民苦不堪言；城市一些路段停车收费，市民反响强烈；义务教育阶段，随迁子女就学收取或变相收取赞助费，等等，这些不良现象极大地损害党和政府形象，影响党群干群关系。

（二）影响群众路线贯彻实效性的主要因素

1. 从思想文化方面看。从思想层面说，封建腐朽官僚主义思想根深蒂固，一些党员干部还没有彻底摆脱“官本位”思想束缚，没有摆正党群之间的主仆关系，衙门作风严重，行政高压手段依然是一些党员干部处理问题的行事风格。从文化层面说，传统农耕文化造就了群众崇官畏官心理。一方面，对领导干部信赖，遇到困难总希望领导干部能够为民做主，公正处事；另一方面，一些党性修养不强的领导干部由于受到不良习气和不良作风的影响，做人做事很难保持一个共产党员所应具备的良好形象。这样一来势必损害党在群众心目中的形象。

2. 从制度设计层面讲。涉及群众利益诉求表达机制的快速通道是信访制度，信访制度是自下而上地被动地听取民意，在实施过程中经常会出现访而无果，而且信访一般为事后救济措施，也就是说，只有当群众利益受到侵害时才会启动这一措施。事实上，老百姓正是基于对党和政府的信任才上访的。另外，一些地方干部人事制度、社会分配制度、社会保障制度等方面也存在着一定问题，致使部分群众把积怨释放到基层干部身上，这样一来，导致基层干部工作难做，进退维谷。

3. 从资源分配方面看。党和政府控制着国家资源，而这种对资源的控制与分配是通过党的领导干部来完成或实现的。我国地大物博、人口众多且分布不均。每一个地区、每一个部门，以至于每一个单位对资源的管理、控制和分配不尽相同。有的地方地理位置偏僻、交通不便、资源匮乏，因此乡镇政府负债率较高，很难为群众办实事，这就在一定程度上使民众误以为党政干部不为地方群众办实事。

4. 从历史文化传统来看。权力来自上级，很多基层干部做事情是做给上面领导看的，重上轻下必然导致一些领导干部群众观念淡漠、干群关系冷漠、作风漂浮。一些干部为了追求政绩，大搞形式主义和官僚主义，“代民做主”、越俎代庖、强拆强迁等，不能深入细致地做群众工作，使党群干群关系变得疏远。少数干部因为群体性事件被撤职免职之后，仍能平调甚至升迁。这样一来，在广大人民群众中传递一种错误信号：官官相护，只要不是大是大非的原则错误，一般工作上的失职事件都能“摆平”，领导干部只要真正为地方经济社会谋发展，违背群众意愿强行推进工作并无大碍。

5. 从工作方式方法来看。部分领导干部工作方式方法缺少创新，群众对领导干部简单粗暴的工作方式心里不能认同。有些领导干部迫于严峻的反腐形势，不作为思想严重，缺少为民办实事、办好事的热情，通常抱着当一天和尚撞一天钟、多一事不如少一事的心态，这样一来很难走进人民群众内心，得到群众认可。作为执政党，掌握着治理国家，管理社会公共事务的公权力，支配着大量的社会资源，所以，在党群干群关系中，领导干部始终居于领导地位或主导方面，一旦干群关系紧张或矛盾激化，领导干部自然承担主要责任。如果领导干部所作所为是正确的，那就对群众具有很强的说服力，否则就无法使群众信服，并有损党和政府的公信力。因此，建立良好党群关系的关键在党的领导干部。

三、借鉴国外网络舆情治理经验密切党群干群关系

信息时代网络全面普及与网络迅速传播改变着人们的工作、学习、生产和生活，使社会生活呈现出全新的、复杂的状态，给网络舆情的治理带来严峻挑战。国外网络技术相对发达的国家，根据各自国情探索出来的网络治理经验，为我们走好新时期网上群众路线提供了有益的借鉴。

（一）制定符合中国国情的网络安全战略

当今，世界已经进入网络全球化时代，中国是全球上网人数最多的国家，中国要顺利完成现代化建设，实现民族复兴的中国梦，必须将网络安全上升到国家战略层面。因为网络安全不仅涉及互联网本身的安全，也涉及信息的安全，更关乎中国国家的安全，所以要认真总结国外制定实施网络安全

战略的经验教训，引导网络舆情沿着健康的轨道良性发展，从而构建中国特色的网络安全战略。因此，党中央、国务院成立了中央网络安全和信息化委员会，这将大大增强国家网络安全政治保障，拓展网络安全内涵和外延。构建中国特色网络安全战略要从以下几方面入手。

第一，建立维护国家网络战略安全的专门机构。在中央网络安全和信息化委员会统一领导下，整合国内优质资源，构建党委领导下政府主导的，由宣传部门牵头，公安、安全、教育、经信等部门共同参与、通力合作的具有中国特色的网络安全保障机制。在这一机制中，党委统揽全局，把握方向；政府制订计划，具体落实；宣传部门严格把关，加强引导；公安、安全、教育、经信等部门分工合作，各负其责，这样一来，就可以有效维护国家网络信息安全。像美国“网络空间司令部”、德国“网络防御中心”、韩国“因特网安全委员会”、新加坡“网络安全局”等都是在领导小组领导下执行网络安全战略任务的具体执行机构。

第二，明确构建国家网络安全的战略目标。在总体国家安全观框架内，时刻增强忧患意识、风险意识、危机意识，统筹国内国际、经济社会发展与网络信息安全两个大局，积极防御、有效应对，构建和平、安全、开放、合作、有序的网络信息空间，维护国家主权、安全和经济社会发展利益，实现建设网络强国的战略目标。

第三，部署网络安全重点任务。中国网民数量高居世界第一，维护网络安全，不仅是中国自身安全需要，对于维护全球网络安全乃至世界和平与发展都具有重大意义。中国始终致力于推动网络空间的和平利用和共同治理。具体地说：（1）捍卫网络空间主权；（2）维护国家安全；（3）完善网络治理体系；（4）加强网络文化建设；（5）保护关键信息基础设施；（6）打击网络恐怖主义和违法犯罪；（7）夯实网络安全基础；（8）提升网络空间防护能力。

第四，深化网络安全治理国际合作。当前，传统的网络边界越来越模糊，非传统网络安全威胁有增无减，分布式拒绝服务、高级持续威胁等新型网络攻击愈演愈烈。网络信息基础设施屡受全球性高危漏洞侵扰，重要信息基础设施和重要信息系统安全面临严峻威胁。网络攻击正逐步向各类互联网终端渗透。除此之外，网络诈骗、网络黑客、网络恐怖主义、网络谣言等问题日益猖獗，干扰和破坏着各国正常的生产和生活，甚至威胁着国家政权的稳定。因此，深化网络安全治理国际合作势在必行，也是打击跨国网络犯罪的重要举措。

制定和实施国家网络安全战略是一项科学化、系统化的工程，既需要中央统一部署，多部门联动，又需要充分发动人民群众的力量，教育引导广大网民树立维护国家安全的理念，积极配合有关部门预防、揭发、举报、打击实施破坏网络安全的犯罪行为。

（二）完善网络舆情治理法治环境

在信息技术迅猛发展的今天，互联网渗透到社会生产生活的各方面，与人民群众生活息息相关。互联网为人民群众带来便捷的同时，也引发新的一系列问题如网络诈骗、侵犯个人隐私、盗窃国家秘密、网络恐怖主义、建立色情网站等。因此，必须依法规范网民的网络行为，净化网络生态环境，保护人民群众合法权益不受侵犯。

首先，完善网络舆情治理立法。中国政府根据本国网络发展实际，同时借鉴国外网络立法和现有的法律法规，经过多年努力，已经制定并颁布实施了一系列法律法规如《维护互联网安全的决定》《互联网新闻信息服务管理规定》《全国人民代表大会常务委员会关于加强网络信息保护的决定》《即时通信工具公众信息服务发展管理暂行规定》《互联网用户账号名称管理规定》等。但随着信息技术和互联网的飞速发展，新问题、新现象层出不穷，如网络诈骗、散布网络谣言、侵犯个人隐私、网络恐怖主义以及不健康的网络信息等。这就要求我们立足本国国情，跟踪网络发展最新进展，借鉴国外网络立法经验，结合我国已经制定的网络法律法规完善互联网立法，使之和我国普通法律法规实现有效对接，覆盖网络传播、网络舆情和网络犯罪等各个领域和环节。

其次，加强网络舆情技术建设和网络执法力度。要加大网络安全技术研发。由于网络安全技术研发成本高、周期长、回报低，需要在国家主导下，形成以国家投资为主，企业和社会组织共同参与的网络安全技术研发机制和发展态势。例如，美国不仅是经济、军事强国，更是网络技术强国。美国国会和政府每年都安排专项财政预算，投入大量资金用于网络技术研发，并不遗余力地培养大量网络专业人才，以维护国家网络安全。近年，我国网络技术有了长足发展，涌现了一大批 IT 企业和专门研究网络信息技术的高校或特色专业。今后，国家要借鉴国外先进经验和做法，加大政策、资金和技术支持力度，建立高校、科研机构和研发企业合作平台，共同培养高素质的网络安全技术人才。

科学技术无国界，但网络行为有底线。网络虚拟世界是现实社会的延伸，不是世外桃源，更不是法外之地，网络行为要受公序良俗的规制和法律的约束。加强网络执法力度，规范网民网络行为，净化网络生态，保护网民权益，是国家网络安全建设的应有之举。近年来，我国在信息网络建设和网络舆情安全管理等方面取得了很大进步，但与国外发达国家相比还存在一些亟待解决的突出问题，诸如互联网管理体制不健全、职责不清；法律法规针对性和操作性不强、覆盖面不广；网络安全治理和预防缺乏科学性与系统性；等等。为此，在加大网络立法同时，加大网络预防和治理力度，明确职责，合理分工，相互协作，确保网络舆情得到有效治理。

最后，教育广大网民规范网络行为。一是教育主管部门要加大对青少年的网络道德教育，规范青少年学生的网络行为。政府要加强对网民的教育，教育网民培养自律和自我管理意识。要强化社会组织、社会团体责任意识，确保网民自律的有效性。二是政府应依法依规处置网络违法行为，不能滥用公权力，不能越俎代庖。三是规范信息网络行业行为，禁止传播反动、恐怖、煽动性和虚假性信息。

（三）加大网络信息技术研发和监控力度

网络信息安全技术研发投入成本高、周期长、回报率低，相关企业或社会组织不愿意投入过多的人力和财力。因此，网络信息技术研发必须由政府向企业追加投入，鼓励、刺激企业研发兴趣，调动企业研发积极性。借鉴美国等发达国家网络安全建设经验，建设世界一流的网络安全技术研发部门和企业，诸如微软公司、IBM 公司、美国国家标准技术研究院、Adobe 系统公司等。制订网络安全发展计划，大力培养网络安全技术人才，国家应给予更多的人力、财力和技术支持，与高校和企业合作培养高素质的网络安全技术人才。

加大对网络信息的技术监管。由于网络信息技术发展迅猛，相关监管技术法律保障滞后，品种繁多、形式多样、丰富多彩、便利快捷的 APP 闯入人们生活。然而，一些社交网站、客户端存在传播违法信息，扰乱网络秩序，破坏网络环境问题。这样一来，加强网络监管，净化网络环境，多管齐下，共同创建文明、和谐、健康网络环境的任务就紧迫地摆在我们面前。首先，政府要健全完善网络信息监管制度，健全相关法制体系建设，加强网络监管。国家广电总局和地方各级广播电视台要担负起维护网络信息安全的主体责任，约谈有问题的网站负责人，并限期整顿整改。其次，需要广大网民负起网络监督责任，加强发挥网络监管作用，创造一个良好的网络环境。面对虚假、不良信息，要做到不信谣、不传谣、不造谣，对有害信息及时举报，维护健康、清朗的网络空间。最后，作为互联网的使用者，我们应该主动排除不良信息的侵害和文明上网，加强自我防护和自我监管。对上传发布的每一条信息做好筛选工作，防止有意无意传播违法信息，为打造良好网络环境肩负起应有的责任。

（四）树立政府网络信息透明公开的正确理念

政府网络透明，是指公众通过互联网获取政府信息、与行政主体联系沟通的便捷，以及行政主体在其网络行为、突发事件处置等网络表现中所体现出来的智慧与技巧等。也就是说公众通过网络了解政府及其公职人员，尤其主要领导所作所为以及工作实绩等关键信息。随着网络信息建设的发展，政府门户网站功能也日益增强，政务微信、微博、公众号等网络平台等新媒体乘势崛起，企业、社群组织、公民获取政府信息的渠道越来越广，政府例行新闻发布会和新闻发言人等网络信息公开制度健全，很多部门负责人和主要公职人员被推到网络前台，做到与网民面对面及时互动沟通。如今信息时代，数字信息、大数据等已经成为新的生产力的助推器和增长点，能有效整合社会生产力，释放更大的经济社会发展效能。

行百里者半九十。我们有理由相信，在以习近平总书记为核心的党中央坚强领导下，上有顶层设计的制度保障，回应民众诉求的迫切渴望，顺应信息时代的滚滚潮流，我们党和政府完全有能力破解影响党群干群关系的无形障碍。网络透明也好、政府信息公开也罢，最终都是为了让权力在阳光下运行，维护党和政府的公信力，最终达到卢梭所说的理想境界：一个透明的社会，人的心可以沟通。

四、新时代贯彻群众路线的对策和思考

面对改革开放给群众工作带来的新情况、新问题、新挑战，我们必须坚

持马克思主义群众观，立足于当代中国改革开放实践，解放思想，实事求是，根据形势发展的需要，围绕党的中心工作，以改革创新的精神、勇气和担当与时俱进地推动党的群众工作不断向前发展。

（一）首先要解决党员干部理想信念缺失问题

习近平总书记强调："对马克思主义、共产主义的信仰，对社会主义的信念，是共产党人精神上的'钙'。没有理想信念，理想信念不坚定，精神上就会得'软骨病'。"① 党员干部就像火车头，火车带好头，群众有劲头。那么党员干部如何才能当好火车头呢？当然牢牢把握正确的前进方向至关重要，也就是说，树立崇高理想和坚定信念尤为重要。那么，领导干部要做到坚定理想信念，必须正确处理好以下几方面的问题。

1. 加强理论学习和理论创新

创新是事物发展的不竭动力，理论建设亦是如此。加强理论学习和理论创新，是党的思想理论建设的重要内容和任务之一。党员干部要充分认识理论学习和理论创新的重要性，以此提升党的理论素养，提高党的执政能力，增强党统领协调各方的领导核心作用。

（1）加强理论学习能够提高党员干部政治素质

理论准备不足，思想就会贫乏。而理论准备不足往往是不爱学习、不屑学习的结果。中国共产党是用马克思主义科学理论武装起来的学习型政党，因此，它善于用理论武装全党，教育民众。毛泽东不仅自己爱学习，博古通今，而且号召全党尤其是党的高级干部要深入研究马克思主义，并使之不断中国化，以利于解决中国的实际问题。同时，毛泽东强调要不断改造我们的学习，要革故鼎新。江泽民同志强调终身学习，要求领导干部要成为终身学习的典范。随着改革开放的深入推进，我们要充分认识到领导干部学习任务是艰巨的，很多领域都很陌生，都需要谦虚认真地学习。领导干部肩负着带领人民群众加快改革的推进、社会的发展、维护的稳定，以及提高对国内国际局势的分析能力、判断能力，而这些都是建立在深厚的理论基础之上的。不过，"通过理论学习坚定理想信念的过程，也是一个艰苦的过程。要通过读原著、悟原理，深刻领会马克思主义的立场、观点和方法，把握人类社会

---

① 中共中央文献研究室．论群众路线：重要论述摘编［M］．北京：中央文献出版社，2013：121.

的发展规律、中国特色社会主义建设规律、共产党执政的规律，学会用马克思主义的科学方法论来认识世界，深刻理解社会发展的内在规律，就能够把理想信念建立在自觉的基础之上”①。

（2）加强理论学习可以保持政治清醒

理论上清醒是政治上清醒的前提和保障，只有理论自信才能有政治自信。党员领导干部只有加强理论学习，才能够更加自觉地在思想上、政治上、行动上同党中央保持高度一致，才能始终把党和人民的事业放在首位；只有加强理论学习，才能自觉有效地抵挡腐朽思想意识的腐蚀，保持吃苦耐劳及艰苦奋斗的底色；只有加强理论学习，才能够拥有明辨是非对错的能力，才能够坚定正确的政治方向。马克思列宁主义、毛泽东思想、中国特色社会主义理论体系，尤其是当前习近平新时代中国特色社会主义思想是科学的世界观、方法论，掌握这些科学理论，可以帮助我们在复杂错综的国内外局势中保持政治定力，避免政治立场的迷失、思想上的迷惘。

（3）加强理论创新能够适应形势变化发展要求

理论来源于实践，但理论又高于实践。在实践基础上的理论创新能够更好地指导实践。党员干部要适应新时期新任务，就必须抓住重要理论的创新发展。党员干部要深入坚持中国特色社会主义理论，用马克思主义中国化最新理论成果武装自己的头脑，不断提高运用新的理论指导发展着的实践的能力。坚定中国特色社会主义理想信念，全面把握习近平新时代中国特色社会主义思想的科学内涵和精神实质，不断增强贯彻落实科学发展、协调发展、绿色发展、共享发展的自觉性和坚定性。要认真领悟和学习新宪法、新党章，坚持理论与实际相结合的马克思主义学风，增强用理论解决现实问题的能力，将学到的理论知识与正在从事的实践活动有机地结合起来，将学习成果和积累到的知识经验转换成创新工作的思维思路和方式方法。

总之，理论是行动的先导。在实现“两个一百年”奋斗目标的征程上，我们每一位党员干部都应该从讲政治的高度来认识加强理论学习的重要性和必要性，把思想和行动统一到推进中国特色社会主义伟大事业光荣使命上来，自觉地抵制各种腐朽堕落思想的侵蚀和影响，聚精会神搞建设，一心一

① 戴焰军．坚定理想信念是年轻干部立身为政之基［J］．中国党政干部论坛，2019（4）：16-18.

意谋发展。只要全党上下勠力同心，以坚定的信念、昂扬的斗志、必胜的决心、科学的态度积极投身到党的建设新的“伟大工程”和中国特色社会主义“伟大事业”中去，就一定能够团结带领全国各族人民为早日实现中华民族伟大复兴做出自己应有的贡献。

2. 把理想信念教育与实现个人人生价值结合起来

理想信念教育一定要和个人的人生价值结合起来，二者是相辅相成的，从本质上讲是一致的。共产党员也是普通民众中的一员，有七情六欲，需要养家糊口，也需要社会交往和联系，毋庸讳言，更有个人的正当利益和需求。理想信念就像天上的星星，我们可以仰望星空，但对于遥远的美好东西，我们只有假以时日，用奋斗去逐步实现，不可能急功近利，一蹴而就。而当下要做的，只有脚踏实地，不辞辛劳，去采摘看得见摸得着的果实。2007 年 5 月 14 日，温家宝同志在同济大学向师生们讲道：一个民族有一些关注天空的人，他们才有希望；一个民族只是关心脚下的事情，那是没有未来的。我们的民族是大有希望的民族！我希望同学们经常地仰望天空，学会做人，学会思考，学会知识和技能，做一个关心世界和国家命运的人。同时，温家宝勉励大学生要树立起为振兴中华而勇担大任的使命感，并将此融入当前的学习和将来的社会实践之中，在校园和社会这两个大熔炉里，学会做人、学会技能，学会实实在在地做实际工作，当实干家，而不要眼高手低，只尚空谈。因此，很有必要把共产党人的理想信念与共产党员的个人价值结合起来，在保证个人价值实现的基础上更好地实现其社会价值。

3. 理想信念教育要坚持以人为本，注重人文关怀

理想信念教育从根本上讲是主体与客体价值观互通交流与融通的过程，这就要求理想信念教育深入党员群众的内心世界，使个体产生心灵共鸣。在理想信念教育中要始终贯彻“以人为本”的思想，要注重人文关怀和心理疏导，尊重党员个体的价值、尊严和人格，使理想信念教育充满“人情味”，营造舒心人文关爱环境。过去的思想政治工作是教育人，而提出人文关怀和心理疏导，体现了党的执政理念的变化。党的领导干部作为党内事务的组织者、管理者，如果对党员群众的心理变化没有充分的了解和清醒的认识，并积极采取有效的措施加以疏导，就会严重影响党内和谐，甚至影响社会稳定。所以在实践中必须对此有清醒的认识。党的十七大以后，以胡锦涛同志为核心的党中央更加尊重党员主体地位，强调党的思想政治工作要注重“人

文关怀”和“心理疏导”，使严肃的思想政治工作开始转向关心人的内心感受，引导人们正确地看待自己、他人和社会之间的关系，正确对待困难、挫折和荣誉。这样一来，就拉近了执政党与人民群众的距离。广大党员群众作为社会主义建设的重要组成部分，同样需要各级领导干部的人文关怀和心理疏导。

4. 理想信念教育要力求方式方法创新

革命战争年代和社会主义建设时期，理想信念教育主要还是正面教育和宣传灌输。这种方法曾经对鼓舞军队士气，掀起社会主义建设高潮起过很大的作用，但是这种方法也存在着一定的局限性。现在很多党员都是70后、80后甚至90后，他们是党的中坚力量和新鲜血液。这些年轻党员干部没有经受过革命战争的洗礼，也没有经历过社会主义探索时期的艰难困苦，很不习惯“忆苦思甜”“老皇历”等填鸭式的说教。因此，新时期理想信念教育的方式方法应该更加灵活多样，可以把室内教学与室外情景观摩结合起来；可以把教师面授与学员互动研讨结合起来；可以把传统学府教育与现实党性教育实践基地结合起来；还可以把老红军、老革命同志，全国劳动模范、英雄人物请进课堂、讲堂、论坛；主流媒体应该多播映一些饱含革命理想信念，催人奋进的历史纪录片；等等。同时，共产党员应该胸怀坦荡、实事求是，敢于刀刃向内、自揭短处。对于一些党员干部丧失理想信念、道德败坏、违法违纪而受到严惩的，也可以作为反面教材，促使一些理想信念动摇的党员干部警醒、反思，并起到震慑人心的作用。

革命理想高于天。没有远大理想，就不是合格的共产党员；离开现实工作而空谈远大理想，也不是合格的共产党员。在我们党近百年的奋斗历程中，一代又一代中国共产党人，为了追求民族独立和人民解放，不惜流血牺牲，靠的就是对马克思主义的坚定信仰，为的就是实现共产主义远大理想。他们坚信，只要一代又一代人为之继续努力，一代又一代人为此付出牺牲，崇高的理想就一定能实现，今天，我们衡量一名共产党员、一名领导干部是否具有共产主义远大理想，是有客观标准的，那就是看他能否坚持全心全意为人民服务的根本宗旨；能否吃苦在前、享受在后；能否勤奋工作、廉洁奉公；能否为理想而奋不顾身去拼搏、去奋斗、去献出自己的全部精力乃至生命。一切迷惘迟疑的观点、一切及时行乐的思想、一切贪图私利的行为、一切无所作为的作风都是与此格格不入的。一些党员同志之所以信仰动摇、理想渺茫，根本原因就是历史唯物主义观点不牢固。当前，广大党员干部要把践行中国特色社会主义共同理想和坚定共产主义远大理想统一起来，做到虔诚而执着、笃信而深厚。有了坚定的理想信念，站位就高了，眼界就宽了，心胸就阔了，就能够坚定正确的政治方向，胜不骄，败不馁，从而经受住各种风险和困难考验，自觉抵御各种腐朽思想侵蚀，永葆共产党人高风亮节的政治本色。

（二）在社会实践中淬炼共产党人先进性和纯洁性

为什么要通过不断自我革命来永葆共产党人的先进性和纯洁性？这是由中国共产党的性质和宗旨决定的，是共产党人的初心和使命使然，是人民幸福、民族复兴的根本要求。实现中华民族伟大复兴是近代以来中华民族最伟大的梦想，也是中国历史上前所未有的一场深刻的社会革命。它的深刻性在于，不仅要完成推翻“三座大山”的民族民主革命，创建人民当家作主的新国家，而且要承担起独立自主地探索适合中国国情的社会主义道路，建设具有中国特色的社会主义，全面建成小康社会，进而完全实现社会主义现代化强国的历史重任。实践证明，这场空前伟大、空前深刻、空前持久的社会革命，只能由大公无私、不怕艰险、富有自我革命精神的中国共产党来领导。因为，中国共产党人的初心和使命，就是为中国人民谋幸福，为中华民族谋复兴。中国共产党一经成立，就把实现共产主义作为党的崇高革命理想和最终奋斗目标，并义无反顾地肩负起实现中华民族伟大复兴的历史使命。

我们党在把马克思主义基本原理同中国革命、建设和改革的实践相结合过程中，深刻认识到实现中华民族伟大复兴，必须推翻压在中国人民头上的“三座大山”，实现中国从封建专制政治向人民民主政治的伟大转变；深刻认识到实现中华民族伟大复兴，必须建立符合中国国情的先进的社会主义制度，彻底完成中华民族有史以来最为广泛而深刻的社会变革；深刻认识到实现中华民族伟大复兴，必须合乎时代潮流、顺应人民意愿，破除一切思想和体制障碍，开辟中国特色社会主义道路，团结带领人民进行新的伟大革命。

回顾历史，我们不难发现，不断推进社会革命是我们党领导全国各族人民进行伟大实践的主线。社会革命以生产力和生产关系、经济基础和上层建筑之间的矛盾运动为基础，不仅仅是一种打破原有的旧的上层建筑的社会运动，更是一种建设和完善新社会的革命运动。我们党既是马克思主义革命党，又是马克思主义执政党。可以说，我们党成立100多年、执政70多年，改革开放40多年，一路走来，风雨兼程，但砥砺奋进。善于自我革命精神已经深深地熔铸进中国共产党人的血脉里。我们党不忘初心、牢记使命，遵循中国道路的发展逻辑，通过新民主主义革命、社会主义革命和改革开放新的伟大革命不断推进社会革命，走出了一条适合本国国情、符合人民意愿、顺应时代潮流的中国道路，团结带领全国各族人民，创造了一个又一个彪炳史册的人间奇迹，中华民族迎来了从站起来、富起来到强起来的历史性飞跃。

作为一名共产党员，就应该善于在浩浩荡荡的社会革命洪流中洗礼自己，来一场内心深处的"自我革命"，其方法就是反思，自省，自我审视，自我批评，取长补短，总结提升。自我革命，难就难在要克服各种心理障碍，要打消各种侥幸和顾虑，忍受各种身体上和心灵上的折磨甚至剧痛。这就要求自己，要拿出"壮士断腕""刮骨疗毒"的勇气，自己对自己下狠手，自己对自己用真功，该斩断的斩断，该放下的放下，该改正的改正，该加强的加强，最终使自己迷途知返，洗心革面，凤凰涅槃，浴火重生。事实上，我们也只有不断地进行自我革命，才能与时俱进，常活常新，永葆青春！

善于自我革命的内容是全方位的。一切有碍人类发展进步，一切有碍人们健康幸福，一切使人消极堕落的东西，都应该是"自我革命"的对象，都不能放任自由，任其泛滥成灾。善于自我革命，不仅要认真总结过去，还要具体联系现实，更要满怀信心地展望未来；不但要胸怀理想，坚定信念，树立正确的世界观、人生观、价值观，从思想深处过滤沉渣，还要时刻检验自己的日常行为习惯，在生产、生活和工作实践中考察自己；不但要看艰苦奋斗的付出与回报，还要看辛勤耕耘的喜悦与甜蜜。特别是对各种思想上和行为习惯上的不良问题，要仔细分析，查明原因，对症下药，精益完善。要知道，人生很多问题，归根结底，大都来自日常的不良思想和不良行为习惯。思想麻痹，行为不端正，就会对自己的人生造成极大伤害和深远影响。

要深入推进党的制度建设改革与探索，不断完善党内法规制度体系。因此，党内政治生活更加规范、科学、民主，党内政治生态明显好转，党的创造力、凝聚力、战斗力显著增强，党的团结统一更加巩固，党群干群关系明显改善，党在自我革命锻造中更加坚强，焕发出强大的生机和活力。这些成就的取得以及在实践中积累的经验，给我们党在新时代继续进行自我革命留下了宝贵财富。第一是从旗帜鲜明讲政治的高度进行自我革命；第二是以思想建设的要求为基础进行自我革命；第三是从做实基层党建工作入手进行自我革命；第四是勇于自我革命的关键在“关键少数”；第五是善于批评和自我批评。同时，我们也应该看到，一些党组织政治生活庸俗化，要么自我表扬、相互吹捧，要么搞无原则纠纷、发泄私愤等现象。这就大大削弱了自我革命的效果。要消除这些现象，广大党员就要从党性原则的高度认识批评和自我批评的价值，真正把自我革命落到实处。

深刻总结改革开放 40 多年来党进行自我革命、永葆先进性和纯洁性的宝贵经验，为新时代扎实推进全面从严治党、巩固反腐败斗争的压倒性胜利、继往开来推动党领导的新的社会革命提供了重要遵循。以勇于善于自我革命的精神品质不断推动党的建设新的伟大工程继续向前发展，除了始终保持锐意进取，不断创新的状态外，更重要的是坚持从严管党治党的原则，在人民群众轰轰烈烈的伟大社会革命中磨炼自己，同一切影响党的先进性、弱化党的纯洁性的现象作坚决斗争。这充分彰显了我们党自我净化、自我完善、自我革新、自我提高的高度自觉，具有鲜明而深刻的政治性、思想性、理论性和指导性。

能胜强敌者，先自胜者也。面对复杂的国际国内形势和繁重的改革、发展、稳定任务，面对推进现代化建设、完成祖国统一、维护世界和平与促进共同发展的“三大历史任务”，全党只要勇于善于自我革命，就一定能够在新的伟大斗争中不断实现党的自身建设的新发展，就能更好地团结带领全国各族人民向着实现中华民族伟大复兴中国梦的目标奋勇前进。

（三）认真研究信息时代群众心理需求变化

改革开放以前，由于交通不便，信息不畅，人民的眼界狭窄，思想也就简单纯朴。那个年代，群众工作做起来相对容易，领导干部说什么做什么，他们都认为是正确的，因为政策上传下达，生活用品和生产物资都由政府统一分配、划拨，没有什么差别。

改革开放以后，人们的思想和眼界大为开阔，对于新事物、新现象有了自己独立的思考、判断和认知。人们除了关注基本生产生活物资需求以外，更加关注自己的发展需求。这样一来，就给党的群众工作带来前所未有的挑战，也就是说，群众的发展权已经不仅仅局限于对基本物质生活的满足，更关注对社会公平和正义的渴求。所以，习近平总书记说：“我们的人民热爱生活，期盼有更好的教育、更稳定的工作、更满意的收入、更可靠的社会保障、更高水平的医疗卫生服务、更舒适的居住条件、更优美的环境，期盼着孩子们能成长得更好、工作得更好、生活得更好。人民对美好生活的向往，就是我们的奋斗目标。”① 也就是说，人们除了基本的生存得到满足以外，更关注自己的发展权。新时期，践行党的群众路线要求我们在满足人民群众原有基本物质文化生活需求基础之上，更加注重满足人民群众日益增长的新的物质文化需求。

1. 精神文化生活需求。加大文化基础设施投入，完善公共文化服务体系，让人民群众广泛享有免费和优惠的基本公共文化服务。在城市，规划建设文化广场，加强城市社区图书报刊阅览室、运动场、户外休闲小广场建设，以及重大节日主题电影、文艺演出等，丰富市民精神文化生活。在广大农村，美好乡村建设不仅仅冠以蓝天白云、青山绿水、和谐人居，更需要先进思想文化的滋养，要结合当地历史传统、风俗习惯、人文风光、地方特产等，发展具有乡村浓郁风情的文化产业，不断丰富人们文化精神生活。要更加注重对人民群众的人文关怀和心理疏导，在全社会涵养尊老爱幼、好善乐施、理性协和、积极向上的社会心态，引导人们树立正确的世界观、人生观和价值观，让人民群众拥有更充足的安全感、获得感和幸福感。

2. 公共产品和服务的需求。千秋大业，民生是基。各级党委、政府不仅要高度重视与人民群众生产生活息息相关的衣食住行等日常生活方面的物质保障，还要注重加大住房、教育、医疗卫生、就业、社会保障等重大公共产品和公共服务方面的供给；既要重视生态环境建设，保障人民群众生命健康，提高人们生存质量，又要维护社会安全稳定，建设平安社区，构建和谐乡村，实现基层群众自治和社会治安综合治理交相辉映；既要发挥政府主导作用，提高政府社会治理能力，又要强化社会组织、团体以及其他机构在公共产品供给和公共服务领域的社会职能作用。

3. 保障人民群众尊严和自我发展权。现代社会治理的基本目标是创建一个民主法治、公平正义、诚信友爱、安定有序的和谐社会，让人们拥有更多的公平感、安全感、幸福感和归属感，这也是现代社会人们的普遍诉求。要

---

① 中央电视台《复兴之路》节目组，人民出版社《复兴之路》编写组．复兴之路［M］．北京：人民出版社，2013：441.

进一步建立健全党委领导和政府履职尽责的维权调处机制，完善信访、听证、调解互联互动的工作协调机制，保障人民群众充分享有知情权、参与权、表达权、监督权；正确处理新时代社会主要矛盾，让人民群众生活得更加富裕、更有尊严、更有保障、更有品质；要统筹制定贫困地区、欠发达镇村、社会弱势群体的帮扶政策，让改革发展红利惠及全体人民；要优化创业环境，减免小微企业税收，不断提高人民群众的经营性收入和财产性收入；要加强对低收入群体的补贴，逐年提高社会保障标准，不断提高人民群众的转移性收入，使群众获得更高的劳动报酬。

（四）探索贯彻群众路线的长效机制

群众路线长效机制建构是一项系统性工程，涉及组织领导责任制、密切联系群众机制、选拔任用干部机制、干部考核评价机制、干部工作生活待遇机制、激励保障机制等。

1. 组织领导责任制。贯彻群众路线是党革命、建设和改革事业中一项根本工作路线和常态化的工作方法。因此，各级党委（党组）要精心布局，合理规划，建立健全贯彻群众路线的长效机制。党员干部是贯彻群众路线的主体，各级党组织及其主要领导要切实担负起领导责任，落实“一岗双责”，既要抓好业务工作，又要抓好思想政治工作，加强党风廉政建设。完善“一把手”负责，分管领导亲自抓，有关部门分工协作、具体落实的群众工作责任制。

2. 密切联系群众机制。密切联系群众是贯彻群众路线长效机制的核心内容。具体地说，建立密切联系群众机制包括：一是建立干部驻点联系群众制度。干部不仅要包干驻点到农村乡镇或城市街道，还要经常深入行政村或城市社区；不仅要了解企业的经营发展状况，还要关注工业园区规划建设及其重点项目落实和生产建设情况；不仅要表彰鼓励致富能手、暴发户、潜力户，更要关注贫困户和困难群众；不仅要关心孤寡病残老人，更要关注青少年健康成长，等等。要大兴调查研究之风，倾听人民群众的意见、建议和呼声，做到知民情、解民忧、暖民心，解决群众最为关心的民生问题。二是完善上下部门之间对口扶贫、共商共建制度。省、市、县直部门（单位）要和基层乡镇（街道）、村（社区）建立包联关系，充分利用省、市、县各党政机关和企事业单位在人力、物力、财力以及信息技术上的资源优势，彻底解决基层群众想解决而不能解决的现实问题。三是探索完善干部下基层的工作制度。干部下基层是培养锻炼年轻干部的有效方法之一，要鼓励年轻干部经常到基层群众中去，与群众同生产、同劳动，同甘共苦、互学互助。干部到基层锻炼每年不得少于两次（至少春耕、秋收各一次）。基层党组织要把驻点干部的姓名、联系电话、电子邮箱、微信号和监督电话等向群众公示，便于群众和驻点干部直接联系；基层党组织要安排好驻点干部的食宿，记录好驻点干部工作、生产、生活、联系群众等基本信息，群众向驻点干部反映事项、问题解决情况以及群众满意度。驻点干部要配合村两委抓好政策落实、生产管理、社会治安综合治理等工作，虚心接受群众评判和监督，把群众满意度作为年终干部绩效考核的重要依据。

3. 选拔任用干部机制。干部选拔任用总体上要坚持“德才兼备，以德为先”的原则。成小事以才，成大事以德。群众利益无小事，也就是说领导干部首先要具有官德，要把人民群众看成自己的衣食父母，关心人民群众的安危冷暖，常言道：“当官不为民做主，不如回家卖红薯。”所以要选拔出德才兼备，真正能够认真贯彻群众路线，维护群众正当权益的干部。干部选拔任用机制包括干部酝酿、民主推荐、干部提名、干部选拔、后备干部管理储备等。要以改革创新精神和用人唯贤的总要求做好各级、各地区、各部门、各单位干部任用、培养和选拔工作。组织（人事）部门要总揽全局，协调各方，制定科学、周密的干部任用、培养、选拔实施方案、组织程序和管理办法，加强对新任干部的指导监督，推动各项人才选拔新举措顺利实施。尤其是要建立健全年轻干部到基层锻炼制度，探索培养、选拔优秀年轻干部接受基层锻炼的新途径，重点安排素质高、潜力大的年轻干部到条件艰苦、环境复杂的偏远地区或部门任职或挂职，在贯彻群众路线的实践中接受锻炼、磨炼意志、经受考验、丰富阅历、增长才干。

4. 干部考核评价机制。健全干部考核评价机制，必须改进考核方式方法，激励广大干部敢于担当、善于作为，凝聚成领导干部带头、人民群众参与，大众创新、万众创业的强大合力。干部考评最好由专家学者、人大代表、政协委员、市场主体、常住居民等知情度、关联度高的人员组成，以随机抽样的方式，增强干部考评的独立性、客观性和真实性。具体地说，一是坚持良好的用人导向，树立正确的人才观。要建立健全干部考核任用选拔标准，要把那些敢于尝试、勇于担当、善于作为的年轻干部选拔出来，放到重要岗位上。要引导干部树立正确的政绩观、权力观，能够干事、善于创业、敢于担当、乐于奉献。二是建立健全培训学习制度。要解放思想，开拓思维，加强干部学习培训和实践锻炼，解决困扰干部不能干、不想干、不敢干的现实问题。强弱项、补短板、填盲区，弥补干部知识、理论和能力上的不足，增强干部干事创业的本领，使广大党员干部真正成为适应时代要求、落实政策部署、实现小康目标的中流砥柱。三是建立健全容错纠错机制。改革创新的过程实质上就是一个不断试错的过程。因此，对于干部在探索创新过程中的错误或失误应当予以宽容，给予他们改正错误、矫正失误、将功补过的机会。用健全的容错纠错机制鼓励干部大胆干事创业，为他们消除后顾之忧，轻装上阵，在改革创新、脱贫攻坚的主战场全力拼搏。

5. 干部工作生活待遇机制。十八届三中全会审议通过的《党政机关厉行节约反对浪费条例》要求党政机关建立厉行节约、反对浪费的制度；严格公务支出、公款消费等方面的审计制度；完善公务接待、公务用车管理规定；完善会议、培训、活动的支出经费管理办法；完善党政机关领导干部办公用房、福利住房等管理制度；完善党政机关领导干部秘书配备制度等。同时强调各项制度要在实践中不断修改完善、严格标准，切实解决违规和超标享受各种待遇的不正之风。

6. 激励保障机制。要把党的群众路线弄通做实，既要对党员干部加强教育和严格管理，又要对群众公认、成绩突出的领导干部予以表彰、奖励和重用，逐步形成奖惩分明、“能者上，庸者下”的激励保障机制。要鼓励、引导干部主动到基层去，发扬“为官一任，造福一方”的奉献精神，激励广大党员干部在贯彻群众路线的实践中建功立业。把领导干部贯彻群众路线的具体事迹和成绩纳入年度绩效考核，以及党风廉政建设责任制的综合考评体系中。奖勤罚懒、治散治庸，真正营造一种风清气正、干事创业的政治生态环境。必须大力宣传贯彻党的群众路线方针政策，形成党内党外、宣传部门、新闻媒体、基层党组织相结合的全方位、多层次、形式多样的宣传引导机制，新闻媒体应当把更多视角、更多镜头、更多版面转向基层，聚焦贯彻群众路线的优秀党员干部，用典型示范和榜样的力量积极营造出干部主动到基层、自觉联系、引领群众干事创业的浓厚氛围。

（五）新时代贯彻好党的群众路线的几点思考

在长期基层群众工作实践中，一些富有经验的党的领导干部总结出了一整套简洁明了、通俗易懂、行之有效的工作方法，如群众工作“十字经”，就是把群众工作方法和经验用“真、懂、实、会、信、贴、快、纠、活、准”十个字简单地加以概括提炼，故称为群众工作“十字经”，具体地说，“第一，尊重群众感情，要念好‘真’字经，用真心真情感动群众，鼓舞群众，即感召法；第二，掌握群众心理需求，要念好‘懂’字经，设身处地地了解群众所思所想，即运用好换位思考法；第三，满足群众需求，要念好‘实’字经，坚持为民办实事、解难事，即坚持实事求是的工作方法；第四，善于与群众交流，要念好‘会’字经，运用艺术感染法；第五，回应群众期盼，要念好‘信’字经，运用一言九鼎法；第六，坚持问计于民，要念好‘贴’字经，运用不耻下问法；第七，化解矛盾纠纷，要念好‘快’字经，运用快刀斩乱麻法；第八，扭转被动局面，要念好‘纠’字经，运用敢于认错法；第九，应对特殊情况，要念好‘活’字经，运用迂回战术法；第十，处理复杂问题，要念好‘准’字经，运用牵牛鼻子法”。还有人总结出群众工作“九法”：方法一，心里装着大众，遇事想着群众；方法二，放低姿态，平等交流；方法三，说群众说的话，讲百姓讲的事；方法四，学会道歉认错，敢于让步妥协；方法五，好事办好，实事办实；方法六，有理说理，以理服人；方法七，言而有信，兑现承诺；方法八，贴近群众，问计基层；方法九，以身作则，率先垂范。以上例子说明，领导干部真的做到深入基层，深入群众，总结群众实践经验，是能够获得真知灼见的。

1. 树立群众意识、创新工作思路。“思想是行动的先导。”做好新时期的群众工作，首先，要树立全心全意为人民服务的思想，心中始终装着人民群众。首先要实现从“官本位”到“民本位”的彻底转变。中国社会是典型的“官本位”社会，这种主观上的认识根深蒂固。党与群众之间客观上存在着领导和被领导的关系，但这种领导不是强迫命令，而是带领和引导。党的领导能否充分发挥应有作用，从根本上讲取决于党能否赢得群众的信赖和支持。因此，党员干部必须摆正自己与群众的关系，把服务群众作为党的优良传统和作风而一以贯之。其次，要从行政命令转变到民主法治。开展群众工作，必须充分发扬民主，坚决反对越俎代庖、代民做主等行为。党员干部必须增强民主法治意识，牢固树立民主法治理念，提高依法执政和民主执政的能力。再次，要随着形势的发展变化创新方式方法。党员干部要有开放思维和战略眼光，要大胆吸收借鉴世界其他政党处理党群关系、开展民众工作的先进经验，善于总结我们党的群众工作新鲜经验，探索全球化背景下带领群众发展市场经济的新路子。最后，要树立在发展中解决问题的思想。坚定不移地把发展作为党执政兴国的第一要务，以发展成果满足人民群众的需求，解决人民群众之间的矛盾，为防范化解风险、保持社会稳定提供坚实的物质基础。

2. 维护群众利益，化解群众矛盾。民生连着民心，民主凝聚民力。群众工作一个实质性问题就是实现好、维护好、发展好、保障好人民群众的根本利益。只有切实解决好群众最直接、最现实、最关心的利益问题，才能有效地动员群众顺利完成党的中心工作。要想把群众工作落到实处，一是要积极主动解决好群众的基本民生问题。把就业、住房、教育、医疗、社保等基本民生问题摆在突出位置，采取有力措施，下大力气抓紧、抓实、抓好。二是要及时有效地解决群众反映最为强烈、最为突出的问题。针对群众反映诉求较多，如拆迁安置、征地补偿、生态环保、社会保障等方面的问题要引起高度重视，认真处理，妥善解决。三是要真心实意为群众做好事、办实事、解难事。要把勤政为民理念内化于心，外化于行，使群众工作机制常态化、制度化，以实际行动取信于民。四是要满腔热情、真心实意地解决好群众生产生活困难问题。困难群众长期承受着身心压力，最需要党和政府关注关爱。党的领导干部要多做雪中送炭的好事，既要以输血的方式安排好困难群众眼前的基本生活，又要以造血的方式帮助他们发展生产，增强其自力更生、劳动致富的能力，努力让发展成果真正惠及全体人民群众。

3. 创新方式方法，讲求工作实效。群众工作要做好做实，不仅需要先进的工作理念、坚定的群众立场，还要正确、恰当的方式方法。为此，必须改变以往行政命令式的简单粗暴的强制性方法，综合运用走访调查、说服教育、示范引导和帮扶感化等多种方法，必要时要用法治的思维和办法果断处置。坚持传统与创新相结合，把行之有效的传统方式与新时代新方法结合起来，推动群众工作产生从依靠单位集中突击到面向社会因人因事因地分散解决，从单一、平面式地推进到多样、立体式地展开，从重点突击到全面覆盖的根本转变。充分运用现代信息资源和手段开辟群众工作新途径，如通过互联网留言板、热线电话、市民论坛、微信朋友圈、博客平台等，及时了解群众意见和要求，传播正能量信息。进一步加强对电视、广播、报纸、杂志等主流大众传媒，特别是互联网等新兴媒体的管理和利用，充分发挥它们在宣传、教育群众中的积极作用。总之，只有综合运用多姿多彩、生动活泼、实用实效的方式方法，才能不断开创新形势下群众工作的新局面。

4. 创新体制机制，强化工作保障。新形势下，做好群众工作的关键在于体制机制创新，健全高效的体制机制是做好群众工作的重要保证。具体地说，一是要建立健全群众工作决策机制。把民主决策和科学决策运用于建构群众工作体制机制的全过程，要充分反映群众的意愿。二是要畅通群众利益诉求机制。主要是建立并完善各项民主制度，疏通社情民意的反映渠道，充分利用群众利益表达新载体，保证群众意见或建议能够顺畅地表达，从而使党的群众工作能够有的放矢。三是要健全矛盾排查调处机制。针对新时期人民内部矛盾复杂性、多发性、尖锐性等特征，采取多种形式，有目的、有计划地进行矛盾排查和摸底工作。对矛头问题，要做到防患于未然，早发觉、早处理，把矛盾化解在萌芽状态。尤其要采取有效措施，防范化解群体性事件。四是要完善群众工作评价机制。要通过完善细化评价制度、拓宽评价主体范围、明确评价具体标准、严格评价程序、引入科学规范的评价方法等，保障群众工作评价的客观性。同时要加强督查，强化主体责任，从讲政治的高度对待群众工作，把群众工作作为绩效考核的重要内容，作为选拔任用干部的重要依据。

5. 结合当前主题教育强化群众路线教育。当前开展的主题教育内容就是“不忘初心、牢记使命”。初心实际上就是一个人当初的心志和信念。共产党人的初心，就是要牢记当初面对党旗庄严宣誓全心全意为人民服务的铮铮誓言。使命即成就初心的责任和担当，就是为人民谋幸福，为民族谋复兴。共产党人坚定理想信念，坚持不忘初心，要牢记习近平总书记的殷切期望，牢记人民对美好生活的向往和期盼，践行党的群众路线，时刻不忘我们党来自人民、根植人民，永不脱离群众、轻视群众、漠视群众，把群众的冷暖安危放在心中，把群众关心的事情落到实处。

开展此次主题教育，是保持党和人民血肉联系的迫切需要。我们党来自人民，党的力量和生命力蕴藏于人民之中，和人民群众保持紧密联系，是我们党的优良传统和作风，也是我们党的事业取得成功的根本保证。进入新时代，面对全面建成小康社会、建设社会主义现代化强国、实现中华民族伟大复兴的宏伟目标，真可谓使命光荣，任务艰巨。我们只有把广大人民群众紧紧团结在党的周围，充分激发广大人民群众的无穷创造力和巨大热情，才有可能如期达到目标。

习近平总书记指出：群众路线是我们党的生命线和根本工作路线，是我们党永葆青春活力和战斗力的重要传家宝。坚持群众路线，最重要的就是要始终保持同人民群众的血肉联系，一刻也不脱离群众。为人民谋幸福，为民族谋复兴，就是中国共产党人的初心。当前，中国共产党人的最大“初心”就是以人民为中心。以人民为中心，人民至上，是习近平新时代中国特色社会主义思想的基本立场和核心理念。在网络信息技术高度发展的今天，党的群众路线也必须延伸到网络空间。在迈向网络强国的征程中，党的各级领导干部都要努力学习，刻苦钻研，力争走好网上群众路线，把网上群众工作这个新课题做实、做细、做好。这对密切联系广大网民，尤其是教育引导年轻网民，维护人民群众根本利益，巩固党的执政地位，扩大党的执政基础，具有重大意义。

“十指弹琴”，弹奏出优美的旋律；“十字珠玑”，饱含着情深的意蕴。钢琴演奏者之所以能够弹奏出悦耳动听的优美旋律，是因为他能灵活而娴熟地运用十个手指，刚柔相济、轻重缓急地表达出不同的音乐情绪，从而感染听众。做群众工作也是一样，既要学会“十指弹琴”，有念好“十字经”的本领，更要深谙“积小胜为大胜、积跬步至千里”的道理；要从细微之处入手，从点滴小事做起，这样才能赢得人民群众的充分信任和支持；要学会协调沟通，统筹各方，让群众看到组织的力量和作用；要融和党群干群关系，建设和谐社区和美好乡村，让群众体验家的温馨，享有归属感；要为民分忧，为民解难，让群众找到依靠感；要满足群众基本诉求，让群众找到幸福感，只有这样，我们的事业才能得到广大人民群众的热情支持，我们的社会才能健康稳定、和谐发展。只有使广大人民群众在思想上形成共鸣、认识上达成共识、行动上实现共进，才能共同奏响新时代党群干群关系的和谐乐章。

得民心者得天下。坚持群众路线是党从胜利走向胜利的重要法宝。在新时代，必须坚持不懈地把践行党的群众路线摆在更加突出的位置，高度重视群众工作，认真改进群众工作，全面增强党的凝聚力和战斗力，全面激发广大人民群众的积极性、主动性和创造性，把全党全国人民的意志凝聚成为中华民族伟大复兴中国梦而奋斗的磅礴力量。

总之，党的群众路线既充分体现了党的性质、宗旨，又精练概括了党的领导方式和工作方法。因此，我们党就应该始终遵循“一切为了群众，一切依靠群众，从群众中来，到群众中去”这条唯物主义根本路线，只有这样，我们党才能带领广大人民群众，克服艰难险阻，在新时代伟大实践中进行伟大斗争，创造无愧于时代和人民的伟大事业。实践证明，你把群众当亲人，群众就把你当恩人。只要心中装着群众，党的工作就有了方向；凡事依靠群众，党的事业发展就有了力量。历史反复证明：人民群众才是创造世界历史的真正动力，广大党员干部只有深入贯彻党的群众路线，始终实现好、维护好、发展好最广大人民群众的根本利益，方能永葆初心，不辱使命。

结　语

“一切为了群众，一切依靠群众，从群众中来，到群众中去”的群众路线作为中国共产党密切联系群众的根本路线，是我们党在长期艰苦卓绝的革命战争环境中逐步形成的，是中国共产党对马克思主义群众史观的创造性运用和丰富发展，是党的生命线及根本的领导方法和工作方法。我们党来自人民，植根于人民。人民群众是我们党的立党之本、执政之基、力量之源。正是因为我们党始终坚持紧密地联系群众，全心全意地为人民服务，才会在历史的潮流中脱颖而出，团结带领全国各族人民一道实现了国家独立、人民解放，并在改革开放的伟大征程中，逐步实现国家富强、人民幸福。如今，我们正在中国共产党领导下，意气风发地为实现“两个一百年”奋斗目标和中华民族伟大复兴的中国梦而奋斗。

然而，前进的道路不可能是一帆风顺的。过去所取得的成就不能代表现在和未来。过去我们党在艰苦条件下形成的优良传统和作风，在长期密切联系群众中保持的先进性和纯洁性，也不代表现在依然先进、纯洁，或者永远先进、纯洁。在新的历史条件下，“精神懈怠、能力不足、脱离群众、消极腐败”“四大危险”更加尖锐地摆在全党面前。人民群众对一些地方领导干部身上存在的“形式主义、官僚主义、享乐主义、奢靡之风”“四风”现象深恶痛绝、反映强烈。这些严重脱离群众、危害群众利益、损害党的形象的行为，削弱了党在人民群众中的地位，影响了党群干群关系，助长了群体性事件的发生。如果任其发展，不加以及时纠正解决，会直接影响国家的长治久安和党的生死存亡。

面对21世纪新阶段出现的新情况新问题，以习近平同志为核心的党中央作出了及时果断的回应。从2013年下半年开始，党中央就在全党范围内深入开展以“为民、务实、清廉”为主要内容的党的群众路线教育实践活动，着力解决人民群众最关心，反映最强烈的问题，活动开展以来，从中央到地方，按照“照镜子、正衣冠、洗洗澡、治治病”的总要求，查摆自身问题，改进工作作风，访民情、解民忧、谋民利、办民事，反“四风”、惩贪腐，真抓实干，教育实践活动取得了预期成果，赢得党内外一致好评。

党的十八大以来，按照全面从严治党的部署，要求广大党员干部不断提高党的“自我净化、自我完善、自我革新、自我提高”的能力，以刀刃向内的勇气向党内顽瘴痼疾开刀，以雷霆万钧之势推进全面从严治党，以钉钉子精神把管党治党要求落实落细。党的十九大报告提出：保证全党服从中央，坚持党中央权威和集中统一领导，是党的政治建设的首要任务。报告强调全面贯彻落实新时代党的建设总要求，继续勇敢直面党自身存在的问题，着力惩治群众身边的腐败现象，不断完善党和国家监督体系，夺取反腐败斗争压倒性胜利，为实现社会经济新发展提供了坚强的政治保障，使党组织在新时代新征程中焕发出更加强大的生命力、凝聚力和战斗力，使广大党员同志以高度自觉的自我革命，推进伟大的社会革命。

党的二十大报告指出：“江山就是人民，人民就是江山。中国共产党领导人民打江山、守江山，守的是人民的心”，“我们人实现好、维护好、发展好最广大人民根本利益，紧紧抓住人民最关心最直接最现实的利益问题，坚持尽力而为、量力而行，深入群众、深入基层，采取更多惠民生、暖民心举措，着力解决好人民群众急难愁盼问题”这一论述为我们密切党群干群关系，切实贯彻党的群众路线提供了行动指南。①

以铜为镜，可以正衣冠；以古为镜，可以知兴替；以人为镜，可以明得失。人民群众是历史的创造者，是历史的主人。党的群众路线理论深深植根于人民群众的伟大实践之中。实践永无止境，理论创新亦永无止境。我们必须以对党、对人民、对历史、对时代负责任的态度深化细化党的群众路线理论研究。这样，有助于我们在纷繁复杂的时代背景下排除干扰，厘清思路，创新贯彻党的群众路线的工作方式和方法，努力构建贯彻党的群众路线的长效机制。为此，我们必须牢牢把握以下几点。

第一，研究和践行群众路线，必须牢固树立马克思主义群众观点，牢记

---

① 习近平．高举中国特色社会主义伟大旗帜 为全面建设社会主义现代化国家而团结奋斗［M］．北京：人民出版社，2022：46.

党的宗旨，加强作风建设。

人的发展学说是马克思主义理论的出发点和落脚点。人民群众是无产阶级政党的力量之源。全心全意为人民服务是无产阶级政党的宗旨和价值追求。中国共产党之所以能够担当起“民族独立，人民解放；国家富强，人民幸福”的历史重任，其根本原因就在于党深深植根于人民群众的实践土壤之中，并从中汲取丰富的营养，从而转化为推动历史前进的巨大动能。

关于群众观点，刘少奇作出了最为完整的论述：“一切为了人民群众的观点，一切向人民群众负责的观点，相信群众自己解放自己的观点，向人民群众学习的观点，这一切，就是我们的群众观点，就是人民群众的先进部队对人民群众的观点。”① 他的这一重要论述，阐明了党的群众观点的基本内容。“群众观点是共产党员革命的出发点与归宿。从群众中来，到群众中去，想问题从群众利益出发就好办。部队中的负责同志要替士兵着想，机关、学校的负责同志要替大厨房着想，替杂务人员着想，所有的共产党员要替人民着想。”② 有这样一个故事，当年在苏区，陈云同志在一条狭窄的田埂上遇到一位挑着担子的老乡，他二话没说就跳进水田给老乡让路，警卫员也跟着跳下去。过后，警卫员不解地问：“陈书记，你给老乡让路我理解，但你为什么不脱鞋就跳进水田的污泥里呢?”陈云回答：“你没看见老乡挑着重担吗?如果我脱鞋，他就要站在原地等我，多重呀!”从这件小事上我们就可以看出当时苏区党群关系的深厚程度。事实上，只要我们时刻把群众的冷暖安危挂在心上，把群众当亲人，群众就会把我们当亲人。

我们党为民而立，为民而生。党章明确规定为人民服务是我们党的根本宗旨。“全心全意地为人民服务，一刻也不脱离群众；一切从人民的利益出发，而不是从个人或小集团的利益出发；向人民负责和向党的领导机关负责的一致性；这些就是我们的出发点。”③ 中国共产党成立近百年来，党的历史方位发生了很大变化，从当初的革命党，变成执政党，继而又从封闭的计划经济条件下的党，转变成对外开放的市场经济条件下的党。党的历史方位的变化，引起了党的内在心理和外在环境的巨大变化，这种变化也为我们党群

---

① 中共中央文献编辑委员会．刘少奇选集：上卷［M］，北京：人民出版社，1981：354.

② 中共中央文献研究室．毛泽东文集：第三卷［M］，北京：人民出版社，1996：71.

③ 毛泽东．毛泽东选集：第三卷［M］．北京：人民出版社，1991：1094-1095.

关系的发展带来诸多挑战和问题，值得我们深入研究。所以，无论是毛泽东同志，还是胡锦涛同志，抑或是习近平总书记，都一再告诫全党要牢记“两个务必”，强调务必保持党的优良传统和作风。

第二，研究和践行群众路线，必须实事求是地直面党内存在的各种脱离群众的现象和问题，下大力气加以克服纠正，与时俱进地推进党的建设。

实事求是坚持了马克思主义的学风和作风，是毛泽东思想活的灵魂，它坚持了唯物史观和辩证的思维方法，坚持了实践、认识、再实践、再认识的思想路线，是我们分析处理一切问题的根本方法。

在我们党的历史上，无论犯过“左”的还是右的错误，出现这样还是那样的问题，归根到底都是因为没有很好地坚持实事求是，都是因为脱离了人民群众的伟大实践。大革命时期，陈独秀犯了“二次革命论”的右倾错误，是因为他没有认识到工农大众的革命力量，脱离了群众，放弃了无产阶级领导权。土地革命战争时期，王明、博古、李立山等多次犯了“左”倾错误，是因为他们不了解中国国情，不了解中国革命所面临的严峻形势，没有充分发动群众进行长期的游击战争。抗日战争和解放战争时期，我们党的群众路线理论与实践日臻完善和成熟。全党达到空前统一与团结，军民融为一体，革命热情高涨，有力地保障了新民主主义革命和社会主义革命的顺利进行。

社会主义建设时期，党所处的地位、环境发生了很大变化，党的群众工作内容与革命时期也大不相同，敌我矛盾逐渐被大量的人民内部矛盾所取代。这样一来就对党的群众工作的方式方法提出了新的要求。过去那种大规模的急风暴雨式的群众运动，是否不再适应社会主义时期的经济建设和社会管理，已经严肃地摆在全党面前。这一时期，党的干部的工作作风总体是好的，但也出现了一定程度的居功自傲、脱离群众的危险。

改革开放40多年，中国社会发生了翻天覆地的变化，人的思想也发生了质的变化。经济发展的多元化必然导致社会发展的多元化和分层化，进而引起人们思想和价值观的多元化。反映到党内，表现为一些党员干部宗旨意识淡漠，群众感情冷漠，“鱼水关系”变成了“油水关系”，一些领导干部在贯彻群众路线时“走不下去，沉不下来”，官僚主义、形式主义抬头，甚至助长了享乐主义和奢靡之风。事实上，群众对那些能放下架子，降低姿态，不事先发文件、下通知、打电话，不事先进行精心“踩点”和警车开道、前呼后拥的领导干部，在真诚的倾听中了解基层、体察民意，能读懂基层群众所思、所想、所盼的“官访”活动还是比较青睐的。也就是说，干部下基层要尽量做到群众的“五盼”：“轻车简从”“嫌富爱贫”“身心同入”“常态长效”“实至名归”。

进入21世纪新阶段，世情、国情、党情、民情发生了深刻变化。随着我国现代化建设、市场经济以及全球信息化浪潮的深入发展，党的群众工作也面临前所未有的挑战。党内精神懈怠、能力不足、脱离群众、消极腐败的“四大危险”更加尖锐地摆在全党面前，落实党要管党、全面从严治党的任务比以往任何时候都更为繁重、更为艰巨、更为紧迫。面对这些困难、危险和挑战，我们党必须具有忧患意识，居安思危，时刻保持清醒的头脑，实事求是地直面党内存在的现象和问题，牢记“两个务必”，密切党同群众的血肉联系，在新的伟大实践中与时俱进地推进党的建设。

第三，研究和践行群众路线，必须深入探究群众路线内在规律性，创新群众工作方式方法，实现群众路线合目的性与合规律性的统一。

合目的性指人类从事实践活动的目的是为自己的生存和发展服务；合规律性是指人的实践活动必须遵循客观规律，否则必然失败。因此，成功的实践必然是合目的性与合规律性的有机统一。

人类社会的发展与人们生活于其中的自然界一样，是自然的历史的过程，具有客观规律性。作为历史主体的人具有主观能动性，人民群众的实践活动自觉地、有目的地推动着人类社会的发展。所以，人民群众既是历史的“剧作者”，又是历史的“剧中人”；既是“演员”，更是“导演”。

在推动社会发展的实践活动中，我们党始终坚持贯彻群众路线，把实现好、维护好、发展好最广大人民群众的根本利益作为各项工作的出发点和落脚点。无论是革命、建设还是改革开放，我们党所做的一切都是为了实现最广大人民群众的根本利益，这是由我们党全心全意为人民服务的根本宗旨所决定的，也是我们研究和践行群众路线的目的。最广大人民群众的根本利益在本质上与社会发展规律相一致，坚持群众路线又体现了尊重社会发展客观规律的“合规律性”。

在新时代改革开放的历程中，面对各种困难和挑战，我们必须坚定不移地贯彻党的群众路线，并根据新的实践发展的要求与时俱进地创新群众工作的方式方法，把人民群众对美好生活的向往作为改革开放的动力，始终依靠人民群众推动改革开放的伟业，切实做到人民有所呼、改革有所应，不断激发广大人民群众参与改革开放的积极性。就像习近平总书记所说的那样：把以人民为中心的发展思想体现在经济社会发展各个环节，做到老百姓关心什么、期盼什么，改革就要抓住什么、推进什么，通过改革给人民群众带来更多获得感。

第四，研究和践行群众路线，要充分重视从社会心理学的角度分析影响党群干群关系的主客观成因，以增强群众工作的针对性和实效性。

我们说群众路线蕴含着丰富的哲蕴或者说意蕴，这是不争的事实。毕竟历史是千千万万人民群众的事业，没有人民群众的参与，历史将显得苍白无力。然而群众的事业或者实践往往是通过自己的先进代表——政党来完成的，这就不可避免地涉及政党与群众的关系问题。因此，也就产生了一定时期、一定范围内、一定条件下、为了完成一定历史任务的党群干群关系。脱离了一定的时间、环境和条件而抽象地、空洞地谈论群众路线或者群众工作则毫无意义。

从心理学的角度来说，作风（通常所说的“做事风格”）往往是一种行为习惯，即表现为行为主体对外界信息进行选择加工并内化于心、外化于行的个性心理特征。思想是行动的先导，外在环境则是行为的助推器。中国历代农民革命的成因无非三方面：统治阶级的昏庸残酷、严重的自然灾害、杰出革命人物的思想引领。中国共产党领导的新民主主义革命之所以呈燎原之势席卷全国，也无非这三方面原因，即“三座大山”的压迫、人民（主要是农民）严酷的生活现实、马克思主义先进思想的引领（通过中国共产党）。革命战争年代，农民为什么舍小家，为大家，父母妻儿为什么送儿郎上战场，社会情境所迫，外在动因是主要的。尤其在四周都是白色恐怖的环境下，党没有广大群众的支持是无法生存的；同时，人民群众不跟着共产党打土豪，分田地，开展土地革命战争，也是无法生存的。共同的命运、共同的生存环境，加上党对群众工作的正确领导，自然也就形成了党群干群“血肉”“鱼水”般的关系。

党执政后，虽然执政地位发生了变化，但社会主义革命任务还没完成，新中国百废待兴。为了巩固新生的人民政权，事实上党和人民群众依然遵循了毛泽东的谆谆教导：“我们要保持过去革命战争时期的那么一股劲，那么一股革命热情，那么一种拼命精神，把革命工作做到底。”① “要勤俭建国，反对铺张浪费，提倡艰苦朴素、同甘共苦。同志们提出，厂长、校长可以住棚子，我看这个法子好，特别是在困难的时候。我们长征路上过草地，根本没有房子，就那么睡，朱总司令走了四十天草地，也是那么睡，都过来了。我们的部队，没有粮食，就吃树皮、树叶。同人民有福共享，有祸同当，这是我们过去干过的，为什么现在不能干呢？只要我们这样干了，就不会脱离群众。”② 可以说，新中国成立后的相当长时期，我们党和党领导下的普通群众，以及全民之间还是保持着鱼水般的深厚感情。因为，在艰苦创业的特定的环境下，没有也不可能产生特殊利益集团和阶层，党员干部经济待遇上等同于老百姓，但思想境界上高于老百姓，那么党在人民群众中的威望怎么可能不高呢？群众怎么可能不信任呢？

改革开放后的40多年，世情、国情、党情、民情都发生了巨大变化。值得一提的是，这种变化和新中国成立时的变化有显著不同。新中国成立前后，毛泽东一再强调党必须保持思想上的先进性、纯洁性和作风上的廉洁和优良，必须始终牢记“两个务必”，谨防“糖衣炮弹”的攻击，保证党在思想建设和作风建设上的一致性和连贯性。事实上，新中国成立后的一段时间里，在物质生活条件上，人们生活面貌虽然有所改观，但变化不是很明显，然而，全党全军和全国各族人民基本上保持了艰苦奋斗的优良作风。而改革开放序幕的拉开是以思想大解放为前提的，这种以实事求是为核心的思想解放运动是符合当时国际国内发展形势和发展要求的，是完全正确的。但是由于受到外部资产阶级反动思潮和价值观的冲击，以及国内封建官僚思想的侵蚀，为新时代全面从严治党埋下了隐患。时至今日，很多基层党员干部依然没有充分认识到脱离群众的严重性、危险性和危害性。

因此，我们必须从变化着的社会环境和社会心理方面加强对影响党群干群关系、影响党的群众路线贯彻执行等主客观因素的研究，以增强党的群众工作的针对性和实效性。

第五，研究和践行群众路线，要把党内监督与党外监督结合起来，建立

---

① 中共中央文献研究室．毛泽东文集：第七卷［M］．北京：人民出版社，1999：285.

② 中共中央文献研究室．毛泽东著作专题摘编：下［M］．北京：中央文献出版社，2003：2135.

惩防结合的监督防控体系和制度化的长效机制。

关于贯彻党的群众路线的监督，不仅有党内自上而下、自下而上和平行监督等相结合的问题，还有一个党内监督与党外监督相结合的问题。不言而喻，对一党长期执政的中国共产党来说，在加强党内监督的同时保证党的各级组织和党员领导干部能够自觉接受党外监督显得尤为重要。

群众路线的主体包括两方面，即党的理论、路线、方针、政策宣传贯彻主体（党员领导干部）和实践主体（广大党员群众和普通群众）。党的理论、路线、方针、政策是人民群众实践经验的概括、总结和升华，制定理论路线和方针政策的目的是更好地服务于人民群众的实践，促进经济社会发展；更好地维护并最大限度地满足人民群众的根本利益。

人民群众是最朴实、最值得信赖的社会财富的创造者，任何怀疑、诋毁、脱离群众的言辞和做法都是错误的也是不能接受的。在现实生活中，个别领导干部做群众工作方式方法简单粗暴，没有耐心。尤其是涉及征地、拆迁补偿等事关群众核心利益的问题，往往会遭到群众的维权和阻止，甚至是集体上访。一些基层领导干部不善于做深入细致的群众工作，不能够很好地对群众进行循循善诱、正面疏导，反而认为群众是"无赖"和"刁民"，更有甚者滥用行政司法权力，对"肇事"群众施以行政拘留或刑事拘留，这样一来，更加恶化了党群干群关系，在群众中造成不良影响，损坏了党在人民群众心目中的形象。如果说党群干群关系出现了裂痕，或者说有进一步恶化的趋势，一般而言，问题大都出现在我们党政领导干部身上，我们应该深刻检讨，反省我们的工作作风和生活作风，我们的领导方法、领导能力和领导艺术是否令群众满意，或者说是否足以对群众工作、生产、生活产生一定消极影响。各级纪检、监察机关，各级人大、政协、媒体等都要负起责任，监督我们党员领导干部行政行为的正当性和合法性，尤其要严格禁止公权力的滥用，严惩权钱交易、权色交易的腐败行为，对于吃苦耐劳的"好作风""好典型"一定要不遗余力地大力宣传。这样，就会在全党和全社会形成弘扬正气，传递正能量的良好氛围。

在新的历史阶段，虽然全面从严治党保持着高压态势，但党的自身建设仍然面临着一系列问题、困难和挑战，同时也存在一种前所未有的复杂局面。"上有政策，下有对策""天高皇帝远"是不少基层干部任性妄为的侥幸心态。毋庸讳言，干部中的关系网错综复杂，交互叠加，在一定程度上形成一损俱损、一荣俱荣的不良态势，严重妨碍了反腐败工作向纵深推进。这就要求我们必须更加重视制度建设，进一步完善组织程序，加强对领导干部，尤其是主要领导干部权力的监督、监察和监管，加大对党员干部日常教育管理，充分发挥用制度约束人、激励人、教育人的作用。要建立健全党内民主生活会、思想政治工作定期分析研判、党内外民主监督、权力运行与监控、群众参与决策和民主评议等与群众路线相关的制度体系。重点做好教育、监督、预防、惩治相结合的“四位一体”的制度体系及其运行机制建设，力争把党的群众路线理论研究学习和实践路径样态纳入科学化、规范化和制度化管理的轨道上来，从而建立起贯彻群众路线的长效性机制。

参考文献

一、图书专著

[1] 中共中央马克思恩格斯列宁斯大林著作编译局．马克思恩格斯全集：第1卷［M］．北京：人民出版社，1956.

[2] 中共中央马克思恩格斯列宁斯大林著作编译局．马克思恩格斯全集：第3卷［M］．北京：人民出版社，1960.

[3] 中共中央马克思恩格斯列宁斯大林著作编译局．马克思恩格斯全集：第7卷［M］．北京：人民出版社，1959.

[4] 中共中央马克思恩格斯列宁斯大林著作编译局．马克思恩格斯全集：第26卷［M］．北京：人民出版社，1973.

[5] 中共中央马克思恩格斯列宁斯大林著作编译局．马克思恩格斯全集：第33卷［M］．北京：人民出版社，1973.

[6] 中共中央马克思恩格斯列宁斯大林著作编译局．马克思恩格斯全集：第35卷［M］．北京：人民出版社，1971.

[7] 中共中央马克思恩格斯列宁斯大林著作编译局．马克思恩格斯文集：第3卷［M］．北京：人民出版社，2009.

[8] 中共中央马克思恩格斯列宁斯大林著作编译局．马克思恩格斯选集：第1卷［M］．北京：人民出版社，1995.

[9] 中共中央文献研究室．毛泽东传（1949—1976）：上［M］．北京：中央文献出版社，2003.

[10] 中共中央文献研究室．毛泽东传（1949—1976）：下［M］．北京：中央文献出版社，2003.

[11] 中共中央文献研究室．毛泽东年谱：上［M］．北京：中央文献出版社，2002.

［12］中共中央文献研究室．毛泽东年谱：中［M］．北京：中央文献出版社，2002.

［13］中共中央文献研究室．毛泽东年谱：下［M］．北京：中央文献出版社，2002.

［14］中共中央文献研究室．毛泽东文集：第一卷［M］．北京：人民出版社，1993—1999.

［15］中共中央文献研究室．毛泽东文集：第二卷［M］．北京：人民出版社，1993—1999.

［16］中共中央文献研究室．毛泽东文集：第三卷［M］．北京：人民出版社，1993—1999.

［17］中共中央文献研究室．毛泽东文集：第四卷［M］．北京：人民出版社，1993—1999.

［18］中共中央文献研究室．毛泽东文集：第五卷［M］．北京：人民出版社，1993—1999.

［19］中共中央文献研究室．毛泽东文集：第六卷［M］．北京：人民出版社，1993—1999.

［20］中共中央文献研究室．毛泽东文集：第七卷［M］．北京：人民出版社，1993—1999.

［21］中共中央文献研究室．毛泽东文集：第八卷［M］．北京：人民出版社，1993—1999.

［22］毛泽东．毛泽东选集：第一卷［M］．北京：人民出版社，1991.

［23］毛泽东．毛泽东选集：第二卷［M］．北京：人民出版社，1991.

［24］毛泽东．毛泽东选集：第三卷［M］．北京：人民出版社，1991.

［25］毛泽东．毛泽东选集：第四卷［M］．北京：人民出版社，1991.

［26］毛泽东．毛泽东早期文稿［M］．长沙：湖南出版社，1990.

［27］毛泽东．毛泽东选集：第五卷［M］．北京：人民出版社，1977.

［28］邓小平．邓小平理论：第一卷［M］．北京：人民出版社，1993.

［29］邓小平．邓小平理论：第二卷［M］．北京：人民出版社，1993.

［30］邓小平．邓小平理论：第三卷［M］．北京：人民出版社，1993.

［31］江泽民．江泽民文选：第一卷［M］．北京：人民出版社，2006.

［32］江泽民．江泽民文选：第二卷［M］．北京：人民出版社，2006.

［33］江泽民．江泽民文选：第三卷［M］．北京：人民出版社，2006.

［34］胡锦涛．胡锦涛文选：第一卷［M］．北京：人民出版社，2016.

［35］胡锦涛．胡锦涛文选：第二卷［M］．北京：人民出版社，2016.

［36］胡锦涛．胡锦涛文选：第三卷［M］．北京：人民出版社，2016.

［37］习近平．摆脱贫困［M］．福州：福建人民出版社，1992.

［38］习近平．之江新语［M］．杭州：浙江人民出版社，2007.

［39］中共中央文献研究室．新中国成立以来毛泽东文稿：第 1-13 册［M］．北京：中央文献出版社，1987—1989.

［40］本书编写组．习近平谈治国理政［M］．北京：外文出版社，2014.

［41］本书编写组．习近平谈治国理政：第二卷［M］．北京：外文出版社，2017.

［42］王沪宁．政治的逻辑——马克思主义政治学原理［M］．上海：上海人民出版社，2004.

［43］亚历山大·潘佐夫．毛泽东传：上［M］．卿文辉，崔海智，周益跃，译．北京：中国人民大学出版社，2015.

［44］亚历山大·潘佐夫．毛泽东传：下［M］．卿文辉，崔海智，周益跃，译．北京：中国人民大学出版社，2015.

［45］孟德斯鸠．论法的精神［M］．张雁深，译．北京：商务印书馆，1978.

［46］加塔诺·奥斯卡．统治阶级［M］．贾鹤鹏，译．上海：译林出版社，2012.

［47］史蒂文·卢克斯．权力．一种激进的观点［M］．彭斌，译．南京：江苏人民出版社，2008.

［48］埃利亚斯·卡内提．群众与权力［M］．冯文光，刘敏，张毅，译．北京：中央编译出版社，2003.

［49］中共中央文献研究室．十八大以来重要文献选编［M］．北京：中央文献出版社，2014.

［50］人民日报理论部．深入学习习近平同志重要论述［M］．北京：人民出版社，2013.

［51］中共中央文献研究室．论群众路线：重要论述摘编［M］．北京：中央文献出版社，党建读物出版社，2013.

[52] 戴焰军．执政党建设问题研究［M］．北京：中央党校出版社，2013.

[53] 戴焰军．严肃党内政治生活十二讲［M］．北京：中央党校出版社，2017.

[54] 梁琴，钟德涛．中外政党制度比较［M］．北京：商务出版社，2013.

[55] 冯俊．执政党的生命线：党的群众路线群众工作研究［M］．北京：人民出版社，2014.

[56]《干部说干事：群众路线是党的生命线》编写组．干部说干事：群众路线是党的生命线［M］．北京：人民出版社，2013.

[57] 罗平汉．中国共产党群众路线思想发展史［M］．长沙：湖南教育出版社，2014.

[58] 董振华．坚持群众路线方法十讲［M］．北京：人民出版社，2013.

[59] 吴家庆．中国共产党公信力建设研究［M］．北京：人民出版社，2013.

[60] 中共中央党史研究室本书编写组．党的群众路线简明历史读本［M］．北京：中央党史出版社，2014.

[61] 张荣臣．群众路线是党的生命线［M］．北京：中共中央党校出版社，2014.

[62] 任仲文．深入学习习近平同志关于党的群众路线重要论述［M］．北京：人民出版社，2014.

[63] 黄明哲．党员干部的十五个群众观［M］．北京：国家行政学院出版社，2013.

[64] 高新民，邹庆国，仰义方．今天我们怎样走群众路线［M］．长沙：湖南人民出版社，2013.

[65] 洪向华．复兴之路：中国崛起的30个历史关键［M］．青岛：青岛出版社，2011.

[66] 王灵芝．网络舆情引导力与政府治理创新［M］．北京：人民出版社，2017.

[67] 杨明刚．大数据时代的网络舆情［M］．深圳：海天出版社，2017.

[68] 张世良．怎样炼成好党员［M］．北京：人民出版社，2017.

[69] HANNAH AR NDT. The Origins of Totalitarianism [M]. Cleveland and New York: Meridian Book, 1958.

二、期刊

[1] 陈军."群众路线"概念表述浅探 [J]. 公安大学学报, 1999 (6).

[2] 高文阁.论群众路线的成因及其理论与实践特色 [J]. 南京政治学院学报, 2001 (2).

[3] 谢国辉.浅析党的群众路线的理论渊源 [J]. 学理论, 2011 (31).

[4] 戴焰军.民心向背根基与党的执政规律:关于全面从严治党的几点思考 [J]. 人民论坛·学术前沿, 2015 (13).

[5] 郝立新.在理论与实践的统一中把握群众路线 [J]. 郑州大学学报(哲学社会科学版), 2014, 47 (3).

[6] 戴焰军.在群众路线教育实践中改进作风 [J]. 求是, 2013 (13).

[7] 孙力.群众路线三大开拓的时代新篇 [J]. 社会科学, 2012 (7).

[8] 景跃进."群众路线"与当代中国政治发展:内涵、结构与实践 [J]. 湖南科技大学学报 (社会科学版), 2004 (6).

[9] 刘茜子, 唐洁.践行"互联网+群众路线"新理念 [J]. 现代交际, 2017 (5).

[10] 冯莉, 江凤环.社会转型期群众路线的新形势与新趋势 [J]. 毛泽东邓小平理论研究, 2013 (4).

[11] 郭为桂.群众路线与现代中国的国家建构:纪念中国共产党成立九十周年 [J]. 东南学术, 2011 (4).

[12] 沈跃春.论党的群众路线与社会治理创新 [J]. 当代世界与社会主义, 2014 (2).

[13] 宋福范.把握群众路线的理论逻辑 [J]. 学习时报, 2013 (7).

[14] 游建军.论群众路线是党的生命线和根本工作路线 [J]. 四川理工学院学报 (社会科学版), 2013, 28 (6).

[15] 周忠高.实现中国梦与深入贯彻党的群众路线 [J]. 山东社会科学, 2013 (6).

[16] 任平.马克思主义大众化与群众路线的当代阐释 [J]. 江苏行政学院学报, 2013 (3).

[17] 梅黎明．关于开展党的群众路线教育实践活动的思考［J］．中国井冈山干部学院学报，2013，6（4）．

[18] 包心鉴．党的群众路线的真谛与实现中国梦的关键［J］．学习论坛，2016，22（1）．

[19] 俞良早．党密切联系群众的理论认识及实践途径［J］．马克思主义与现实，2012（5）．

[20] 张家芳．新媒体时代践行群众路线的机遇、挑战与路径选择［J］．东南学术，2014（2）．

[21] 韩庆祥．人民共创共享思想：党中央治国理政新思想的系统阐发［J］．中共中央党校学报，2016，20（1）．

[22] 刘开法．习近平的人民观研究［J］．前沿，2015（8）．

[23] 张洪萍．论中国共产党群众路线实践的内在逻辑［J］．中国特色社会主义研究，2013（4）．

[24] 周志成，刘福军．全面准确把握党的群众路线［J］．中国特色社会主义研究，2013（6）．

[25] 赵中源．“群众”的时代审视与整合凝聚［J］．学术研究，2015（10）．

[26] 王可园，齐卫平．政党形象建设及其影响力［J］．重庆社会科学，2014（2）．

[27] 李华．论党的群众路线与政治路线的逻辑贯通［J］．浙江社会科学，2013（10）．

[28] 张宾州．领导干部如何锤炼过硬作风［J］．人民论坛，2017（1）．

[29] 刘红凛．新时期党的群众路线与人民民主［J］．江西社会科学，2014，34（10）．

[30] 刘孝阳．改革开放后群众路线内涵的发展与变化［J］．云南社会科学，2014（3）．

[31] 张雪梅．试论群众路线的正风反腐功能及其拓展［J］．社会主义研究，2017（2）．

[32] 习近平在党的群众路线教育实践活动工作会议上强调 深入扎实开展党的群众路线教育实践活动 为实现党的十八大目标任务提供坚强保证［J］．党建，2013（7）．

[33] 韩喜平，孙贺．社会主义改革与保障和改善民生 [J]. 湖南社会科学，2014 (3).

[34] 武晟．群众路线及其相关概念辨析 [J]. 山东社会科学，2014 (2).

[35] 徐晓波．群众路线：一种公共政策的解读 [J]. 甘肃社会科学，2014 (4).

[36] 聂继红．新时期贯彻党的群众路线的着力点论析 [J]. 黑龙江社会科学，2013 (5).

[37] 陈金龙．群众路线：实现中国梦的重要保障 [J]. 中国高等教育，2013 (20).

[38] 罗会德．十八大以来党对群众路线的理论贡献 [J]. 求实，2014 (2).

[39] 祝猛昌．党的十八大以来群众路线研究：一个文献综述 [J]. 重庆社会科学，2014 (5).

[40] 吴春，席莹．党的群众路线在农村实践的社会基础 [J]. 武汉大学学报（哲学社会科学版），2014，67 (5).

[41] 穆兆勇．从群众路线的视角看《关于建国以来党的若干历史问题的决议》[J]. 党的文献，2014 (5).

[42] 庞达．群众路线的价值原则及其实现路径 [J]. 思想政治教育研究，2015，31 (6).

[43] 田心铭．群众路线：从毛泽东到党的十八大 [J]. 思想理论教育导刊，2013 (7).

[44] 徐伟．人民群众主体实践与人的全面发展：群众路线的深刻内涵 [J]. 毛泽东邓小平理论研究，2014 (5).

[45] 何云峰．群众路线与优良作风的辩证统一 [J]. 毛泽东邓小平理论研究，2013 (11).

[46] 张卫良．论群众路线由观念到实践的长效机制 [J]. 毛泽东研究，2014 (1).

[47] 陈琢，田克勤．近十年党的群众工作问题研究述评 [J]. 毛泽东思想研究，2013，30 (1).

[48] 许耀桐．关于党的群众路线形成和发展的认识 [J]. 理论探索，

2013 (4).

[49] 刘建军. “为人民服务”的命题史考察 [J]. 马克思主义研究, 2011 (7).

[50] 张富文. 群众路线与实现中国梦的内在逻辑 [J]. 科学社会主义, 2014 (5).

[51] 刘毅强. 群众路线是党的生命线和根本工作路线 [J]. 科学社会主义, 2013 (4).

[52] 梁艳慧. 从垂范到规范: 解决“四风”问题的关键 [J]. 中国特色社会主义研究, 2013 (4).

[53] 汪仕凯. 先锋队政党理论视野中的群众路线 [J]. 社会主义研究, 2014 (6).

[54] 郑慧. 论构建中国特色社会主义政治学话语体系 [J]. 政治学研究, 2014 (6).

[55] 蔡建军. 刚性制度是群众路线常态化的关键 [J]. 学习月刊, 2014 (17).

[56] 刘希. 贯彻党的十八大精神, 践行党的群众路线 [J]. 学习月刊, 2013 (18).

[57] 李俊伟. 发挥农村基层党组织在建设社会主义新农村中的核心作用 [J]. 中共石家庄市委党校学报, 2007 (1).

[58] 齐卫平. 以大力反对形式主义痛改党风: 党的群众路线教育实践活动引发的思考 [J]. 中共宁波市委党校学报, 2013, 35 (6).

[59] 周雪光. 运动型国家治理机制: 中国国家治理的制度逻辑再思考 [J]. 开放时代, 2012 (9).

[60] 柳建辉, 郑雅茹: 执政党建设的失误与“文化大革命”的发动 [J]. 理论学刊, 1989 (4).

[61] 赵笑蕾. 新中国七十年来以人民为中心的发展思想的历史跃迁、内在逻辑及创新机制 [J]. 兰州学刊, 2019 (12).

[62] 韩迎春, 曹一鸣. 论“以人民为中心”对“为人民服务”的新发展 [J]. 社会主义研究, 2019 (5).

[63] 朱文良, 镡鹤婧. 浅析习近平“以人民为中心的发展思想”的理论渊源 [J]. 辽宁工业大学学报 (社会科学版), 2109, 21 (6).

三、学位论文

[1] 李文清. 中国共产党密切联系群众问题研究 [D]. 北京：中共中央党校，2014.

[2] 苗政军. 中国共产党群众工作机制创新研究 [D]. 长春：东北师范大学，2013.

[3] 张枫红. 党的十八大以来群众路线思想的发展探析 [D]. 长春：东北师范大学，2016.

[4] 彭国昌. 保持中国共产党同人民群众血肉联系的实践创新研究 [D]. 武汉：华中师范大学，2014.

[5] 金德楠. 中国共产党群众路线历史与发展研究 [D]. 兰州：兰州大学，2015.

[6] 赵亮. 党的群众路线教育研究 [D]. 武汉：华中师范大学，2016.

四、报纸

[1] 习近平. 在首都各界纪念现行宪法公布实施三十周年大会上的讲话 [N]. 人民日报，2012-12-5 (1).

[2] 习近平. 在第十二届全国人民代表大会第一次会议上的重要讲话 [N]. 人民日报，2013-3-18 (1).

[3] 习近平. 在党的群众路线教育实践活动总结大会上的讲话 [N]. 人民日报，2014-10-2 (2).

[4] 姜洁. 网络举报已占一半 署名举报大幅提升 中纪委让群众举报更畅通 [N]. 人民日报，2015-3-24 (2).

[5] 朱联平. 群众路线重在制度化建设 [N]. 学习时报，2014-7-7 (5).